Martin Lau

Hanns von Gumppenberg

(1866–1928) Ein Münchner Schriftsteller zwischen Okkultismus, Kabarett und Kritik

BÖHLAU VERLAG WIEN KÖLN WEIMAR

Dieses Publikation ist zugleich eine Dissertation
der Ludwig-Maximilians-Universität München.
Ausgezeichnet mit dem Hochschulpreis der Stadt München.
Gedruckt mit freundlicher Unterstützung der Richard-Stury-Stiftung, der Stadt München
und der Studienstiftung Niessen.

Bibliografische Information der Deutschen Nationalbibliothek:
Die Deutsche Nationalbibliothek verzeichnet diese Publikation in der
Deutschen Nationalbibliografie; detaillierte bibliografische Daten sind
im Internet über https://dnb.de abrufbar.

© 2019 by Böhlau Verlag GmbH & Cie, Lindenstraße 14, 50674 Köln
Alle Rechte vorbehalten. Das Werk und seine Teile sind urheberrechtlich
geschützt. Jede Verwertung in anderen als den gesetzlich zugelassenen Fällen
bedarf der vorherigen schriftlichen Einwilligung des Verlages.

Cover: Hanns v. Gumppenberg: Lebenserinnerungen. Aus dem Nachlass des Dichters.
Zürich 1929; Titelbild (Münchner Stadtbibliothek/Monacensia [Box 01 Umschlag: HvG.
Kritiken über sein Werk)

Umschlaggestaltung: Michael Haderer, Wien
Satz und Layout: Bettina Waringer, Wien
Druck und Bindung: Hubert & Co., Göttingen
Printed in the EU

Vandenhoeck & Ruprecht Verlage | www.vandenhoeck-ruprecht-verlage.com

ISBN 978-3-412-50785-5

Inhalt

Danksagung 7

1. **Einleitung: Gumppenberg – ein Moderner?** 9
   1.1 „Dem Volke muss die Religion erhalten werden":
       Die Verdammten 12
   1.2 „Kennen Sie Ibsen? – Nein, wie macht man das?" –
       Der Veterinärarzt 20
   1.3 Thematische Eingrenzung 30

2. **Die Entwicklung der Moderne in München:
   Ein unbestimmter Aufbruch** 39
   2.1 Die Kunststadt 46
   2.2 Das goldene Zeitalter – ein anzweifelbarer Mythos? . 49
   2.3 Gumppenbergs Kindheit und Jugend 53

3. **Die Münchner Moderne** 60
   3.1 Der Gegensatz München – Berlin 62
   3.2 Konfrontation mit den „Alten": Die Gesellschaft für
       modernes Leben 64
   3.3 Bürger, Adeliger und Künstler 75
   3.4 „Brutstätten der Münchener Kultur":
       Schwabinger Bohème, Künstler, Cafés, Kreise 84

4. **Okkultismus und Spiritismus** 96
   4.1 Phantasie, Fiktion und Realität – Prophetische Versuche
       und künstlerische Verarbeitung des Okkulten:
       Das dritte Testament und *Der fünfte Prophet* 98
   4.2 Neue Formen der Spiritualität 112
   4.3 Vom Skeptiker zum Spiritisten:
       Eine früh angelegte Entwicklung 118
   4.4 Gumppenbergs Glaubenssystem 124

5. **Parodie und Pathos als abgeschwächte Formen von Komik und Tragik** 134
   5.1 Das wechselvolle Verhältnis von Komik und Tragik
       in einer ästhetisierten Lebenswelt 136
   5.2 Der Pinsel Ying's – Komödien für die große Bühne 142
   5.3 Die Lyrikparodien. 151

6. **Kabarett** 156
   6.1 Die Elf Scharfrichter 157
   6.2 Die Überdramen: „Der Nachbar", „Bella" 163

Tafelteil 169

7. **Der Kritiker Hanns von Gumppenberg** 193
   7.1 Parodie als Sonderform der Literatur- und Kulturkritik 195
   7.2 Gumppenberg als Zeitungskritiker. 202
   7.3 Licht und Schatten und letzte Jahre 209

8. **Zusammenfassung**. 213

Anhang 217
   Literaturverzeichnis 217
   Abbildungsverzeichnis. 234
   Tabelle: Abgleich der verschiedenen Fassungen
       der Lebenserinnerungen 236
   Personenregister 254

Danksagung

Zuerst möchte ich mich bei Prof. Dr. Michael Gissenwehrer, dem ersten Betreuer dieser Arbeit bedanken, der den ganzen Entstehungsprozess mit wesentlichen Ratschlägen begleitete, mich oft im richtigen Moment motivierte und in vielen Detailfragen beriet.

Ich möchte mich auch bei Prof. Dr. Jürgen Schläder, meinem Zweitgutachter bedanken. Er gab mir entscheidende Hinweise und war am Entwurf des Konzepts dieser Arbeit beteiligt.

Außerdem geht mein Dank an die Mitarbeiter der Monacensia, des Literaturarchivs Münchens, wo ich einen großen Teil der Recherchearbeit erledigen durfte und jederzeit umfassend unterstützt wurde. Ohne die Fachkenntnis Frank Schmitters und die Unterstützung des Projekts durch Dr. Elisabeth Tworek hätte die Arbeit nicht entstehen können.

Besonders dankbar bin ich auch der Richard-Stury-Stiftung, die mir ein zweijähriges Dissertationsstipendium gewährte – und ganz besonders deren Vorstand Dr. Helmut Hess. Ohne deren großzügige finanzielle Unterstützung wäre meine Forschung zu Hanns von Gumppenberg nicht möglich gewesen. Aber auch für einige wesentliche inhaltliche Ratschläge bin ich Dr. Hess zu Dank verpflichtet.

Auch für die weitere Förderung durch ein LMU-Abschlussstipendium bin ich dankbar.

Der Stadt München gebührt ein besonderer Dank für die Ehre der Verleihung des Hochschulpreises der Stadt München für diese Arbeit und die damit verbundene Unterstützung.

Bei Harald Liehr bedanke ich mich für das hervorragende Lektorat und etliche wertvolle Ratschläge.

Unzählige Gespräche und Spaziergänge mit meinem Freund und Kollegen Dr. André Körner brachten mich in entscheidenden Situationen auf wesentliche Gedanken und sorgten für nötige Ablenkung.

Auch bei meinen Eltern Prof. Dr. Christoph Lau und Dr. Eva Lau bedanke ich mich für ihre erfahrene und kundige Beratung und Förderung, wichtige Gespräche und Hinweise.

Zuletzt bedanke ich mich bei meiner Freundin Katharina Mayer, die mir auch in anstrengenden Phasen der letzten Jahre immer zur Seite stand.

Allen genannten möchte ich auch insbesondere für ihre immense Geduld danken, mit der sie auch und gerade in komplizierten Phasen und trotz etlicher Verzögerungen an dieses Projekt glaubten.

1. Einleitung: Gumppenberg – ein Moderner?

>Du alte Musenmähre,
>Das hast du wohl selbst nicht gedacht –
>Was hat dir Zucker und Ehre
>Dein tolles Hopsen gebracht!
>
>Ja ja, die ernsten Leute!
>Sie geizen mit ernstem Applaus:
>Doch lachen das Gestern und Heute
>Immer mit Freuden sie aus.
>
>Viel' Seelen lassen sich drucken,
>Nicht viele munden der Welt,
>Das Pathos muß sich ducken –
>Aber der Spaß gefällt.[1]

„Der Vergleich mit Shakespeare, mit dessen uns erhaltenem Bilde er Ähnlichkeit zu haben glaubte, kam ihm nicht übertrieben vor. Er hat mir einmal darüber erzählt, allerdings in jungen Jahren, Eröffnungen und Geständnisse gemacht, die mir wie ein Sakrileg, ja wie beginnender Irrsinn klangen. Der von hier drohenden Gefahr ist dieses außerordentliche Gehirn ja schließlich entgangen, wie sein Lebenslauf erweist."[2]

Hanns von Gumppenberg – ein Name, der heute nur noch wenigen Interessierten geläufig ist – in einem Atemzug mit Shakespeare genannt, dieser Vergleich lässt schon auf den ersten Blick erahnen, was sein umfangreiches Lebenswerk noch deutlicher offenbart: Extreme Spannungen, Widersprüche, Realitätsverkennung und Selbstüberschätzung kennzeichnen ein oft fast tragisches Ringen um Anerkennung.[3]

Auch wenn er ihm nie gänzlich verfiel, kam Gumppenberg dem Wahnsinn manchmal tatsächlich bedrohlich nahe. So war ihm, beispielsweise als er be-

---

1 Hanns von Gumppenberg [im Folgenden: „HvG"]: Prolog zur fünften Auflage. Abgedr. in: Ders.: Das Teutsche Dichterroß, in allen Gangarten vorgeritten. Hg. v. Robert Seidel. Heidelberg 1999 [1901], S. 11.
2 Max Halbe: Jahrhundertwende. Erinnerungen an eine Epoche. München 1976 [1935], S. 344.
3 Vgl. u.a. Nikola Roßbach: Theater über Theater. Parodie und Moderne 1870–1914. Bielefeld 2006, S. 286.

gann, mit seinem persönlichen Schutzgeist *Geben* zu kommunizieren, von dem er *Das dritte Testament* empfing, selbst der Vergleich mit Shakespeare noch zu gering: Wie Moses, Christus oder Buddha fühlte er sich eine Zeit lang berufen, der Menschheit Gottes Willen zu offenbaren[4].

Die religiöse Anmaßung, die sich bei flüchtiger Betrachtung wie eine vorübergehende geistige Verwirrung darstellt, offenbart sich bei genauerem Hinsehen zwar als drastischer Ausbruch, jedoch nicht als immanent logischer Widerspruch zu Gumppenbergs sonstiger, vernünftigerer Gedankenwelt. In seinen *Lebenserinnerungen*[5] distanziert er sich zwar teilweise ironisch von seinen Ansichten und Unternehmungen junger Jahre, sieht aber offenbar selbst kaum Anlass, sein künstlerisches und publizistisches Werk substanziell von seinen geistigen Verirrungen zu isolieren und so dem Vorwurf mangelnder Seriosität vorzugreifen.

Man möchte glauben, dass diese extremste Zeit meiner spiritistischen Befangenheit mich so ausschliesslich in Anspruch nahm, dass ich zur Teilnahme an real weltlichen Dingen weder gelaunt noch fähig gewesen wäre. Das war aber durchaus nicht der Fall. So energisch ich den vermeintlichen Prophetenpflichten nachkam, so unverändert war mein Wesen und meine Betätigung in jedem anderen Betracht geblieben. Ich machte auch mit ganz unvermindertem Eifer die Unternehmungen der Münchener Modernen mit [...][6]

Seit seiner Kindheit lehnte es Gumppenberg entschlossen ab, sich einzureihen, sobald dafür Zugeständnisse an sein hohes Ehr- und Qualitätsgefühl nötig gewesen wären. Seine Weigerung, durch Mittelmaß Erfolge zu erringen, hinderte ihn oft daran, vielversprechende Chancen zu nutzen, die ihm, der oft finanzielle Schwierigkeiten hatte, eigentlich hätten willkommen sein müssen. Sich entschieden gegen jede Form von Opportunismus wendend, nahm Gumppenberg lieber Misserfolg in Kauf, als sich der Meinung oder gar dem wohlmeinen-

---

4   Vgl. HvG: Das dritte Testament. Eine Offenbarung Gottes. München 1891, S. 5 f.
5   Gumppenbergs Lebenserinnerungen liegen in drei Versionen vor: Ein 1929 erschienenes, posthum von einem Freund Gumppenbergs herausgegebenes, gekürztes Exemplar, ein viel umfangreicheres Manuskript (im Folgenden abgekürzt als MS) und ein Typoskript, das die fehlenden Stellen im Buch ergänzen soll, aber vieles unterschlägt, was im Manuskript erhalten ist (im Folgenden abgekürzt als TS). Erstaunlicherweise finden sich jedoch im Typoskript Passagen, die auch im Manuskript nicht enthalten sind, sodass sich die drei Versionen jeweils zu einem subjektiven, relativ unvollständigen Bild ergänzen und in weiten Teilen unterscheiden.
6   HvG: Lebenserinnerungen. Aus dem Nachlass des Dichters. Zürich 1929, S. 172 f.

den Rat anderer zu beugen. Diese unerbittliche, stolze Haltung stieß bei seinen Zeitgenossen nicht nur auf Unverständnis, sondern trug ihm auch einige Hochachtung ein. So würdigt etwa der Münchener Literaturkritiker und Herausgeber von Gumppenbergs Parodiensammlung *Das Teutsche Dichterroß*, Josef Hofmiller, gerade den oft als störrisch verstandenen Zug des Autors: „Daß er wirklich ein Dichter war, kein Literat, hat ihm seinen Lebensweg rechtschaffen schwer gemacht. Er war nicht nur unpraktisch, er hielt es für unter seiner Würde, ‚praktisch' zu sein, Beziehungen anzuknüpfen, Einflüsse auszunützen."[7]

Fast schon bezeichnend mag es da klingen, dass Gumppenberg seinen größten Erfolgen, seiner satirischen, parodistischen Lyrik und Dramatik, dem Bereich seines Schaffens, der ihm die größte Anerkennung eintrug, selbst kaum Beachtung schenkte. Dies verwundert umso mehr, da Humor und Ironie – wie viele seiner Freunde berichten[8] – neben dem geschilderten Ernst durchaus wesentlicher Bestandteil seines Wesens waren.

Am deutlichsten aber zeigt sich die äußere Unvereinbarkeit der Wesenszüge Gumppenbergs, wenn man den geschilderten Gegensatz von aussichtslosem Streben nach höherem Sinn und greifbarem Erfolg, von Hybris und Selbstverachtung, von Ernst und Humor an seinem Werk nachzeichnet. Der naheliegende Schluss, er hätte sich in seiner „Unerbittlichkeit gegen sich selbst" etwa auf diese oder jene Seite geschlagen, eine Entscheidung getroffen zwischen weltlichem Ruhm und eigenen Idealen (die er selbst auch als Widerspruch erlebte), ist jedoch verfehlt: Sein ganzes Leben lang schrieb er oft zeitgleich humorvolle Texte, Kabarettstücke oder Parodien wie auch ambitionierte ernste Lyrik und Dramatik. Die den Autor prägende Ambivalenz ist also nicht nur in seinem ästhetischen Urteil über sein eigenes Schaffen zu finden, sondern wird schon an seiner literarischen Produktion sichtbar, die sich formal in ernsthaft-traditionalistische und humoristisch-modernistische Schriften trennen lässt. Dass sich diese unvereinbare Gegensätzlichkeit in Gumppenbergs Anspruch neben den kritisch reflektierenden Betrachtungen und Kritiken auch auf sein poetisches Schaffen auswirkte, deutet auf eine den Autor charakterisierende Spaltung hin, die zugleich eng verknüpft ist mit zeittypischen Spannungen an der Bruchstelle zwischen Tradition und Moderne.

Die im Folgenden einander gegenübergestellten Stücke *Die Verdammten* und *Der Veterinärarzt* sind beide im Jahr 1901 entstanden. In ihnen werden die weit auseinander liegenden Pole im Werk Gumppenbergs erkennbar. Aber nicht nur durch ihre Gegenüberstellung offenbaren sich Brüche, die für den

---

7   Josef Hofmiller: Vorwort zu HvG: Das Teutsche Dichterroß 1999, S. 5–10, hier: S. 5.
8   Vgl. etwa Max Halbe: Jahrhundertwende. München 1976, S. 343 ff.

Autor wesenstypisch sind und sogar für eine neue Sicht auf die frühe Moderne aufschlussreich sein könnten. Auch jeweils für sich genommen verweigern sich die kurzen Dramen einer voreiligen, einer eindeutigen Einordnung. An ihrem Beispiel wird das einzigartige Spannungsfeld sichtbar, das jene Zeit prägte, die so viele neue und unterschiedliche Stilrichtungen und geistige Strömungen hervorbrachte. Der Auswahl gerade dieser Stücke als Grundlage für die folgenden Erwägungen liegen bewusst weniger qualitative Maßstäbe zugrunde, als vielmehr ihre Eignung für exemplarische Überlegungen, die Aufschluss versprechen sowohl über den Autor, als auch über den zeitlichen und kulturellen Kontext, in dem er lebte.

1.1 „Dem Volke muss die Religion erhalten werden": Die Verdammten

Sein erfolgreichstes ernstes Stück, das Ideendrama *Die Verdammten*, schrieb Gumppenberg binnen weniger Tage in einer Münchener „Gaststube im ‚Thal'".[9]

Bevor er es jedoch am 4. März 1901 im Münchener Schauspielhaus zur Uraufführung brachte, prüfte er dessen Wirkung gründlich:

> Als es vollendet vorlag, machte ich meine Frau damit bekannt, die es sehr hoch stellte; doch war ich neugierig, seine Wirkung auch auf andere Naturen zu erproben. So luden wir denn Max Halbe und Steiger mit ihren Frauen, ausserdem Schaumberg und Weinhöppel[10] und einige andere für einen Abend in unser enges Heim, und ich las dem kleinen Kreise mein neues Opus vor. Der Effekt war ein recht geringer; allerdings hatte ich nach dem Urteil meiner Frau herzlich schlecht gelesen. Die Gäste wussten augenscheinlich mit meinen alten Kelten nicht viel anzufangen; Halbe sagte nur vieldeutig, es sei „ein echter Gumppenberg", der naturalistische Steiger meinte mit geringschätziger Miene, es sei „eben ein Märchen", und die übrigen schwiegen sich aus. Objektiv wie ich geworden war, interessierte mich diese „kühle Aufnahme" nur als psychologisches Problem, statt mich bitter zu stimmen oder gar an der Sache irre zu machen.[11]

---

9   HvG: Lebenserinnerungen, S. 277 f.
10 Gemeint sind neben Max Halbe die Schriftsteller Edgar Steiger und Georg Hoffmann (genannt Schaumberg), sowie der Komponist und spätere Kollege Gumppenbergs bei den *Elf Scharfrichtern* Richard Weinhöppel.
11 HvG: Lebenserinnerungen, S. 278.

Es war Gumppenberg offensichtlich bewusst, dass sein einaktiges Ideendrama zwar formal äußerst konventionell, dafür aber ideologisch umso heikler war. Wohl derselben Vorsicht ist es geschuldet, dass er die Handlung in einem vorgeschichtlichen Kontext ansiedelte. Die Erinnerung an die durch sein 1891 erschienenes Christus-Drama *Der Messias* ausgelöste öffentliche Entrüstung trug wohl auch zu dieser Entscheidung bei: Darin hatte Gumppenberg das Leben Christi profaniert, indem er Jesus als Menschen und nicht als Gottes Sohn darstellte.

Die Handlung der *Verdammten* nun ist, wie der Nebentext verrät[12], in einer Herbstnacht der älteren Bronzezeit, in einer hügeligen Gegend des nördlichen Europa angesiedelt und setzt kurz nach dem Tod des Anführers eines Keltenstammes ein. Hauptfiguren sind unter anderen Usmoth, der Stammesälteste und Priester, Gelamma, Kathmor und Dermid, seine Enkel, sowie Morna, Kathmors Frau.

Eine Ältestenversammlung soll klären, welcher der drei Söhne des gefallenen Anführers zum neuen Oberhaupt erkoren werden soll. Einer der Söhne, Gelamma, fällt sogleich durch sein ungebührliches Verhalten auf. Er versucht, die Frau eines anderen mit Gewalt an sich zu reißen und wird von Usmoth verwarnt: Er habe gegen die heiligen Gesetze der Ahnen verstoßen und sich dadurch in gefährliche Nähe der Verdammung begeben. Während die Beratung der Ältesten sich in die Länge zieht, erregt Dermids Bruder Kathmor, der Favorit für die Nachfolge seines Vaters Ullin, durch sein grüblerisches Gebaren das Misstrauen seiner Frau Morna. Sie drängt ihn, ihr den Grund für sein Grübeln zu offenbaren und bringt ihn so schließlich zu einem Geständnis.

Kathmor
　Morna – mein Weib! Ja – du hast Recht: du kannst es wissen – und sollst es wissen – von allen nur du! Aber verschweigen mußt du's für immer ..
Morna
　Ich schweige! Was ist es? Sprich.
Kathmor
　Länger schon trag' ich's mit mir – doch heut', beim Jubelfeste des Vaters: da hat mich's bezwungen mit Uebergewalt! All' unser Leben – was ist es, Morna? Müh'volle Wand'rung, Kampf, Elend und Not ohn' Ruh' und Rast von Tag zu Tag – kaum noch dem Leichtsinn Besseres wert, als daß man's aufatmend von sich würfe!
Morna (trüb nickend)
　Hart ist's genug – wir haben's erfahren! Und doch –

12　HvG: Die Verdammten. Schauspiel in einem Aufzug. Berlin 1901, S. 4.

Kathmor (ihre Hand ergreifend)
> Nur ein's – das Einzige, Morna! das, was nach den Kämpfen uns winkt – die selige Heimstatt dort oben, die Freude der Helden im strahlenden Kreise – die lohnt allein, daß man es trägt, Entbehrung und Drangsal unverdrossen bis auf den letzten Tag! Wer aber sah das, Morna? Wer sah's mit eigenem Aug'? Wer sah einen Helden aufgehoben zum heiligen Saal?? Keiner, Morna – keiner von uns! Von uralten Vätern kam Usmoth die Kunde – wohl singt sie der Sänger: doch was er singt, nicht er, nicht wir haben es je geseh'n! Und ob wir's glauben als unser Glück, als unser teuerstes Heiligtum . . zu besseren Helden schüf' uns das eigene Wissen! Wüßten wir's, Morna – schauten wir's selbst: hei, was könnt' uns noch irgend kümmern? Wie stark und freudig stürmten wir da in die Schlacht! Und können's nicht alle wissen, sollen's nicht alle – der Mann, der sie führt, der sie befeuert, dem Wohlfahrt und Ehre des Stammes vertraut ist: der müßt' es schauen, einmal schauen mit eigenem Blick! Gehorsam und frommer Glaube, den Kriegern genügen sie wohl: doch niemals ziemt es dem freien Fürsten, blindgläubig ein Gut vor allen Gütern zu preisen, nur weil es die Väter vor ihm gepriesen! Das dacht' ich, Morna – weil ich des künftigen Fürsten gedacht. Und werd' ich nun selber der Fürst – bei allen Göttern! So will ich es schauen mit eigenen Augen![13]

Längst hat Kathmor beschlossen, ins Grab des Vaters zu blicken und zu prüfen, ob dieser tatsächlich ins Walhall der Helden aufgestiegen ist. Vergeblich versucht Morna ihn aufzuhalten und den Frevel noch zu verhindern, doch schließlich lässt sie sich überzeugen und unterstützt ihren Gatten in seinem Vorhaben, selbst wenn auf die Tat die ewige Verdammnis folgen könnte. Als er kurz darauf den Grabstein lüftet, sieht er den verwesenden Leichnam des Vaters und bricht fassungslos zusammen.

Kathmor (aufspringend, mit verzweifelter Wildheit)
> Da wußt' ich's, Morna, daß all' der feierlich heilige Trost, den die Väter uns ließen, Wahn oder Lüge! Daß eitel Narrheit all' unser Thun – daß wir alle verdammt sind mit gleicher Verdammnis – daß der edelste Held nicht mehr als ein Hund . . daß nichts uns lohnt, als daß wir verfaulen!![14]

In seiner Verzweiflung erhebt Kathmor das Schwert und will seinem Leben ein Ende bereiten. Als er auch seine Frau und die beiden halbwüchsigen Söhne er-

---

13 Ebd., S. 19 f.
14 Ebd., S. 27 f.

morden will, um ihnen das – ohne Hoffnung auf ein Jenseits – unwerte Leben zu ersparen, beschwört ihn Morna, das diesseitige Dasein dennoch zu achten.

Morna
> Was hat sich gewandelt weit in der Welt, seit du den Stein Ullins gehoben? Nichts! die Welt ist, wie sie gewesen – nur ein Wahn ward uns genommen. Und sind wir verdammt, und sind wir nur Erde, und haben kein Heim dort über den Wolken – wer will uns wehren, dem Fluch zu trotzen? wer will uns wehren, allein ihn zu tragen trotz rauestem Weg – wir beide allein?? Ruhm und Gewinn, sie lohnen die Tapfern auf Erden wie je – Schande wartet des Falschen und Schlechten, des flüchtenden Feiglings wie je . . was hat sich gewandelt, Kathmor, wenn wir weiter leben, und schweigen? Deiner Söhne mutigem Sinn lockt und lacht die Zukunft wie immer – karge Jahre wohl liegen vor ihnen, kampfesschwer, doch ungetrübt von innerem Gram, hell durchleuchtet von Heldenglück: denn sie, Kathmor – sie wissen es nicht! Hast du ein Recht, sie ganz zu berauben, dein eigen Geschlecht? Was gibst du ihnen dafür?? Und wenn ich dennoch mich freuen noch könnte – ich, ihre Mutter, an ihrer Freude, die Lust und Leben doch wär' trotz allem . . was gibst du mir, wenn du auch das mir nimmst? Was gibst du dir selbst – du liebst sie doch auch? Was gibst du uns beiden dafür??[15]

Während sich Kathmor immer noch seiner desillusionierten Melancholie hingibt, tritt Usmoth, der Stammesälteste hinzu. Er zeigt sich keineswegs überrascht über Kathmors Tat und gesteht, in jungen Jahren ebenso gehandelt zu haben. Kathmor ist fassungslos und fragt, warum dieser die ernüchternde Erkenntnis so lange vor ihm und dem Volk geheim gehalten habe.

Usmoth (sich hoch aufrichtend)
> Weil mich's nicht reute, Kathmor, daß ich es damals getan! Weil ich sie da erst völlig verstand, die großen, die heiligen Väter! Weil ich den Segen nun kannte, den sie sorgend, den sie entsagend gehütet! Weil ich nun doppelt in Demut mich beugte vor ihrer gütigen Weisheit! Weil mir nun selber dreifach die Liebe schwoll – Lieb' und Erbarmen für mein Geschlecht, für all' unsern Stamm, als ich es wußte, was alle erwartet![16]

---

15 Ebd., S. 31.
16 Ebd., S. 34 f.

Endlich sieht Kathmor ein, dass Wahrheitssuche nicht immer zur Erkenntnis des Richtigen führt, und beschließt die Lüge aufrechtzuerhalten. Er wird zum Stammesführer gekürt und vom Volk gefeiert.

Man mag vermuten, dass Hanns von Gumppenberg von der weltanschaulichen Idee ausgehend, die Handlung des Stücks möglichst passend dazu entworfen habe. In seinen Lebenserinnerungen behauptet er jedoch, dass der Idee „als einzige äußere Anregung die Abbildung eines nordischen Steingrabs in irgend einem Buche über den vorgeschichtlichen Menschen zugrunde lag." „Unwillkürlich" hätten sich mit „dieser schlichten Zeichnung Phantasien und Gedanken über die mögliche Stellungnahme damaliger Wanderstämme zur Frage der persönlichen Unsterblichkeit und zu den eng damit verknüpften ethischen Problemen"[17] verbunden.

„Kein sagenhaft maskiertes Tendenzstück über das Thema „Dem Volke muss die Religion erhalten werden"" habe er sich also vorgestellt, „sondern wirklich nur ein Drama aus der Urzeit, entwickelt aus deren besonderen einfachen Voraussetzungen und naiven Vorstellungen."[18] Dass Gumppenberg sich in seinen Lebenserinnerungen von der leicht mit dem Inhalt des Stücks zu assoziierenden ideologischen Tendenz distanziert, zeigt, wie auch die Erprobung der Wirkung im privaten Kreis, dass er sich des radikalen Ansatzes, den er mit dieser Schrift dennoch vertritt, immer bewusst war. Keinesfalls wollte er sich in die politische Ecke Kaiser Wilhelms I. gedrängt sehen, der 1887 die von Gumppenberg zitierte Parole ausgab. Dass er eine kontroverse Aufnahme seines Dramas regelrecht erwartete, zeigt auch seine überraschte Reaktion auf die einhellig positive Kritik.

> Die Kritik fiel in der Lokalpresse wie auch bei den Korrespondenten der auswärtigen Tagesblätter und Zeitschriften glänzend aus, glänzender als ich bei dem besonderen Ideengehalt des Stücks und nach dem Ergebnis jener ersten Vorlesung in unserer Wohnung hatte hoffen können; die konservativsten Beurteiler wetteiferten mit den modern-freisinnigsten in uneingeschränkter Anerkennung der dramatischen Wirksamkeit und des dichterischen, geistigen und ethischen Wertes. Freilich hatte sich diese erstaunliche Übereinstimmung auch dadurch ergeben, daß die konservativ gesinnten Kritiker irrtümlicher Weise aus meinem Drama jene vermeintliche flache Tendenz gegen radikale Volksaufklärung heraushören zu können glaubten, während es von den Freidenkern richtiger verstanden und reinkünstlerisch gewürdigt wurde.[19]

---

17 HvG: Lebenserinnerungen, S. 277.
18 Ebd., S. 277.
19 HvG: Lebenserinnerungen Manuskript [MS], S. 377 [Die zitierte Stelle entstammt einer von

Tatsächlich aber fielen nicht alle Kritiken zu seinem Stück so übereinstimmend positiv aus, wie Gumppenberg sie hier beschreibt. Der Rezensent der Münchner *Allgemeinen Zeitung* etwa lobte das Stück zwar im Ganzen, bemerkte jedoch den Kontrast zwischen Form und Inhalt:

> Ich habe die stimmungsvolle Scene Gumppenbergs hier erzählt, weil mir in der Erzählung zugleich die Kritik zu liegen scheint. Das moderne Problem sprengt das prähistorische Kostüm an allen Enden, und die Lösung ist ein Kompromiß, der nur das Wort umschreibt: „Dem Volke muß die Religion erhalten werden." Doch ein Werk kann logisch verunglückt sein und dennoch dichterisch werthvoll, und das ist hier der Fall. Gumppenberg scheint von seinen stürmischen Anfängen zu einer besonnenen und reifenden Anschauung des Lebens und der Kunst sich entwickelt zu haben.[20]

Aber nicht nur der zeitliche Rahmen und das „moderne Problem" bilden aus heutiger Sicht einen Kontrast. Auch die sprachliche Form ist alles andere als modern. Mit an klassische Ideendramen wie etwa Schillers *Don Karlos* oder Goethes *Iphigenie auf Tauris* erinnerndem Pathos kleidet Gumppenberg eine tatsächlich moderne Thematik ein.

Sein optimistischer Humanismus gründet nicht etwa auf christlicher oder antiker Tradition, sondern knüpft direkt an zeitgenössische philosophische Streitfragen an. So können die Verdammten als Reflexion über Ludwig Feuerbachs Projektionstheorie gelesen werden. Dieser hatte schon 1841 in seiner Schrift *Das Wesen des Christentums*, dem zentralen Werk seiner Religionskritik, die Überzeugung vertreten, dass Gott nur eine vom Menschen in seiner individuellen Not geschaffene Projektion des Absoluten sei.

> Die Religion ist der Traum des menschlichen Geistes. Aber auch im Traume befinden wir uns nicht im Nichts oder im Himmel, sondern auf der Erde – im Reiche der Wirklichkeit, nur dass wir die wirklichen Dinge nicht im Lichte der Wirklichkeit und Notwendigkeit, sondern im entzückenden Scheine der Imagination und Willkür erblicken. Ich tue daher der Religion – auch der spekulativen Philosophie und Theologie – nichts weiter an, als dass ich ihr die Augen öffne oder vielmehr nur ihre einwärts gekehrten Augen einwärts richte, d.h., ich verwandle nur den Gegenstand in der Vorstellung oder Einbildung in den Gegenstand in der Wirklichkeit. […] Aber freilich für diese Zeit, welche das Bild der Sache, die Kopie dem Original, die

---

vielen Passagen des Manuskripts, die nicht in die Veröffentlichung aufgenommen wurden]. Im Nachlass, Münchner Stadtbibliothek/Monacensia. [L 5193]
20 O. A.: Allg. Z. Nr. 64 v. 5.3.1901, S. 2.

Vorstellung der Wirklichkeit, den Schein dem Wesen vorzieht, ist diese Verwandlung, weil Enttäuschung, absolute Vernichtung oder doch ruchlose Profanation; denn heilig ist ihr nur die Illusion, profan aber die Wahrheit. Ja, die Heiligkeit steigt in ihren Augen in demselben Maße, als die Wahrheit ab- und die Illusion zunimmt, so dass der höchste Grad der Illusion für sie auch der höchste Grad der Heiligkeit ist. Verschwunden ist die Religion und an ihre Stelle getreten selbst bei den Protestanten der Schein der Religion [...].[21]

Karl Marx wiederum rückte die Gemachtheit Gottes in seiner auf Feuerbach Bezug nehmenden Schrift in einen politischen Kontext[22], der auch in Gumppenbergs *Verdammten* wiederzufinden ist: Kathmor „opfert" sich ja als Stammesführer heldenhaft indem er am Leben bleibt – er nimmt die für ihn unerträgliche Bürde des Wissens, ja sogar die eigene Verdammnis in Kauf, erhält die Lüge aufrecht, um so das Wohlergehen (und Funktionieren) seines Volkes nicht zu gefährden.

So betrachtet rückt das äußerlich fast schon antimodern wirkende Stück in einen unerwartet neuen Kontext: Was zunächst wie eine Rückkehr zum Altbewährten wirkt und den Anschein erweckt, Gumppenberg habe durch *Die Verdammten* sowohl seine Nähe zu den deutschen Klassikern betonen wollen, als auch kritisch Stellung gegen neuere literarische Strömungen bezogen, offenbart sich als raffiniert kaschierte moderne Weltanschauung.

Dass *Die Verdammten* gleichzeitig sicherlich als Gegenentwurf zum Naturalismus zu verstehen sind, steht dazu nicht unbedingt im Widerspruch. Die naturalistische Bewegung, der sich Gumppenberg in jüngeren Jahren zeitweilig als Vorkämpfer und Mitglied in Michael Georg Conrads *Gesellschaft für modernes Leben* verschrieben hatte, fand um 1900 immer mehr engagierte Gegner.

So opponierte jetzt auch Gumppenberg gegen den „geistig und seelisch unfruchtbare[n] Wirklichkeitsabklatsch."[23] Dies kann auch als Grund für die Betonung des überzeitlich Idealen in den Verdammten gesehen werden. Aber nicht nur der hohe weltanschauliche Anspruch, sondern auch die sprachliche Rückwendung auf den hohen Stil der Klassiker bezeichnet einen Umbruch. Mit seinem Stück *Die Verdammten* hat Gumppenberg also nicht (wie viele

---

21 Ludwig Feuerbach: Das Wesen des Christentums. Hrsg. v. Werner Schuffenhauer (= Gesammelte Werke Bd. 5). Berlin 2006 [1841], S. 20.
22 Vgl. u.a. Karl Marx: Zur Kritik der Hegelschen Rechtsphilosophie. Deutsch-französische Jahrbücher. In: Karl Marx; Friedrich Engels: Werke. Bd. 1. Berlin/DDR 1976 [1844]; Sowie Ders.: „Thesen über Feuerbach". In: Karl Marx; Friedrich Engels: Werke. Bd. 3. Berlin 1969 [Vollendet: 1845; erstmals veröffentl. 1888], S. 533 ff.
23 HvG: Lebenserinnerungen, S. 280.

andere) nach einer neuen Form für einen modernen Inhalt gesucht, sondern diesen ganz bewusst in eine antiquierte Form gekleidet. Auch wenn man den Reformanspruch im Stück deutlich erkennen kann, bleibt der stilistische Bruch bestehen und bestätigt das kurze Drama so erst recht als typisches Beispiel der oft in sich so widersprüchlichen jungen Moderne.

Trotz des ursprünglichen Erfolgs des Stücks und der baldigen Aufnahme in den Spielplan des Residenztheaters wurde es bald wieder abgesetzt. Als Gumppenberg 1922 erneut den Versuch unternahm, es als Teil einer Einaktertrilogie unter dem Titel *Wahrheit?* am Münchener Staatstheater unterzubringen, erhielt er vom Intendanten Karl Zeiß eine ablehnende Antwort.

[…] Die Dekorationen und Kostüme, die seinerzeit für den urzeitlichen Stoffkreis üblich waren, könnte man zwar nach dem Stand der modernen Praehistorie berichtigen, käme aber damit doch von einem Inszenierungsprinzip nicht los, das uns heute veraltet erscheint. Einer durchgreifenden Modernisierung, in der Art etwa den ganzen Schauplatz ins Zeitlose zu rücken, widersetzt sich der durch den geistigen Gehalt und die Figuren durchaus an die europäische Vorgeschichte zeitlich gebundene Stoff des Dramas. Ich glaube nicht, dass es gelingen kann die gewissermassen exotische Ferne, in der der schöne Grundgedanke des Stückes sichtbar wird, mit einem unserem heutigen Empfinden fühlbaren Leben zu erfüllen. […][24]

Dass dem Stück noch mehr als 20 Jahre nach seiner Entstehung eine moderne Inszenierung versagt blieb, zeugt von einer nicht nur für Gumppenberg problematischen, zweifelhaften Theatermoderne, die den Widerspruch zwischen historisch korrekter und radikal moderner Interpretation noch nicht gänzlich überwunden und sich von einer traditionalistischen Ästhetik noch nicht vollständig gelöst hatte.

Gumppenbergs Drama *Die Verdammten* kann also als allzu zaghaftes Experiment gesehen werden, die Gegensätze der Zeit miteinander zu versöhnen. Als Kompromiss zwischen alt und neu erzählt es jedoch umso aufschlussreicher über einen Versuch, die klassische Tradition in die Moderne zu integrieren.

---

24 Karl Zeiß an HvG. Im Nachlass, Münchner Stadtbibliothek/Monacensia.

1.2 „Kennen Sie Ibsen? – Nein, wie macht man das?"[25] – *Der Veterinärarzt*

Auf einen Theaterbesucher, der noch im März die Uraufführung der *Verdammten* im Schauspielhaus gesehen hatte, muss das ebenfalls einaktige Drama *Der Veterinärarzt* zumindest befremdlich gewirkt haben. Die Tatsache, dass beide Stücke vom selben Autor ungefähr zur selben Zeit geschrieben wurden, wirkt auch heute noch höchst erstaunlich – könnten sie doch in fast jeder Beziehung kaum gegensätzlicher sein.

Am 13. April 1901, dem Eröffnungsabend der *Elf Scharfrichter*, folgte Gumppenbergs sogenanntes Überdrama direkt auf das Eröffnungslied der Scharfrichter. Was sich hier in einem gefüllten Saal[26], der kaum mehr als 100 Personen fasste[27], abspielte, war für die meisten Zuschauer neu, zählte die Bühne doch neben Reinhardts „Schall und Rauch" und Wolzogens „Überbrettl" zu den ersten deutschen Kabaretts.

Gumppenberg hat seiner Parodie den Untertitel *Mystodrama* vorangestellt und so gleich die Richtung seiner theatralen Literaturkritik angedeutet. Präziser benennt er die Bezüge der Persiflage in seinen Lebenserinnerungen: „Ich hatte das Mystodrama „Der Veterinärarzt" beigesteuert, das die total unverständliche, aber sehr wichtigtuende Geheimniskrämerei verulkte, die bei den Ibsenisten und Maeterlinckianern in Schwung gekommen war."[28] Gumppenbergs Veterinärarzt ist also erklärtermaßen auf (oder gegen) symbolistische Dramen Maeterlincks und Ibsens, wie auch auf epigonale Nachfolgewerke gerichtet. Harold B. Segel[29] und Karl-Wilhelm von Wintzingerode-Knorr, der mit seiner Dissertation *Hanns von Gumppenbergs künstlerisches Werk*[30] im Jahr 1958 die bisher einzige monographische Schrift zu Gumppenberg veröffentlichte, weisen für das Stück zu Recht eine Reihe von Einzelbezügen nach.

---

25 Ob dieser bekannte Scherz tatsächlich von Friedrich Dürrenmatt stammt, oder schon früher kursierte, ist schwer nachprüfbar.
26 Vgl. Gertrud Maria Rösch: „Satirische Publizistik, Cabaret und Ueberbrettl zur Zeit der Jahrhundertwende". In: York-Gothart Mix (Hg.): Naturalismus. Fin de siècle. Expressionismus 1890–1918. München 2000, S. 272–286, hier: S. 202.
27 Vgl. HvG: Lebenserinnerungen, S. 282.
28 Ebd., S. 286.
29 Harold B. Segel: Turn-of-the-century cabaret. Paris, Barcelona, Berlin, Munich, Vienna, Cracow, Moscow, St. Petersburg, Zurich. New York 1987.
30 Karl-Wilhelm von Wintzingerode-Knorr: Hanns v. Gumppenbergs künstlerisches Werk. Ein Beitrag zur Geschichte der deutschen Literatur der Wende vom 19. Zum 20. Jahrhundert. (Diss.). Bamberg 1958 [Wintzingerode-Knorr untersucht aus vorrangig literaturwissenschaftlicher Perspektive einen Teil von Gumppenbergs literarischem Werk.]

So finden sich etwa deutliche Referenzen zu Ibsens *Die Frau vom Meer* und *Gespenster*, wie auf Maeterlincks *L'Intruse* oder *Les Aveugles*. Die Fülle an mehr oder weniger differenzierbaren Einzelbezügen brachte allerdings auch schon Wintzingerode-Knorr zu dem Schluss, dass sich *Der Veterinärarzt* nicht klar mit einer einzelnen Vorlage in Verbindung bringen lässt und deshalb eher als Parodie zu betrachten ist, die unterschiedliche, breiter gestreute Eigenheiten des Symbolismus aufs Korn nimmt. Auch ist seine Vermutung sicher zutreffend, dass auch schon damals „die unendlich vielen Anspielungen auf Dramen mehrerer Verfasser [...] von kaum jemandem gänzlich verstanden"[31] wurden.

Aber auch ohne nach eindeutigen Zeichen der intertextuellen Bezugnahme zu suchen, ist es damals wie heute kaum möglich, im *Veterinärarzt* auch nur einen einigermaßen logischen Handlungsverlauf zu erkennen. Es gehört hier zum parodistischen Prinzip Gumppenbergs, das symbolistische Verfahren des suggestiven Andeutens und des Aussparens wesentlicher Informationen auf die Spitze zu treiben. Seine Intention, mit dem *Veterinärarzt* symbolistisch-düstere Bedeutungsschwere und deren oft leere Symbolik zu karikieren, ist dem Stück schon mit einem ironischen Motto vorangestellt, das auch als symbolistisches Credo verstanden werden könnte:

Der Tag ist arm, die Dämmerung ist reicher:
Verschleire dein Profil, und werde bleicher!
Entwöhne dich vom grellen Lebensblute –
Nur schattenfraglich naht das Absolute.[32]

Die meisten Versuche der Figuren, die selbst nur vage umrissen sind und die in kaum nachvollziehbaren Beziehungen zueinander stehen, scheitern an Missverständnissen oder münden in völliger Ratlosigkeit. Auch ihre Namensgebung gibt wenig Aufschluss über eine Konstellation. Lediglich Adele wird im Figurenverzeichnis als die Frau des Blumenhändlers Benedikt Rummel ausgewiesen, doch auch diese scheinbar präzise Kennzeichnung führt in die Irre und bietet keine weitere Orientierungshilfe. Die Konturlosigkeit der weiteren auftretenden Figuren – Adeles „angenommene Töchter" Tilli, Cilli und Lilli, der Pastor Zwielicht, die Kuchenliese, der schwarze Sepp, der Freund und ein Herr

---

31 Ebd., S. 96.
32 HvG [hier unter d. Pseudonym „Jodok"]: „Der Veterinärarzt. Mystodrama in einem Aufzug von Jodok". In: Die Elf Scharfrichter. Münchner Künstlerbrettl. Erster Band: Dramatisches. Berlin 1901, S. 79.

in Grau – wird schon anhand ihrer Namen oder nichtssagenden Bezeichnungen erkennbar.

Das Stück setzt mitten im Dialog zwischen Herrn und Frau Rummel ein, die sich aufgeregt in unverständlichen Satzfragmenten über andere Figuren und rätselhafte Ereignisse unterhalten. Von Beginn an sitzt im Vordergrund der Herr in Grau, der jedoch für alle außer für Lilli unsichtbar bleibt. Rummel wird von Adele aufgefordert, dringend einen Schlüssel zu suchen, dessen Funktion ungeklärt bleibt. Auch er ist ratlos. Erst als ihm Adele bedeutet, unter dem Tisch nachzusehen, zieht er einen Revolver aus der Brusttasche und verschwindet unter der violetten Tischdecke. Der weitere Verlauf der Handlung ist von der Situation des Wartens gekennzeichnet. Alle warten auf einen Veterinärarzt, von dem man sich die Lösung aller Rätsel und Probleme verspricht.

Tilli
    Die Reseden waren schön, und dufteten immer stärker. Ich mußte weinen, denn ich wußte nicht, was ich mit ihnen anfangen sollte.
Cilli (heftig)
    Schlimm genug für uns!
Tilli
    Ach geh! Du hättest das ebenso wenig gewußt!
Cilli
    Wem hast du sie denn schließlich gegeben?
Tilli
    Aber Cilli! Du weißt ja doch, daß der Veterinärarzt –[33]

Rätselhafte, aufgeregte Dialoge deuten auf dramatische Ereignisse und Spannungen hin, decken diese aber nicht auf, sondern verstärken nur die Ratlosigkeit:

Tilli (eilt an den Tisch und beugt sich herab).
    Kurt!
Rummel (lüftet den Vorhang etwas – aber so, daß das Publikum nichts von ihm, Rummel sehen kann).
    Ja, Schatz?
Tilli
    Hast du die Pistole?
Rummel
    Ja – nimm nur. Aber nicht alle beide, hörst du?

---

[33] Ebd., S. 84 f.

Tilli
> Wie?

Rummel (lauter).
> Nicht alle beide!

Tilli
> Warum denn nicht?

Rummel
> Wegen der grünen Gardinen!

Tilli
> Aber der Veterinärarzt hat ja doch –

Rummel
> Glaube mir – und nicht dem Veterinärarzt! Also: Heute Nacht!

Tilli
> Ja, Kurt! Heute Nacht! (Tilli huscht mit der Pistole nach links hinaus. Der graue Herr steht auf.)

Der graue Herr
> Nicht übel. Jetzt bin ich wirklich gespannt. (Er geht auf den Tisch zu und setzt sich darauf.)[34]

Der Herr in Grau spiegelt die Ratlosigkeit des Publikums wie auch das Thema des Stücks, als er Lilli fragt: „Sie verstehen nicht? Das ist auch nicht nötig. Im Gegenteil, das wäre bedauerlich. Was man versteht, ist platt und gemein. Das Große bleibt unveränderlich, es läßt sich nur fühlen. Fühlen sie nichts?" Lilli antwortet: „Ja – ich fühle – […] Ich – fühle mich unwohl …"[35] Als Pastor Zwielicht auftritt, folgt schon der nächste logische Bruch, indem dieser den für alle außer Lilli eigentlich unsichtbaren Herrn in Grau direkt anspricht: „Sie wissen, daß ich Sie nicht bemerke."[36] Alle Figuren scheinen etwas zu wissen und gleichzeitig gestehen sie immer wieder ihre eigene Ratlosigkeit ein. Den Bauch des Pastors umklammernd, lässt sich der schwarze Sepp auf die Bühne ziehen.

Pastor
> […] (Er geht auf und ab und hält plötzlich unwillig inne, den Kopf wendend.) – aber was w o l l e n Sie denn eigentlich von mir, Sie da hinten? Warum halten Sie mich fortwährend auf? Ich k e n n e Sie doch nicht!

---

34 Ebd., S. 89 ff.
35 Ebd., S. 92.
36 Ebd., S. 93.

Der schwarze Sepp (weinerlich, ohne loszulassen).
　Ich kenne Sie doch a u c h nicht, Herr Pastor!
Pastor
　Warum thun Sie dann, als ob Sie mein Schatten wären?
Der schwarze Sepp
　Der bin ich n i c h t , Herr Pastor!
Pastor
　Oder ein Schornsteinfeger?
Der schwarze Sepp
　Nein, Herr Pastor!
Pastor
　Oder sind Sie der Leibhaftige?
Der schwarze Sepp
　Leider a u c h nicht, Herr Pastor! Ach Gott, ich möchte ja so g e r n l e i b h a f t i g sein!
Pastor
　Aber wer sind Sie dann?
Der schwarze Sepp
　Ja, wenn ich das s e l b s t wüßte, Herr Pastor! Das wird uns beiden wohl nie klar werden! Ich hab' genau so viel Angst wie Sie!³⁷

Oft ist auf Parallelen zu Morgensterns *Krankenstube* hingewiesen worden, wo auch „Wissen und Nichtwissen, Verstehen und Nichtverstehen, Sehen und Nichtsehen im Mittelpunkt"³⁸ stehen. Die ebenso oft erwähnte Nähe des Stücks zum absurden Theater Samuel Becketts und Eugène Ionescos fällt jedoch viel deutlicher ins Auge. Gerade die ins Absurde gesteigerte Situation des Wartens auf einen unbekannten Fremden, der angeblich die Lösung bringt, erinnert stark an Becketts *Godot*. Als die Zuversicht auf das Kommen des Veterinärarztes schwindet, tritt als „letzte Hoffnung"³⁹ *Der Freund* auf. Als dieser jedoch sein Unvermögen, etwas zu klären oder zu helfen, eingestehen muss, fungiert auch er als reflexiver Bezug auf die undurchsichtige Atmosphäre des Stücks. – „Das Mystodrama reflektiert sich in seiner Absurdität, es führt einen ironisch gefärbten theatralen Metadiskurs über sich selbst."⁴⁰

37　Ebd., S. 94 f.
38　Roßbach, S. 288; Vgl. auch Wintzingerode-Knorr.
39　HvG: Der Veterinärarzt, S. 108.
40　Roßbach, S. 291.

Adele, Cilli und Tilli (sich scheu zuflüsternd)
   Die Brille ist ihm angelaufen
Der Freund (hat sein Schnupftuch gezogen, und reibt nervös an seiner Brille, kopfschüttelnd)
   Sonderbar! Sie will gar nicht klar werden! Das ist mir bisher noch nicht vorgekommen –
Pastor
   Ach, bitte – versuchen Sie es nur! Es muß ja doch möglich sein! Sie wissen doch – der Veterinärarzt   kommt nicht mehr – Sie sind unsere l e t z t e Hoffnung!
Adele, Cilli und Tilli (händeringend)
   Ach bitte! bitte!
Der Freund
   Gern, gern! Aber –
(Er hat sich noch einmal an der Brille gerieben, setzt sie auf, sieht mehrmals im Kreise und schüttelt wieder den Kopf.)
   Nein: ich kann nichts erkennen! Ich sehe gar nichts.
Pastor, Adele, Cilli und Tilli (verzweifelt)
   Gar nichts?? Sie a u c h nichts??[41]

Was Gumppenberg hier schreibt ist keine bloße Symbolismusparodie, sondern absurdes Theater. Der Effekt mit dem er im *Veterinärarzt* experimentiert, wird auch durch das Ende nicht abgeschwächt oder im Komischen aufgelöst. Alles bleibt offen, hinter der Bühne fallen drei Schüsse. Es wird berichtet, der Veterinärarzt sei tot. Ganz am Ende keimt eine letzte Hoffnung auf.

Der graue Herr (nachdenklich)
   […] Aber vielleicht unter dem Tische dort?
   Ob sich da nicht vielleicht noch – – – (Er tritt langsam gegen den Tisch, hält aber auf halbem Wege inne.)
   Nein – ich will doch lieber nicht nachsehen. Es ist besser, nur davon zu träumen. (Er setzt sich, zündet sich langsam eine Cigarette an und bläst sinnend die Rauchwolken in die Luft. Längere stumme Pause.)
   (D e r V o r h a n g f ä l l t)[42]

---

41   HvG: Der Veterinärarzt, S. 107 f.
42   Ebd., S. 112.

Dass jede Parodie Metatheater ist, dass also auch Gumppenbergs *Überdramen* „Dramen über Dramen, Theater über Theater"⁴³ sind, wie auch dass die Referenzialität als „der kleinste gemeinsame Nenner jeglicher Parodie"⁴⁴ zu verstehen ist, hat Nikola Roßbach überzeugend dargestellt. Dass aber die Fülle an Bezügen gerade bei diesem Stück der metatheatralen Bezugnahme entgegensteht, wird in Erwin Rotermunds Aufsatz *Deutsche Dramenparodien der Jahrhundertwende*, in dem er auch auf Gumppenbergs *Veterinärarzt* Bezug nimmt, besonders deutlich:

> In ihren gelungensten stellt sich die dramatische Parodie aber als eine Art von Experimentalgenre dar, dessen Ausprägungen sich gegenüber den Prätexten bis zu einem gewissen Grad verselbständigen. Autorenintention und Wirkung sind nicht mehr ganz deckungsgleich: was als satirische Kritik der Innovationen der Moderne gedacht war – und auch weitestgehend so rezipiert wurde – fungierte im Ensemble aller kabarettistischen Kleinformen paradoxerweise auch als Beförderung avantgardistischer Tendenzen und erwies sich in einigen Fällen sogar als deren Vorwegnahme.⁴⁵

Wenn also aus kaum mehr eindeutig zuordenbarer Referenzialität eine Intertextualität im weiteren Sinne wird, verliert die Parodie zumindest zum Teil ihre kommentierende Funktion. Umso erstaunlicher ist es, dass Gumppenbergs Überdrama – das dem absurden Drama Becketts und Ionescos in weiten Bereichen sogar näher steht, als häufig angeführte Vorläufer wie etwa Jarrys *Ubu roi* – bis heute vor allem seiner parodistischen Qualität wegen gewürdigt wurde. Erklärbar ist dies nur durch eine Rezeption, die vor allem auf metatheatrale Bezüge Wert legte und den *Veterinärarzt* so als sekundäres, modernekritisches Kabarettspiel missverstand. Genau diese Fehleinschätzung unterläuft Wintzingerode-Knorr, wenn gerade er, der ja auf die „unendlich vielen Anspielungen"⁴⁶ die von kaum jemandem verstanden werden konnten, hinwies, nun den Vergleich mit dem absurden Drama eben mit Verweis auf die Referenzialität des Stücks wieder abschwächt.

---

43 Roßbach, S. 285.
44 Ebd., S. 291.
45 Erwin Rotermund: „Deutsche Dramenparodien der Jahrhundertwende". In: Winfried Herget; Brigitte Schultze (Hgg.): Kurzformen des Dramas. Gattungspoetische, epochenspezifische und funktionale Horizonte. Tübingen 1996, S. 145–157, hier: S. 156.
46 Wintzingerode-Knorr, S. 96.

Becketts und Ionescos Spiele wurden als Loslösung vom psychologischen Entwicklungsdrama, als Abfolge von Veränderungen, Sprüngen, Brüchen und Wiederholungen bezeichnet. All das trifft auch auf den ‚Veterinärarzt' zu, der allerdings nicht, wie wohl Becketts und Ionescos Stücke letztlich, das sinnlose Chaos als Daseinsgrund bezeichnen sollte, der vielmehr nur die Sinnlosigkeit besonders des Maeterlinckschen, daneben auch des Ibsenschen und Strindbergschen (?) Symbolismus behaupten wollte.[47]

Die Frage nach der Autonomie des Stücks, von welcher vor allem seine Wirkung abhängt, wird letztlich wohl allein von der jeweiligen Betrachtungsweise bestimmt. Es scheint, als sei Gumppenbergs *Veterinärarzt* als dramatisches Vexierbild meist allzu einseitig gedeutet worden. Genau diese Qualität der Uneindeutigkeit macht das Stück, wie das frühe Kabarett insgesamt, für eine Neubewertung umso interessanter.[48]

Stellt man des Weiteren die Frage nach der Ursache für die oft unhinterfragte Einteilung auch der autonomeren Parodien ins komödiantische Genre, findet sich die Antwort meist bei der vorweggenommenen, wenn nicht gar unterstellten Intention des Autors. Wenn Wintzingerode-Knorr also mutmaßt, Gumppenberg habe „nur die Sinnlosigkeit besonders des Maeterlinckschen, daneben auch des Ibsenschen und Strindbergschen (?) Symbolismus behaupten"[49] wollen, dann stützt er sich damit wohl vor allem auf Erklärungen des Autors selbst. Unabhängig davon, dass solche „Belege" nicht unbedingt mit der eigentlichen Intention deckungsgleich sein müssen, sind Gumppenbergs diesbezügliche Stellungnahmen in sich nicht so eindeutig, wie ihm unterstellt wurde. Unzweifelhaft hat er sich, wie auch andere ursprünglich begeisterte Kabarett-Autoren[50], im Nachhinein von seinen humoristischen Experimenten distanziert. Vor allem in seinen Lebenserinnerungen bezieht er häufig Stellung gegen die eigenen humoristischen Erfolge. Ja, er bereut sogar, jemals am so oft gerühmten Scharfrichter-Projekt teilgenommen zu haben:

Ich hätte all diesen Augenblicksgelegenheiten der Scharfrichterzeit nicht so weit nachgeben sollen, denn nun stempelte mich die schnellfertige Tagesmeinung unter Nichtbeachtung meiner eigensten Bestrebungen ein für allemal als spassigen Ueber-

---

47 Ebd., S. 96 f.; [Fragezeichen im Original]
48 Vgl. Roßbach, S. 291.
49 Wintzingerode-Knorr, S. 96 f.
50 Auch Wedekind z.B. konnte regelrecht wütend werden, wenn man ihn auf seine populären Kabarettlieder ansprach; Vgl. hierzu Max Halbe: Jahrhundertwende, S. 342 f.

brettl-Parodisten ab, während doch diese Scherze für mich nie mehr bedeutet hatten und bedeuten konnten als ein Intermezzo.[51]

Schon die Vehemenz solcher Distanzierungsversuche deutet jedoch darauf hin, dass es ihm hier weniger um eine sachliche Beschreibung seiner ursprünglichen Motive, als vielmehr um eine Einflussnahme auf die öffentliche Wahrnehmung seiner Person ging. Paradoxerweise war nämlich ausgerechnet die außergewöhnliche Popularität der Elf Scharfrichter ein Hauptgrund für Gumppenbergs Gesinnungswandel.

Harold B. Segel beschreibt den zunächst erstaunlichen Zusammenhang zwischen Erfolg und künstlerischem Niedergang der Elf Scharfrichter, wenn er schreibt: „The very popularity of the cabaret was also a contributing factor in its downfall."[52] Als der Zuschaueransturm schon bald nach der Eröffnung immer rapider zunahm, wurde statt dreimal in der Woche nun täglich gespielt. „Once this occurred, the integrity of the original Executioners cooperative concept was undermined and the intimate working relationship of its regulars dissipated."[53] So wurde das Unternehmen nicht nur immer stärker kommerzialisiert, auch der hohe künstlerische Anspruch war nun nicht mehr zu halten. Dass dieser zumindest ursprünglich existierte, beweisen einige Passagen in Gumppenbergs Lebenserinnerungen, in denen er den Niveauverlust des Kabaretts beklagt.[54]

Sogar ein avantgardistisch-experimenteller Anspruch, der mit referenziellem Parodieren nur noch wenig gemein hat, zeichnet sich an anderer Stelle ab.

> [...] dazu kamen [...] nach dem „Veterinärarzt" noch eine ganze Reihe von „Ueberdramen", die sich in tollen Zerrbildern nicht nur über die bereits vorliegenden Stilexperimente der Tagesmode, auch über etwa noch mögliche Zukunfts-Rezepte lustig machten.[55]

Aussagen dieser Art klingen schon fast wie eine Rechtfertigung für moderne Experimente, die sich im Zweifel nicht mehr in den Schutz der eigenen Metatheatralität flüchten können. Umso klarer wird hier Gumppenbergs Angst vor einseitiger Vereinnahmung als allein dem komischen Fach zugehöriger Autor. Sein innerer Widerspruch, der sich heute so deutlich wie damals nachzeichnen

---

51 Ebd., S. 296.
52 Segel, S. 173.
53 Ebd., S. 173.
54 Vgl. HvG: Lebenserinnerungen, S. 292 f.
55 Ebd., S. 287.

lässt, hat ihn, den lange Zeit Unentschiedenen scheinbar selbst gezwungen, Position zu beziehen. Dass sich Gumppenberg, an seinen Nachruhm denkend, fatalerweise auf die ernsthafte modernekritische Seite geschlagen hat, bedeutet nicht unbedingt, dass er nicht lange Zeit selbst ein praktizierender Moderner war.

Wenn Roßbach die Frage aufwirft, ob „die Parodie ein nicht unbedingt notwendiger Umweg zur Avantgarde"[56] sei, lässt sie in ihrer Antwort Gumppenbergs immanenten Widerspruch bestehen:

> Die Parodie ist […] keinesfalls ein Neben- oder Umweg, sondern kann sozusagen als eine Hauptstraße, über die man zum avantgardistischen Drama und Theater gelangt, bezeichnet werden. Diese Straße beschreitet auch Gumppenberg, der als Theaterkritiker und kabarettistischer Überdramatiker den Entwicklungsprozess der Theatermoderne begleitet und auf ihn einwirkt. Als konservativer Literat lehnt er moderne und avantgardistische Tendenzen ab und weist mit seinen Parodien nichtsdestoweniger progressiv nach vorn.[57]

Gumppenbergs spätere Entscheidung, sich von der eigenen modernistischen Phase zu distanzieren, unhinterfragt zu übernehmen, führt allerdings zu weit. So widerspricht letztlich auch Nikola Roßbach ihren eigenen Schlussfolgerungen wenn sie trotz allem allzu einseitig resümiert: „Auch Gumppenberg ist ein kritischer Beobachter der Moderne, allerdings anders als Morgenstern nicht in die Phalanx ihrer Befürworter einzuordnen."[58]

Letztlich ist es wohl Gumppenberg selbst, der die größte Verantwortung daran trägt, dass ihm trotz all seiner zukunftsweisend-modernen Versuche der Ruhm als Wegbereiter und Neuerer versagt bleibt. Wenn ihm bis heute der Ruf des rückwärtsgewandten Modernekritikers nacheilt, sind dafür wohl vor allem eigene, relativierende Äußerungen verantwortlich, die auch heute noch allzu ernst genommen werden.

Dass avantgardistische, metatheatrale Experimente zunächst im entschärften humoristischen Kontext erprobt wurden, in einem Rahmen, der eine spätere Distanzierung von Beginn an mitkonzipierte, ist ein Phänomen, das nicht nur bei Gumppenberg zu beobachten ist. Im Unterschied zu anderen, wie etwa den Dadaisten, spielte er den Schutz, den ihm die Zweideutigkeit des Humors gewährte, jedoch nicht zu seinem Vorteil aus. Es gelang ihm nicht, seine eigene

---

56 Roßbach, S. 292.
57 Ebd., S. 292.
58 Ebd., S. 286.

virtuose sprachliche und ideenreiche Modernität zu programmatischer Qualität zu verdichten. So erfuhr Gumppenbergs modernistischer Anspruch keine selbstbewusste Rechtfertigung und verhallte im Unterhaltungsprogramm des Kabaretts. Seine Experimentierlust im Lyrischen und Dramatischen und nicht zuletzt seine Nähe zu modernen Kreisen weisen ihn – auch gegen seinen späteren Willen – dennoch als kritischen Modernen aus.

1.3 Thematische Eingrenzung

Die vorliegende Dissertation hatte ihren Ausgangspunkt in der Aufarbeitung des Nachlasses Hanns von Gumppenbergs. Diese Sammlung tausender Seiten handschriftlicher Notizen, Briefe, Entwürfe, Erinnerungen, Zeitungskritiken, Lyrik, Dramatik, Romane, Erzählungen, Übersetzungen etc. ist zwar nummeriert, aber nur teilweise schlüssig sortiert in der *Monacensia*, dem Literaturarchiv der Stadt München verwahrt. Die Klassifikation des umfangreichen Textmaterials beruht offensichtlich größtenteils noch auf der von der Witwe Gumppenbergs vorgenommenen Einteilung.

Da bislang nur eine einzige monografische Publikation zu Gumppenberg existiert,[59] deren Autor Karl-Wilhelm von Wintzingerode-Knorr sich 1958 weniger für den Menschen Gumppenberg, als für die literaturwissenschaftlich-strenge Analyse seines Werks interessiert hatte, stellte der Nachlass nicht nur den Anfangspunkt, sondern auch den dieser Arbeit zugrundeliegenden thematischen Grundstock dar, um die Person Hanns von Gumppenberg zu erschließen. Schon die Durchsicht dieses ungewöhnlich umfangreichen Nachlasses ließ bald erkennen, dass es sich bei Gumppenberg nicht um einen eindimensionalen Schriftsteller handeln konnte, der ausschließlich durch sein literarisches Werk zu entschlüsseln sein würde. Die vielen literarischen Skizzen, Gedichte und Dramen im Nachlass ließen bei oberflächlichem Blick zunächst einen überaus pathetischen, dem 19. Jahrhundert verhafteten, zweitklassigen Autor erahnen, der alles aufgehoben hatte, was er jemals geschrieben bzw. was andere über ihn geschrieben hatten.

Demgegenüber fiel aber auch vom ersten Moment an die Vielseitigkeit Gumppenbergs auf: Im Nachlass fanden sich mathematische neben okkultistischen Erörterungen, Notenblätter neben mineralogischen und philologischen

---

[59] Wintzingerode-Knorr, Karl-Wilhelm von: Hanns v. Gumppenbergs künstlerisches Werk. Ein Beitrag zur Geschichte der deutschen Literatur der Wende vom 19. zum 20. Jahrhundert. Bamberg 1958.

Studien. Die Vielfältigkeit des archivierten Bestands stellte bei der anfänglichen Erschließung der Thematik eine der größten Schwierigkeiten dar, zumal das im Archiv vorhandene Verzeichnis etwa bei der Korrespondenz lediglich Auskunft über Datum und Absender der Briefe gibt. Dabei waren Seitenumfang, Inhalt und kontextuelle Bedeutung der Bestände im Voraus meist nur schwer einzuschätzen und das Anlegen spezieller Verzeichnisse, die den Bestand nach Namen, Datum oder thematischem Zusammenhang aufgliedern und die Bestände so für die weitere Forschung sinnvoll zugänglich machten, erforderte weitaus mehr Zeit als ursprünglich erwartet.

Je übersichtlicher der Nachlass jedoch erschlossen war, desto offensichtlicher wurde das Problem der Herangehensweise. Waren die Bestände anfangs in erster Linie äußerst umfangreich erschienen, so verhieß nun vor allem die eng mit dem Wesen des Autors verbundene, heterogene Struktur des Nachlasses neue Schwierigkeiten bei der Behandlung des ungeahnt komplexen Themas.

Wie schon sein schriftliches Erbe offenbart, liefert Hanns von Gumppenberg als konservativer Theaterkritiker, Kabarettautor und Verfasser ernster Dramen ein ideales Modell, um die Widersprüchlichkeit der Jahrhundertwendezeit besser zu verstehen. An seinem Beispiel werden Antinomien sichtbar, die den Beginn der Moderne in München kennzeichnen, und den radikalen Aufbruch zum Neuen mitbedingten.

Auch Gumppenbergs Rolle innerhalb der kulturellen Szene war widersprüchlich: Einerseits tat er sich schon früh als Kämpfer gegen die „Lyrik von Gestern", gegen die „Epigonenliteratur" und später gegen den rasch überkommenen Naturalismus hervor. Andererseits wurde ihm später als Kritiker Traditionalismus vorgeworfen. Gleichzeitig unternahm er mit der für seine Zeit typischen Unvoreingenommenheit gegenüber esoterischen und mystischen Strömungen immer wieder – mehr oder weniger überzeugt – okkultistische Selbstversuche. Diese Zerrissenheit innerhalb des breitgefächerten Spektrums der Strömungen konnte sich nur im komischen Rahmen des Kabaretts entladen.

Die Elf Scharfrichter, eines der frühesten deutschen Kabaretts überhaupt, boten Gumppenberg die Chance, avantgardistisches Theater unter dem schützenden Vorzeichen der Satire zu erproben.

Um die Aufmerksamkeit bei der Bearbeitung des Materials nicht voreilig einzuschränken, galt es, bei der Bearbeitung des Nachlasses zunächst eine verfrühte, einseitige Fokussierung auf wichtig erscheinende Aspekte zu vermeiden.

Die Frage, wie sich die Themenbereiche Parodie, Moderne, Naturalismus- und Kulturkritik, Okkultismus, ernste Literatur etc. in einen stringenten Zusammenhang fassen lassen könnten, blieb also zunächst unbeantwortet. Obwohl offensichtlich war, dass wechselseitige Bezüge für den Erfolg der Arbeit entscheidend sein würden, blieben die einzelnen Felder bei der Recherche zunächst gleichwertig nebeneinander stehen, um einen möglichst breiten theoretischen Spielraum offenzuhalten.

Mit dem Fortschritt der Archivarbeit kristallisierte sich immer mehr der Ansatz heraus, dass die aus heutiger Sicht teilweise widersprüchlich erscheinende Pluralität im Werk Gumppenbergs als symptomatisch für die Zeit der Jahrhundertwende gelten kann. Der Kontrast zwischen dem avantgardistischen Potential der absurden Parodien Gumppenbergs und dem Konservativismus seiner ernsten Schriften verweist auf die Widersprüchlichkeit, die auch der Person und Biografie Gumppenbergs anhaftet, und ist gleichzeitig als paradigmatisch für zahlreiche Phänomene der Epoche deutbar. Die Vielfalt der Fragen, die Gumppenberg aufwirft, war verantwortlich dafür, dass sich der Einstieg in diese Arbeit und gerade die anfängliche Archivarbeit äußerst komplex gestaltete. Die Inkommensurabilität des sich an diese Fragen angliedernden Themenspektrums verlangte nach Kategorien, mit denen sich die verschiedenen Seiten Gumppenbergs zumindest in einem einigermaßen sinnvollen Zusammenhang aufeinander beziehen ließen. Da sich im Verlauf der Recherche immer deutlicher abzeichnete, dass sich Gumppenbergs Denken trotz seines oft entschiedenen Urteilens durch eine auffällige Vorurteilsfreiheit auszeichnete, dass er sich – ganz im Sinne des modernen Denkens – von scheinbar divergenten Strömungen und Ansätzen inspirieren ließ, aber gleichzeitig versuchte, neue Zusammenhänge zu finden, bot es sich an, den von ihm vorgezeichneten Verknüpfungen zu folgen.

So betrachtet ist es gewissermaßen er selbst, der den entscheidenden Anstoß für die Herangehensweise lieferte, die dieser Arbeit zugrunde liegt.

Die Idee, sich auf sein offen assoziierendes Denken einzulassen, in dem der Wunsch erkennbar ist, Versatzstücke der Vergangenheit mit denen einer imaginierten Zukunft neu zu kombinieren, führte – seinem Denken folgend – zwar auch auf diffuse Abwege, versprach aber auch Einblicke in ein thematisches Arrangement, das kennzeichnend ist für die frühe Moderne, gerade weil viele Facetten in Gumppenbergs Perspektive heute nicht mehr naheliegend erscheinen.

Der Ansatz, Hanns von Gumppenbergs bewegtem Leben in die von ihm gewählten Gebiete zu folgen, und die damit verbundene Entscheidung gegen eine grundsätzliche Wertung der Teilbereiche sind aber nicht unproblematisch: Es besteht so immer die Gefahr, Inkongruenzen entstehen zu lassen, die zu keinen weiteren Verknüpfungen führen, bzw. Zusammenhänge zu finden, die damals noch nicht maßgeblich waren.

In diesem Zusammenhang liegt aber die Chance, das Thema in seinem Facettenreichtum unversehrt zu lassen und es dennoch in einen theoretischen Kontext einzugliedern: Wenn nämlich die Widersprüchlichkeit des Autors selbst zum theoretischen Ausgangspunkt der Arbeit wird, ist es möglich, Hanns von Gumppenberg und sein Werk ernst zu nehmen – ihn im Zentrum dieser Dissertation stehen zu lassen, quasi durch seine Perspektive einen neuen Blick auf andere Phänomene der Zeit zu werfen und so die Entwicklung der Moderne in München einzubeziehen.

Obwohl diese Herangehensweise besonders komplex und arbeitsintensiv war, erschien sie als die einzig geeignete, um diesem Thema angemessen gerecht zu werden.

Durch die Konzentration auf die Widersprüche in Leben und Werk Gumppenbergs ergab sich schließlich auch eine logisch sinnvolle Gliederung: Ohne allzu willkürlich wichtige Teilaspekte unbeachtet zu lassen, leitet der auf Widersprüchlichkeit zielende Fokus durch die wesentlichen Aspekte sowohl der Biographie Gumppenbergs, als auch der Zeit:

Das Einleitungskapitel soll die Grundproblematik, den für die Person Gumppenbergs elementar charakteristischen Widerspruch zwischen komischer und ernsthafter Dichtung durch exemplarische Analysen veranschaulichen und gleichzeitig die Relevanz der Ausgangsfrage, nämlich jene nach der Modernität Gumppenbergs, begründen.

Dem Leitgedanken dieser Arbeit gemäß liegt der Schwerpunkt der verwendeten und zur Argumentation herangezogenen Texte auf der Primärliteratur, die, wo dies nötig erschien, durch neuere Forschungsansätze belegt, interpretiert und kontextualisiert wird. Zentrales Dokument für die dem Leben Gumppenbergs folgende Argumentation sind seine Lebenserinnerungen, die in dreifacher, oft voneinander abweichender Ausführung vorliegen.[60] Diese sich in Inhalt und Fokus unterscheidenden Versionen sind zusammengenommen die aufschlussreichste Quelle, um Gumppenbergs Lebensweg nachzuzeichnen.[61]

Im zweiten und dritten Kapitel führt die Arbeit am Beispiel Gumppenbergs durch die Entwicklung der Jahrhundertwendezeit in München. Hier ist eine eingehendere Untersuchung verschiedener auch damals schon schlagworthaft benutzter Begriffe und thematischer Teilgebiete wie *Kunststadt*, *Schwabing*, *Moderne*, *Bohème* etc. notwendig, da diese den Hintergrund für Gumppenbergs Lebensauffassung darstellen, von dem ausgehend sich die in den folgenden Ka-

---

60 Neben der veröffentlichten Fassung befinden sich im Nachlass ein Manuskript und ein Typoskript der Lebenserinnerungen.
61 Tagebücher sind nicht erhalten.

piteln behandelten Themen zum Teil ableiten lassen. Für die Annäherung an die abstrakteren Fragen, die sich in Bezug auf die Moderne in München stellen, und deren Implikationen für die Dichtung ist Philip Ajouris *Literatur um 1900*[62] hervorzuheben. Bei der näheren Eingrenzung dieser Fragestellung auf die speziellen Folgen der Moderne in München, war vor allem der von Gilbert Merlio und Nicole Pelletier herausgegebene Sammelband *Munich 1900 site de la modernité* hilfreich. Hervorzuheben ist darin Horst Möllers Aufsatz *München um die Jahrhundertwende.*[63] Jens Malte Fischer und Bernhard Löffler lieferten einen etwas kritischeren Zugang zum München der Prinzregentenzeit.[64]

An den Themenkomplex *München* und *Moderne* schließt sich ein kaum weniger umfangreiches Kapitel zu Gumppenbergs okkultistischen Erlebnissen und Überlegungen an. Was zunächst als abwegiges Seitenthema erschien, stellte sich im Verlauf der Arbeit als zentraler Bestandteil von Gumppenbergs Gedankenwelt heraus und ist zudem gleichsam als Einbruch des Irrationalen in eine sonst oft rationaler erscheinende Welt, Zeichen und Symptom eines Aufbruchs zu einem modernen Denken und Kunstverständnis.

Um Gumppenbergs Widersprüche zu verstehen, wäre es nicht ausreichend, Gumppenbergs Gedankenwelt nur von außen zu beleuchten. Ein solches Vorhaben verlangt, sich zumindest ansatzweise auf seine oft abstruse Gedankenwelt einzulassen. Neben Gumppenbergs zentralen fiktionalen wie theoretischen (oder pseudoprophetischen) Primärtexten zum Okkultismus ermöglichte hier die von Moritz Baßler und anderen herausgegebene Aufsatzsammlung *Mystique, mysticisme et modernité en Allemagne autour de 1900* tiefere Einblicke in Gumppenbergs okkultistische, philosophische und religiöse Vorstellungen.

Die darin enthaltene Analyse Hildegard Châtelliers[65] zu Gumppenbergs Glaubenssystem lieferte für diese Arbeit besonders wertvolle Deutungsansätze zu Gumppenbergs oft wirrer und paradoxer Vorstellungswelt.

---

62   Philip Ajouri: Literatur um 1900. Naturalismus – Fin de Siècle – Expressionismus. Berlin 2009, S. 11.
63   Horst Möller: „München um die Jahrhundertwende." In: Gilbert Merlio; Nicole Pelletier (Hgg.): Munich 1900 site de la modernité. München 1900 als Ort der Moderne. Jahrbuch für Internationale Germanistik Reihe A. Band 47. Bern 1998, S. 33–50.
64   Fischer, Jens Malte: Jahrhundertdämmerung. Ansichten eines anderen Fin de siècle. Wien 2000; Bernhard Löffler: Dünner Boden, süßer Guß – Überlegungen zum Mythos Prinzregentenzeit. In: Katharina Weigand (Hg.): Die Prinzregentenzeit. Abenddämmerung der bayerischen Monarchie? Regensburg 2013. S. 177–198.
65   Hildegard Châtellier: „Entre religion et philosophie: approches du spiritisme chez Hanns von Gumppenberg." In: Moritz Baßler/Hildegard Châtellier (Hgg.): Mystique, mysticisme et modernité en Allemagne autour de 1900. Straßburg 1998, S. 115–131.

Auf die Beschreibung und Interpretation von Gumppenbergs spiritistischen Vorstellungen und den Implikationen, die diese für sein Werk und seinen Lebenslauf bereithielten folgt ein Kapitel zu seiner Haltung gegenüber Komik und Tragik. Die These, dass diese sein Leben und sein Schaffen durchziehenden Antipoden sich in diesem besonderen Fall durch die Parodie und die pathetisch übertriebenen, entrückten Texte einander annäherten, wird am Beispiel von komischen Texten untersucht. Auf eine eingehendere Analyse seiner ernsthaften Dramen und Gedichte konnte hier im Sinne der Fragestellung verzichtet werden, da die satirischen Texte Gumppenbergs gleichzeitig eine ernste Seite aufweisen und Bezüge zur Lebenswelt zulassen, in der sie entstanden.

Um die komplexe Systematik des gegensätzlichen Begriffspaares Komik und Tragik verständlich zu machen und gleichzeitig das Okkultismus-Kapitel mit den folgenden zu verbinden, steht eine abstrakter gehaltene Reflexion über Komik, Tragik und deren Bezüge zur Lebenswelt am Anfang. Diese Gedanken nehmen in wesentlichen Teilen Bezug auf Karlheinz Stierles Aufsatz *Komik der Handlung, Komik der Sprachhandlung, Komik der Komödie*.[66] Für die Beschreibung der Entstehungsgeschichte der eingehender untersuchten Komödie *Der Pinsel Ying's* war zudem Ernst Roses schon 1933 im *Journal of English and Germanic Philology* erschienener Aufsatz *Das Schicksal einer angeblich Chinesischen Ballade*[67] aufschlussreich.

Die nicht nur auf dieses Kapitel beschränkten Ausführungen zur speziellen Funktionsweise der Parodie stützen sich wesentlich auf Nikola Roßbachs ausführliche Überlegungen zur Parodie in der frühen Moderne, die in ihrer Schrift *Theater über Theater. Parodie und Moderne 1870–1914* auf vielfältige Weise erörtert werden.[68] Für die in dieser Arbeit angestellten Überlegungen zur besonderen Bedeutung und zu den Wirkungsmechanismen der Parodien Gumppenbergs war auch Erwin Rotermunds Aufsatz *Deutsche Dramenparodien der Jahrhundertwende*[69] besonders relevant, auf den in weiten Teilen auch Nikola Roßbachs Ausführungen zurückgreifen.

Gumppenbergs Kabarettzeit war nicht nur wegen der Qualität der hier entstandenen Texte der Aspekt, der ursprünglich die größte Relevanz versprach.

---

66 Karlheinz Stierle: „Komik der Handlung, Komik der Sprachhandlung, Komik der Komödie." In: Wolfgang Preisendanz; Rainer Warning (Hgg.): Das Komische. München 1976, S. 372.

67 Ernst Rose: „Das Schicksal einer angeblich Chinesischen Ballade." In: The Journal of English and Germanic Philology. Vol. 32, No. 3. Champaign, Ill. 1933, S. 392–396.

68 Roßbach: Theater über Theater. Parodie und Moderne 1870–1914. Bielefeld 2006.

69 Rotermund, Erwin, „Deutsche Dramenparodien der Jahrhundertwende". In: Winfried Herget; Brigitte Schultze (Hgg.): Kurzformen des Dramas. Gattungspoetische, epochenspezifische und funktionale Horizonte. Tübingen 1996, S. 145–157.

Dass diese Periode, die seiner Biographie folgend im sechsten Kapitel behandelt wird, hier verhältnismäßig wenig Beachtung findet, hat mehrere Gründe:

Zum einen verbietet der dieser Arbeit zugrunde liegende Ansatz, Gumppenberg und seine Zeit aus seiner Perspektive zu beleuchten, eine übermäßige Betonung einer Phase seines Lebens, die nur wenige Jahre seines Lebens ausfüllte und zudem aus seiner Sicht nur eine periphere Rolle spielte.

Zum anderen ist gerade den *Elf Scharfrichtern* und der Entstehung dieser theatralen Form allgemein von der Forschung schon weit mehr Aufmerksamkeit geschenkt worden, als den anderen Aspekten, die in dieser Arbeit untersucht werden. Das siebte Kapitel soll deshalb neben einem kurzen Überblick über das erste Münchner Kabarett hauptsächlich Gumppenbergs Beteiligung innerhalb dieses Unternehmens beleuchten, sowie Schlussfolgerungen anstellen, welche Rolle seine Kabaretttexte in seinem Leben, wie auch im Kontext der modernen Literatur spielen. Einige der an anderen Stellen dieser Arbeit zu findenden Gedanken über Gumppenbergs humoristische Dichtung beziehen sich zudem auch auf seine Kabarettjahre.[70]

Wegen des Vorhabens, Gumppenbergs Rolle bei den *Elf Scharfrichtern* besonders zu akzentuieren, stützt sich das sechste Kapitel hauptsächlich auf Primärquellen. Einen äußerst ausführlichen Überblick zum Programm der *Elf Scharfrichter* bietet das nur schwer aufzufindende Werk Heinrich Ottos, *Die Elf Scharfrichter. Das Münchner Künstlerbrettl 1901–1904. Geschichte, Repertoire, Who's Who*.[71]

Zur Beantwortung der anschließenden Frage, welche Bedeutung Gumppenbergs Überdramen als Sonderform der Literaturparodie zukommt, wurde im Wesentlichen auf Literatur zurückgegriffen, die auch in den anderen Passagen zur Parodie benutzt wurde.[72]

Bevor im Schlusskapitel die Frage wieder aufgegriffen wird, inwiefern Gumppenberg als moderner Schriftsteller und Denker betrachtet werden kann, liefert das siebte Kapitel einige Einblicke in Gumppenbergs Wirken als Kritiker. Dieser Aspekt, der aufgrund seines Umfangs und der sich angliedernden historischen Fragestellungen eine eigene Arbeit rechtfertigen würde, wird jedoch nicht lückenlos behandelt. Ziel dieses Ausblicks sollte vor allem sein, die kritische Sichtweise auf die Literatur mit dem komischen, dem parodistischen und dem ernsthaften Schreiben Gumppenbergs in einen Kontext zu bringen.

---

70 Siehe z.B. Kap 1.2.
71 Heinrich Otto: Die Elf Scharfrichter. Das Münchner Künstlerbrettl 1901–1904. Geschichte, Repertoire, Who's Who. München 2004.
72 Z.B. Roßbach; Erwin Rotermund, S. 145–158.

Hierfür werden zwei Formen von Literaturkritik einander gegenübergestellt: Parodistische Texte, unter dem Aspekt ihres kritischen Potentials und Anspruchs beleuchtet, sollen in kontrastierendem Abgleich mit den sachlicheren Feuilletonkritiken Gumppenbergs einen Überblick über dessen gleichzeitig partizipierende wie kritisierende Haltung zur Literatur und zum Theater liefern. Mehr als der Einfluss, den Gumppenbergs Wirken als Kritiker auf die Kulturwelt seiner Zeit hatte, interessiert hier seine radikale Wandlung vom durchaus teilweise avantgardistischen Schriftsteller zum scheinbar konservativen Beobachter. Stellvertretend für eine ausführlichere Schilderung der Bandbreite seiner Kritiken wird deren Schlagkraft durch die Schilderung zweier Skandale in der Münchner Kulturwelt beleuchtet, an denen er entscheidenden Anteil hatte.

Während sich die konkreteren Schilderungen von Gumppenbergs Kritikertätigkeit vorwiegend auf Primärquellen stützen, berufen sich die allgemeineren Betrachtungen zur Parodie als Sonderform der Kulturkritik zunächst allgemein auf Peter Bürgers berühmte *Theorie der Avantgarde*, sowie bei spezielleren Überlegungen zur kritischen Funktion der Komik auf Wolfgang Isers Aufsatz *Das Komische: ein Kipp-Phänomen*[73], und Rainer Warnings Aufsatz *Elemente einer Pragmasemiotik der Komödie*[74].

Wenn in dieser Arbeit, die in Teilen schon vorliegende eigene Texte wieder aufgreift[75], detailliertere Ausführungen zu Gumppenbergs ernster Lyrik und zu seinen Übersetzungen fehlen oder nur indirekt zur Sprache kommen, wenn ferner seine Kritiken und seine Kabaretttätigkeit nur überblickend dargestellt werden und seine mathematischen oder musikalischen Schriften komplett unterschlagen werden, so kann dieser Mangel wiederum durch die spezielle Perspektive der Herangehensweise begründet werden. Ziel war es weniger, eine erschöpfende Auflistung aller Tätigkeitsfelder Gumppenbergs anzustellen, als seine Person, seine Selbstauffassung und seine eigene Perspektive auf die beginnende Moderne in seinem Umfeld schlüssig nachzuvollziehen.

So soll diese Arbeit Hanns von Gumppenbergs Werk, dessen literarische Qualität nur in Teilen eine wissenschaftliche Würdigung rechtfertigt, insofern

---

73 Wolfgang Iser: „Das Komische: ein Kipp-Phänomen." In: Preisendanz/Warning, S. 398–402.
74 Rainer Warning: „Elemente einer Pragmasemiotik der Komödie." In: Preisendanz/Warning, S. 279–334.
75 Vgl. Martin Lau: „Hanns von Gumppenberg (1866–1928) – Bohémien, Schriftsteller, Okkultist und Mitglied bei den *Elf Scharfrichtern*." In: Waldemar Fromm; Wolfram Göbel; Kristina Kargl (Hgg.): Freunde der Monacensia e.V. Jahrbuch 2013. München 2013.; Martin Lau: Wirklich komisch! Die Beziehung zwischen Wirklichkeit und Komik in den Filmen *To Be or Not to Be* und *That Uncertain Feeling* von Ernst Lubitsch. [Mag. Arb., nicht veröffentlicht]

gerecht werden, als sie den Autor in seinem individuellen Profil unversehrt lässt und seine Widersprüche gleichzeitig als paradigmatisch für seine Zeit analysiert und hervorhebt.

2. Die Entwicklung der Moderne in München: Ein unbestimmter Aufbruch

> Unbewußt der Freuden, die sie schenket,
> Nie entzückt von ihrer Herrlichkeit,
> Nie gewahr des Geistes, der sie lenket,
> Sel'ger nie durch meine Seligkeit,
> Fühllos selbst für ihres Künstlers Ehre,
> Gleich dem toten Schlag der Pendeluhr,
> Dient sie knechtisch dem Gesetz der Schwere
> Die entgötterte Natur.
>
> Morgen wieder neu sich zu entbinden,
> Wühlt sie heute sich ihr eig'nes Grab,
> Und an ewig gleicher Spindel winden
> Sich von selbst die Monde auf und ab.
> Müßig kehrten zu dem Dichterlande
> Heim die Götter, unnütz einer Welt,
> Die, entwachsen ihrem Gängelbande,
> Sich durch eig'nes Schweben hält.
>
> (Schiller: Die Götter Griechenlands)[76]

Die Endzeitstimmung im ausgehenden 19. Jahrhundert bildete den überregionalen gemeinsamen Hintergrund auch für die unterschiedlichsten lokalen Strömungen. Veränderung lag in der Luft, auch wenn allgemein Unklarheit darüber herrschte, woher diese umfassende Veränderungsstimmung eigentlich rührte. Der naturalistische Schriftsteller Heinrich Hart beschrieb 1890 das Ausmaß des gefühlten Verlusts: „Ein Jahrhundert geht zu Ende. Das will nicht viel bedeuten. Ich sehe Grösseres zu Ende gehen, nicht einen menschlichen Zahlbegriff, sondern eine menschliche Wirklichkeit."[77] Noch weniger als man

---

76 Friedrich Schiller. Zit. nach: https://gutenberg.spiegel.de/buch/gedichte-9097/31 [Abger. am 16.07.2019].
77 Heinrich Hart (1890): „Die Moderne". In: Gotthart Wunberg (Hg.): Die Literarische Moderne. Dokumente zum Selbstverständnis der Literatur um die Jahrhundertwende. Frankfurt a. M. 1971, S. 69–72, hier: S. 69.

wusste was da zu Ende ging, ahnte man, was die Stelle dieses Alten einnehmen würde – und versuchte es umso impulsiver heraufzubeschwören. In einem Vortrag anlässlich der Eröffnung der Wiener *Freien Bühne* beschrieb der Feuilletonist Friedrich Michael Fels 1891 die Situation: „Wir stehen an der Grenzscheide zweier Welten; was wir schaffen, ist nur Vorbereitung auf ein künftiges Großes, das wir nicht kennen, kaum ahnen; es wird ein Tag kommen, da wir nicht mehr gelesen werden; freuen wir uns, dass dieser Tag bald komme!"[78]

Dass es nicht nur das Jahrhundert war, das sich da seinem Ende zuneigte, war wohl allgemein spürbar. Errungenschaften der Naturwissenschaften und der Technik gaben den Menschen des 19. Jahrhunderts neues Selbstbewusstsein, gaben dem Einzelnen aber gleichzeitig auch das Gefühl, entbehrlich zu sein. Karl Marx hat die Entfremdung des Arbeiters vom Produkt seiner Arbeit kritisiert: „Mit der Verwertung der Sachenwelt" nehme „die Entwertung der Menschenwelt in direktem Verhältnis zu."[79]

Nietzsches Philosophie folgend fühlte man sich in einer gottlosen, chaotischen Welt mit dem Nichts konfrontiert. Wenn Karl Jaspers noch 1931 vor den Konsequenzen einer entgötterten Welt warnt, zeigt sich, welch enormen Einfluss der Verlust des Glaubens auf das Weltbild der Menschen ausübte:

> Diese Entgötterung ist nicht der Unglaube Einzelner, sondern die mögliche Konsequenz einer geistigen Entwicklung, welche hier in der Tat ins Nichts führt. Eine nie gewesene Öde des Daseins wird fühlbar. Diese Entwicklung ist zwar für das Bewusstsein nicht unausweichlich notwendig, denn sie setzt ein Mißverstehen des Sinns der exakten Naturerkenntnis und die Verabsolutierung im Übertragen ihrer Kategorien auf alles Sein voraus. Aber sie ist möglich und ist wirklich geworden, gefördert durch den unermeßlichen technischen und praktischen Erfolg dieser Erkenntnis. Was kein Gott in den Jahrtausenden für den Menschen getan, macht dieser durch sich selbst. Leicht kann er in diesem Tun das Sein erblicken wollen, bis er erschreckt vor seiner selbst geschaffenen Leere steht.[80]

Bei allen neuen Errungenschaften, bei allem neu gewonnenen Selbstbewusstsein und aller Rationalisierung, schwang meist auch diese Furcht mit. Welcher

---

78 Friedrich Michael Fels: „Die Moderne." (1891 in seinem Vortrag zur Eröffnung der *Freien Bühne*), In: Brunner, Otto; Conze, Werner; Koselleck, Reinhart (Hgg.): Geschichtliche Grundbegriffe. Historisches Lexikon zur politisch-sozialen Sprache. 9 Bde. Stuttgart 1972 ff., Bd. 4, S. 121.
79 Karl Marx: „Die entfremdete Arbeit." In: Marx, Karl; Engels, Friedrich: Marx-Engels-Werke. Ergänzungsband I. Berlin 1958 ff., S. 511.
80 Karl Jaspers: Die geistige Situation der Zeit. Sammlung Göschen Bd. 1000. Berlin 1965, S. 19.

Art war der Verlust, den die offen gestaltbare Zukunft mit sich bringen musste? Wie konnte man dem Neuen frei begegnen ohne gleichzeitig das Alte ganz aus dem Blick zu verlieren? Zeitgenössische Antworten auf diese Fragen hielten sich im Vagen. Die Zeitschrift *Jugend* zeigte auf dem Titelbild ihrer ersten Ausgabe im neuen Jahrhundert einen Januskopf.[81]

Der kalendarische Neubeginn wurde als markanter Einschnitt empfunden, als Moment der Zeitenwende, in dem man, an der Grenze der Epochen stehend, den Blick sowohl auf die Vergangenheit, als auch auf die Zukunft richtete. Die neuen Möglichkeiten der Wirklichkeitserkenntnis schienen größer denn je, doch war die „Entgötterung" der Welt, der Verlust des Glaubens nicht die einzige Konsequenz. Je sicherer man die Mittel zur Enträtselung der Welt gefunden zu haben glaubte, desto mehr wurde man auf das eigene Unvermögen zurückgeworfen. Die Welt lag potentiell entschlüsselbar vor den Menschen des 19. Jahrhunderts und trat so umso deutlicher in ihrer ganzen gewaltigen Komplexität hervor. Max Weber sprach 1917 in einem Vortrag über die neue Rolle der Wissenschaft:

> Die zunehmende Intellektualisierung und Rationalisierung bedeutet also nicht eine zunehmende allgemeine Kenntnis der Lebensbedingungen, unter denen man steht. Sondern sie bedeutet etwas anderes: das Wissen davon oder den Glauben daran: daß man, wenn man nur wollte, es jederzeit erfahren könnte, daß es also prinzipiell keine geheimnisvollen unberechenbaren Mächte gebe, die da hineinspielen, daß man vielmehr alle Dinge – im Prinzip – durch Berechnen beherrschen könne. Das aber bedeutet: die Entzauberung der Welt.[82]

Mit dem Verhältnis zur Wirklichkeit hatte sich auch das Zeitempfinden verändert. Da die Vergangenheit nicht mehr als Maßstab dienen sollte und die Zukunft im Ungefähren lag, konnte die Gegenwart nur noch als flüchtiges Durchgangsstadium empfunden werden. Im 19. Jahrhundert fand man zu einem neuen Verhältnis zur Zeit im Allgemeinen, zu einem beschleunigten Zeitempfinden[83], das zur Folge hatte, „dass die Menschen die Vergangenheit als

---

81 Jugend: Titelbild. 1.1.1900 Nr 1, V. Jahrgang.
82 Max Weber: „Wissenschaft als Beruf". In: Ders.: Schriften zur theoretischen Soziologie zur Soziologie der Politik und Verfassung. Eingeleitet und mit Anmerkungen versehen von Max Graf zu Solms. Frankfurt a.M. 1947, S. 1–32, hier: S. 8 [Vortrag „Wissenschaft als Beruf" 7.11.1917 in München, erstveröffentlicht München 1919]
83 Vgl. Ajouri, S. 11.

etwas wahrnahmen, das immer schneller veraltete, und die Zukunft als etwas, das immer rasanter heranrückte."⁸⁴

Wenn es ein allgemein verbindendes Kriterium für die Moderne gab, dann war es das gemeinsame Bekenntnis zum Neuen. Die Ausrichtung auf eine offene, unbekannte Zukunft hing direkt mit der Abwertung der Tradition zusammen. „Die Moderne wurde zu einem Projekt, das gestaltet werden musste; denn je weniger die Vergangenheit Maßstab für die Gestaltung des Kommenden war, desto ‚offener' wurde die Zukunft empfunden."⁸⁵ Dieses Gefühl des Aufbruchs in eine ungewisse Zukunft war direkt mit der Ablehnung des Vergangenen verbunden. Der Geist der neuen Zeit war spürbar, jedoch noch nicht fest umrissen genug, um eine sichere Basis für eine solche Neudefinition bieten zu können. Die Abkehr von der Tradition verwies auf eine Zukunft, die jedoch ungreifbar ihrerseits einen Akzent auf die Gegenwart setzte, die den Weg in diese Zukunft weisen sollte. Hanns von Gumppenberg versuchte in seinem Essay *Gedanken über das moderne Drama* von 1886 eine Definition dieses modernen Gegenwartgefühls und machte darin schließlich den Skeptizismus als Kern desselben aus.⁸⁶

Was dieser Anspruch *modern* zu sein, tatsächlich bedeutete, wird von Gumppenberg selbstreflexiv auf die eigene Unsicherheit zurückbezogen. In diesem Sinne nimmt er auch Hofmannsthals berühmte Charakterisierung vorweg, der sieben Jahre später schreibt:

> Heute scheinen zwei Dinge modern zu sein: die Analyse des Lebens und die Flucht aus dem Leben. [...] Man treibt Anatomie des eigenen Seelenlebens, oder man träumt. Reflexion oder Phantasie, Spiegelbild oder Traumbild.⁸⁷

Neben Wissenschaft und Gesellschaft hatte sich mit ihr und in ihrer Folge auch die Kunst in ihrer neuen Rolle zurechtzufinden. Hatte sie sich über Jahrhunderte an festen Idealen, an Mythen und Religion orientiert, musste sie sich nun geradezu zwangsläufig neu erfinden.

Es wurde diskutiert, ob sich die Menschheit in dieser sich immer schneller verändernden Zeit fort- oder zurückentwickelte. Obwohl man sich nicht mehr

---

84 Ebd.
85 Ebd.
86 HvG: Gedanken über das moderne Drama. 1886? Manuskript im Nachlass, Münchner Stadtbibliothek/Monacensia. [HvG M5]
87 Hofmannsthal, Hugo von: „Gabriele D'Annunzio". In: Ders.: Gesammelte Werke in zehn Einzelbänden. Reden und Aufsätze 1–3. Band 1. Hg. v. Bernd Schoeller, Frankfurt a. M. 1979, S. 174–185, hier: S. 176. Essay über D'Annunzio 1893

am Alten orientieren wollte, spürte man umso deutlicher das Fehlen höherer Werte, von richtungweisenden Maßstäben, an denen sich die Kunst ausrichten konnte. Indem die Wirklichkeit der Gegenwart als einzige Richtschnur für die Gestaltung des Neuen anerkannt wurde, rückten auch die Probleme der modernen Gesellschaft ins Zentrum der Aufmerksamkeit. Gegenwart und Vergangenheit gerieten am Ende des 19. Jahrhunderts in eine Konkurrenzsituation, sodass das Unbehagen an der modernen Gestaltungsfreiheit geradezu die Sehnsucht nach idealistischer Beschränkung und Orientierung an höheren Werten förderte – nach Idealen, die der neue Geist gerade erst abgeschafft hatte.

Auch Hanns von Gumppenberg empfand die geradezu zwanghafte Hinwendung zum Realen wie viele andere schon 1889 als Verlust und sehnte sich nach einem neu legitimierten Idealismus.

Ein Ideal!

Unruhvolle, harte Zeit,
Zeit der kühnsten Geistessiege –
Schon dem Kinde in der Wiege
Hältst Dein Schicksal Du bereit!
Was im Sturme wir errangen,
Ist im Sturm uns auch entgangen:
Nimm sie wieder, deine Qual –
Gib dafür ein Ideal!

Menschen in der Arbeit Last,
In des Schmerzes Geierkralle,
Jung und Alte – alle, alle
Brauchen einen hohen Gast,
Der an ihre Schwelle trete,
Der in brünstigem Gebete
Löse ihre schwerste Pein:
Aber wir – wir sind allein!

Siegreich war Dein Himmelsflug,
Heil'ge Kunst! Ich seh' Dich thronen
Auf dem Schutt der Religionen,
Selber Göttin Dir genug!
Hohen Geistern schaffst Du Heil –

> Wer da reich ist, nimmt sein Theil:
> Doch die Blinden und die Armen,
> Können sie an Dir erwarmen?
>
> Liebe, die im Morgenthau
> Heimlich uns ins Auge lächelt,
> Die in Abendlüften fächelt,
> Auf der Berge stolzem Bau
> Sehnend oft das Herz beschlich –
> Liebe, offenbare Dich
> Deinem Volk dies letzte Mal!
> Gib auch uns ein Ideal!

Auch aus einigen theoretischen Abhandlungen Gumppenbergs spricht tiefe Ratlosigkeit über die Richtung, die von den Modernen eingeschlagen wurde, wie auch das Bewusstsein einer umfassenderen Verantwortung des Künstlers in seiner wegweisenden Funktion für die gesamte Entwicklung der Gesellschaft: „Unser Jahrhundert, das in allen Dingen der Erleuchtung und der theoretischen Stücke einen hervorragenden Rang behauptet, ist sich über die Idee, das Ideal des modernen Dramas sehr unklar; niemand wird das leugnen, der die dramatische Produktion der letzten Zeit seit Schiller und Goethe überblickt."[88]

Es erschien als unerlässlich, den modernen Geist der Kunst mit einer neuen Tiefe zu versehen, die der kommenden Zeit den verlorenen Idealismus zurückgeben würde, ohne die zentrale Forderung des Neuen dabei aufzugeben. Die neuen Ideale sollten keinesfalls aus früheren Jahrhunderten übernommen werden, sondern gleichsam aus der Reflexion des neuen Geistes über die Zukunft und das genaue Studium der gegenwärtigen Realität neu formuliert werden.

Wenn jugendliche Kraft die Modernen geeint hatte, die Abkehr vom Alten und eine damit verbundene Offenheit der Zukunft, so offenbarte die Euphorie des Aufbruchs nun ihre Schwächen und reichte als Zukunftsmodell nicht mehr aus. Als Basis der Kunst, die die Menschheit zu neuen Höhen führen sollte, konnte nur der Mensch gelten – in seiner von Konventionen unbeeinflussten, unmittelbaren Betrachtung der Welt.

> In der That liegt ein reicher Vorrat an modernen in die Tiefe gehenden Anschauungen für die zusammenfassende Hand eines großen deutschen Dramatikers neuester Zeit bereit.

---

88 HvG: Gedanken über das moderne Drama.

Der Dramatiker, der sich den Namen des Modernen in Wahrheit erringen will und die Begabung in sich fühlt, lasse diese Stimmen auf sich wirken, vertiefe sich selbst in ernstlichem Streben und setze dann seine ganze Kraft darein, eine Zeit, der an innerlich großen und bedeutenden Zügen wenig vergangene Perioden sich an die Seite stellen können, würdig und ihrem ganzen Umfange nach darzustellen!
Er sei Charakteristiker in des Wortes tiefster Bedeutung, sein Objekt der Mensch, seine Kunst, das Objekt in seiner einfachen Großartigkeit aus jeder Umhüllung, jedem gegebenen Falle klar und deutlich hervortreten zu lassen.
[…]Den Menschen also führe uns der Dichter vor!⁸⁹

Eine Zeit, die sich in ungewohntem Umbruch befand, sollte sich auch in der Kunst niederschlagen. Es galt, die Größe, die das Jahrhundert im wissenschaftlichen Bereich schon erreicht hatte, auch in der Kunst zu spiegeln. Der Kern dieses Neuen war mit nichts Altem verbunden und konnte deshalb nur vom Menschen selbst abgeleitet werden. Selbsternannte Heilsbringer und Propheten fanden sich zuhauf. Was fehlte, war eine neue Weltanschauung, die den Geist der Moderne in sich trug. Eine Ideologie, die das Potential hatte, den Weg in die Zukunft zu weisen.

[…] und über allem schwebe eine großartig ausblickende Weltanschauung, würdig unserer vorgeschrittenen Zeit, ein tiefer Ernst, der auch im Kleinen das Große sieht! Wird der moderne Dramatiker von diesem Streben beseelt sein, so wird die Bühne in kurzem zu neuem, bedeutendem Leben erwachen, und die Mitwelt in ihr mehr sehen als ein gewöhnliches Unterhaltungslokal: man wird fühlen, was es heiße, Mensch, Mensch des 19ten Jahrhunderts zu sein, und mit dem erhebenden Bewußtsein scheiden, daß man nicht in einer Zeit geistigen Niedergangs lebe!⁹⁰

Das Phänomen, dass weitere Teile der städtischen Gesellschaft sich *modern* fühlten und auch so bezeichneten, setzte erst in den 1880er-Jahren ein.⁹¹ Erst um 1890 sprach man von *der Moderne* in substantivierter Form.⁹² Die somit als Epoche empfundene Gegenwart blieb jedoch zunächst einen geistigen Überbau schuldig, der das alte Weltbild hätte ablösen können.

---

89 Ebd.
90 Ebd.
91 Vgl. Ajouri, S. 11
92 Vgl. Ebd.

2.1 Die Kunststadt

Obwohl die Kunst gerade im Ästhetizismus des ausgehenden 19. Jahrhunderts ihren Höhepunkt der politischen Irrelevanz erreicht zu haben schien, eignete sie sich als Gradmesser im Vergleich mit vergangener Hochkultur doch umso mehr, die Frage nach gesellschaftlichem Verfall oder Aufschwung zu klären. Auf der Suche nach einer neuen Richtung bot gerade München eine zugleich mahnende und inspirierende Kulisse: In kaum einer anderen Stadt Deutschlands waren hohe künstlerische Ideale so präsent wie hier.

Wenn heute mit dem Begriff *Kunststadt* berühmte Namen von zeitweise in München ansässigen Künstlern wie Kandinsky, Klee, Nolde oder Kirchner assoziiert werden, wird oft unterschlagen, dass die Entwicklung der eher ländlich geprägten bayerischen Hauptstadt zur Kunstmetropole schon lange vorher begann. Auch wenn der Ursprung des Mythos von *Isar-Athen* bis ins siebzehnte Jahrhundert zurückreicht,[93] war es vor allem Ludwig I., der München im noch nicht lange souveränen Königreich Bayern von der bloßen Residenzstadt zu einer ästhetisch repräsentativen Hauptstadt umgestaltete und damit gezielt politische Interessen verband. Er prägte durch klassizistische Prachtbauten[94] nicht nur das bis heute bestehende Stadtbild, sondern veranlasste eine breit angelegte Förderung der Kultur. Kaum ein Jahr nach Beginn seiner Regentschaft verlegte er die alte Landshuter Universität nach München und machte die Stadt damit zu einem intellektuellen Zentrum. Auch wenn er 1848 nicht zuletzt wegen horrender Staatsausgaben abdanken musste, ging sein Kalkül auf: Durch reiche Ankäufe und spendable Aufträge zog er bedeutende Künstler nach München und sorgte so für nachhaltige Attraktivität der Stadt nicht nur bei Kreativen: Ludwig begründete als Mäzen und planerischer Visionär den überregionalen Ruf der Kunststadt, auch „[…] um auf diese Weise zu signalisieren, daß die internationale Geltung eines deutschen Mittelstaates nicht unbedingt von machtpolitisch-militärischen Manifestationen, sondern sehr wohl auch von seiner Hauptstadt Glanz abhängen kann."[95]

Mit Ludwigs weithin strahlender ästhetischer Richtungsvorgabe war ein vielschichtiger Prozess in Gang gesetzt. Das neue Zentrum zog Künstler und Literaten an, deren Anwesenheit wiederum selbst den weithin strahlenden Glanz mehrte und die Stadt so bei kunstaffinen Bürgern immer beliebter wer-

---

93   Z.B. die Theatinerkirche ist italienischen Vorbildern nachempfunden.
94   Im Auftrag Ludwigs I. entwarfen Leo von Klenze und Friedrich von Gärtner z.B. die Ludwigstraße, den Königsplatz und die Erweiterung der Residenz.
95   Richard Bauer: Prinzregentenzeit. München und die Münchner in Fotografien. München

den ließ. Wirklich deutlich wurden die Konsequenzen der Politik Ludwigs I. allerdings erst in der zweiten Hälfte des Jahrhunderts: Die enorm schnell wachsende Bevölkerung Münchens, die teils in der Eingemeindung von noch kaum mit der Stadt verbundenen Vororten wie der Au, Giesing und Neuhausen, vor allem aber in der regen Zuwanderung begründet ist, machte München zur Metropole, was dem Ruf der Stadt als ländlichem Idyll dennoch nicht sonderlich schadete. Der Massenmarkt, der mit der Bevölkerungsexplosion und Urbanisierung entstanden war – zwischen 1871 und 1900 verdreifachte sich die Einwohnerzahl Münchens beinahe von zuvor 170.000 auf 500.000 – schuf neue Marktchancen: „Mit der Urbanisierung schnellte die Nachfrage nach Unterhaltung und Information hoch: Der Buchmarkt, die Verlage für Zeitungen und Zeitschriften florierten; die Masse sollte marktkonform befriedigt werden. Dem ungeheuren Kommerzialisierungssog, der von der aufkommenden Vermarktung der ‚Massenliteratur' ausging, konnten sich die wenigsten Schriftsteller entziehen."[96]

Hatte die kostspielige Unterstützung der Kultur unter Ludwig I. noch für zwiespältige Reaktionen gesorgt und schließlich sogar massenhafte Proteste der Münchener Bürger ausgelöst, so rief die spendable und weltoffene Politik seines Sohnes, des Prinzregenten Luitpold beinahe nur dankbare Reaktionen hervor. Dies ist umso erstaunlicher, da die begrenzten Staatsmittel es dem Prinzregenten nicht unbedingt leicht machten, sich im Vergleich mit seinen Vorgängern als Förderer der Künste einen Namen zu machen – „[…] ihm blieben allein die Attitüde des privaten Gönners und der gute Ruf eines mit gleichmäßiger Herablassung allen Kunstschaffenden und Kunstrichtungen zugetanen fürstlichen Protektors."[97] Im Kontrast zu seinen verschwendungssüchtigen Vorgängern rechnete man ihm die Kunstförderung, die er oft aus der eigenen Kasse bestritt, als aufopfernde Großzügigkeit an, die gepaart mit persönlicher Bescheidenheit und Frömmigkeit, die man ihm nachsagte, für seinen glänzenden Ruf im Volk sorgte. So ging die *Prinzregentenzeit* als goldenes Zeitalter in die Münchner Stadtgeschichte ein, nach der man sich noch lange zurücksehnte. Aber auch schon während der langen Herrschaft Luitpolds wähnte man sich in einer besonders gesegneten Epoche. „Die mögliche Erfüllung des Menschheitstraumes einer von äußerem Frieden und innerer Sicherheit geprägten und sich unent-

---

1988, S. 37.
96 Barbara Schuster, „Wir wollen lachen und weinen, wie wir müssen – lieben und hassen, wie es kommt!" (Heinrich Lautensack, Die Elf Scharfrichter). Das Aufkeimen einer sozialkritischen Kleinkunstszene in Schwabing um die Jahrhundertwende. (Mag. Arb.). München 2002, S. 32.
97 Bauer, S. 11.

wegt perfektionierenden Zivilisation wurde wohl nie mit mehr Überzeugung und von einer größeren Menschenzahl geglaubt als damals."[98]

Aus heutiger Sicht lässt sich die Ursache der außergewöhnlich großen Zufriedenheit der Bürger während der Prinzregentenzeit indessen nur schwer als rein persönlicher Verdienst Luitpolds identifizieren und erscheint zumindest zum Teil als Verklärung einer friedlichen, wirtschaftlich ertragreichen Epoche: „Luitpold ließ die Dinge treiben. Als Regent mit brüchiger Legitimation war er zu schwach, auf die Dynamik seiner Ära gestaltend einzuwirken. Er blieb Repräsentant einer moribunden Monarchie, in der aber immerhin ein milder liberaler Geist wehte, in dem avantgardistische Projekte wie die Kunst der Schwabinger Bohème gedeihen konnten."[99]

Vergleicht man die Sogwirkung, die von München im 19. Jahrhundert ausging, mit Urbanisierungsphänomenen anderer Ballungsräume, so muss man die Frage nach den strukturellen Unterschieden dieser Attraktivität stellen. Im Unterschied zu anderen Großstädten Deutschlands, die zu dieser Zeit ebenfalls rasant an Größe gewannen, lockte München weniger durch Industrialisierung, die hier eher schleichend voranschritt. Neben der Anziehungskraft, die Großstädte in ihrer Zentrumsfunktion typischerweise auf die umliegende Landbevölkerung haben, entstand in München durch die gewachsene Bevölkerung ein Markt, der von der neuen Einwohnerschaft zugleich geschaffen und bedient wurde und der schließlich selbst wieder Anlass für den Zuzug neuer Bürger wurde.[100] In diesem Sinne lässt sich Münchens Erfolg schließlich doch eindeutig auf das Wirken der Wittelsbacher zurückführen: Indem sie eine bemerkenswerte Landschaft von Theatern, Opern, Museen und Hochschulen schufen und München damit zu einem kulturellen Zentrum von europäischem Rang erhoben, wurde eine vielschichtige Entwicklung in Gang gesetzt, die München im späten 19. Jahrhundert weit über die Landesgrenzen hinaus leuchten ließ.

Die Großzügigkeit des Herrscherhauses kam jedoch nicht allen Künstlern gleichermaßen zugute. Der Förderungswille des Prinzregenten war geschmacksabhängig. Auch wenn er zwischen 1850 und 1912 900.000 Mark in die Förderung der Kunst investierte, so kam diese enorme Summe vor allem Malern wie Franz von Stuck, Friedrich August von Kaulbach oder Franz von Lenbach zugute, verhalf also gerade den traditionelleren und ohnehin arrivierten unter den Münchener Künstlern zu Reichtum und ließ die große Mehrheit

---

98 Ebd. S. 7
99 Wolfgang Görl: „Prinzregent Luitpold – und eine Epoche endete." In: Süddeutsche Zeitung Nr. 284. 8.12.2012, S. 45.
100 Vgl. Möller, S. 36.

unberücksichtigt. Es wäre jedoch voreilig, würde man diese Praxis als hemmenden Faktor für die Entwicklung der modernen Kunst in München begreifen. Gerade das Gegenbild der rückwärtsgewandten Malerfürsten provozierte die ärmere Schicht der Kreativen zur Bildung eigener Zirkel fernab der etablierten Kunstvermittlungswege, zu selbstbewusstem Auftreten und zu avantgardistischer Opposition gegen das gesättigte wie erstarrte bürgerliche Kunstsystem: „This policy naturally antagonised the *avant-garde* and invited complaints that the Ministry was paying large sums of money to those who least needed support."[101]

Ungeachtet der schwierigen Verhältnisse für aufstrebende Künstler fühlten sich immer mehr Menschen vom wachsenden Kunstmarkt in München angezogen. Die Massenzuwanderung hatte natürlich zur Folge, dass bald der größere Teil der Münchener Einwohnerschaft aus Zugereisten bestand. Trotz ihrer Heterogenität konnte die Stadt ihren Ruf als besonders Heimat- und traditionsverbundene Großstadt erstaunlicherweise bewahren – nicht zuletzt, weil es vielen der Zugezogenen schnell gelang, sich lokaltypische Eigenheiten anzueignen und damit bald auch selbst zu repräsentieren. Die Künstler und Schriftsteller Münchens waren sogar noch deutlich uneinheitlicher zusammengesetzt. Nur die wenigsten waren tatsächlich in der Hauptstadt geboren. Viele jedoch kamen aus dem bayerischen Umland. So war auch Hanns von Gumppenberg kein gebürtiger Münchner, aber mit Leib und Seele Bayer, der sich wie so viele bald in München zu Hause fühlte.

2.2 Das goldene Zeitalter – ein anzweifelbarer Mythos?

„Heute sind es sechs Jahre, daß wir in die Allerheiligen-Hofkirche gegangen sind, um den toten Prinzregenten zum letzten Mal zu sehen. [...] Wir hatten alle das Gefühl, mit dem alten Regenten liege das alte Bayern im Sarg. Es war doch die schönste Zeit unserer Geschichte, diese Jahre von 1886 bis 1912."[102]

Dass der Essayist und Kritiker Josef Hofmiller unter den unmittelbaren Eindrücken des ersten Weltkriegs die friedlichen Jahre der Prinzregentenzeit als „schönste Zeit unserer Geschichte" beschreibt, ist einleuchtend. Betrachtet man aber die Glorifizierung dieser Jahre, die Stilisierung der Person des Prinz-

---

101 Lenman, Robin: Politics and Culture. The State and the Avant-Garde in Munich 1886–1914. In: Richard Evans (Hg.): Society and Politics in Wilhelmine Germany. London 1978, S. 90–111, hier: S. 92.
102 Josef Hofmiller: Revolutionstagebuch 1918/19. Aus den Tagen der Münchner Revolution.

regenten zum gütigen Regenten, die Idealisierung des Lebens und der Kunstwelt in dieser Zeit, dann erscheinen dem kritischen Leser auch alle noch so lobenden Erinnerungen als Verklärung. „München leuchtete"[103], Thomas Manns berühmte Anfangsworte seiner schon 1902 geschriebenen Novelle *Gladius Dei* sind deshalb mit der Betonung auf der letzten Silbe zu lesen. Wenn die Stadt München heute den „Freundinnen und Freunden der Stadt München"[104] die Medaille *München leuchtet* verleiht, so wird diese bedeutungsvolle Silbe ganz bewusst unterschlagen. Thomas Manns Novelle ist bekanntlich kein Loblied auf die Stadt, sondern führt die hinter Volkstümelei und kunstaffiner Pose verborgene Verlogenheit vor Augen. In einem Vortrag, den er am 30. November 1926 vor der gefüllten Tonhalle in München hielt, beklagte Thomas Mann, freilich unter den Eindrücken der immer bedrohlicher werdenden antisemitischen und nationalistischen Stimmung, dass man München mittlerweile eine „dumme, die eigentlich dumme Stadt"[105] nennen könne. Auch er beschwört in seiner Rede den Glanz einer vergangenen Epoche herauf und benutzt damit den Mythos Prinzregentenzeit, um vor den möglicherweise schon darin verborgen angelegten Gefahren zu warnen:

> Erinnern wir uns, wie es in München war vor Zeiten [...]. Es war eine Atmosphäre der Menschlichkeit, des duldsamen Individualismus, der Maskenfreiheit sozusagen; eine Atmosphäre von heiterer Sinnlichkeit, von Künstlertum; eine Stimmung von Lebensfreundlichkeit, Jugend, Volkstümlichkeit, auf deren gesunder derber Krume das Eigentümlichste, Zarteste, Kühnste, exotische Pflanzen manchmal, unter wahrhaft gutmütigen Umständen gedeihen konnte. Der unsterbliche, mehr oder weniger humoristisch gepflegte Gegensatz zum Norden, zu Berlin, hatte ganz anderen Sinn als heute. [...] Hier genoß man einer heiteren Humanität, während die harte Luft der Weltstadt im Norden einer gewissen Menschenfeindlichkeit nicht entbehrte.[106]

Seinen euphemistischen München-Erinnerungen schickt Mann sogleich den Appell hinterher, sich nicht zu sehr von den Schlagworten der Idealisierung blenden zu lassen: „Gemüt und ‚Mir san gsund' – damit allein wird München

---

Hrsg. von Hulda Hofmiller. Leipzig 1938, S. 110 [13. 12. 1918].
103 Thomas Mann: Gesammelte Werke. Bd. 9. Berlin/Weimar 1965, S. 176.
104 Z.B. http://www.muenchen.de/rathaus/Stadtverwaltung/Direktorium/Ehrungen/Muenchen-leuchtet.html [Abger. am 13.12.2013].
105 Thomas Mann: [Vortrag ohne Titel.] In: Ders. (Hg.): Kampf um München als Kulturzentrum. Sechs Vorträge von Thomas Mann, Heinrich Mann, Leo Weismantel, Willi Geiger, Walter Courvoisier und Paul Renner. München 1926, S. 9
106 Thomas Mann: Kampf um München als Kulturzentrum. Sechs Vorträge. München 1926, S. 9.

seine Stellung in der Welt nicht halten oder nicht zurückgewinnen, auch als Kunststadt nicht."[107]

Die Frage, wie klar die drohenden Katastrophen der Weltkriege, wie deutlich artikuliert völkisches und rassistisches Gedankengut schon im München der Prinzregentenzeit angelegt war, ist kompliziert und führt leicht zur irrigen Versuchung, die Schuld für die fatale Fortentwicklung der sicherlich schon zum Teil entwickelten Ideen im trügerischen Frieden der Kunststadt zu suchen: „Alles, was die Katastrophe des 20. Jahrhunderts im Kern bestimmte, wurde damals bereits diskutiert, vorausgeahnt oder auch verleugnet und vom Tisch gewischt."[108] Ohne die gedankliche und künstlerische Freiheit der Jahrhundertwendezeit also eindeutig für spätere Ereignisse des 20. Jahrhunderts verantwortlich machen zu wollen, muss man dennoch nach den unterschiedlichen Motiven fragen, die dazu führten, dass die Jahre zwischen 1886 und 1913 so oft in der Erinnerung der Zeitgenossen, aber auch von der Nachwelt verklärt wurden und bis zu welchem Grad das schöne Bild dieses Mythos eben doch anzuzweifeln ist.

Sieht man die Memoiren und Autobiographien der Epoche durch, so muß man den Eindruck gewinnen, daß sich intellektuelles und künstlerisches Leben so gut wie ausschließlich im ständigen Austausch abgespielt hat, und daß Lebensphänomene wie Schlaf, Nahrungsaufnahme oder gar künstlerische Produktion schon aus zeitlichen Gründen keine Rolle gespielt haben können. Dies sind natürlich Ergebnisse der nachträglichen Stilisierung, wie sie auch später in der Stilisierung der „Goldenen Zwanziger" in Berlin zu beobachten sind […][109]

Der Historiker Bernhard Löffler sieht in seinem Aufsatz *Dünner Boden, süßer Guß – Überlegungen zum Mythos Prinzregentenzeit* verschiedene Versatzstücke dieser Zeit zu einem „Mythos-Narrativ"[110] zusammengeschmolzen, das in der Glorifizierung der Person des Prinzregenten zusammenläuft. In seiner Schilderung einer „äußerst ambivalente[n] Epoche beschleunigten sozioökonomischen Wandels", erkennt er in der Zeit, die unter dem Einfluss eines „komplizierte[n] politische[n] Regime[s] mit sich verschärfendem transitorisch-provisorischen

---

107 Ebd.
108 Fischer, S. 14
109 Ebd., S. 34
110 Bernhard Löffler: Dünner Boden, süßer Guß – Überlegungen zum Mythos Prinzregentenzeit. In: Katharina Weigand (Hg.): Die Prinzregentenzeit. Abenddämmerung der bayerischen Monarchie? Regensburg 2013. S. 177–198, hier: S. 180.

Charakter" gestanden habe, „eine ‚Inkubationszeit des Neuen', die die Keime der Veränderung bereits in sich getragen habe, ohne freilich selbst das Demokratisierungspotential der Gesellschaft ausgeschöpft zu haben."[111]

Als ein Mythos innerhalb des Kunststadt-Mythos ist der Schwabing-Mythos gesondert zu betrachten. Um die Künstlerwelt Schwabings, die Antithese zum bürgerlichen, zum volkstümlich-ländlichen Image Münchens, das die Stadt ohne große Spannungen erst komplettierte und ihr weltläufiges Herz bildete, entstand ebenso ein Mythos. Der oft als Künstlervorort ohne Klassenschranken beschriebene Stadtteil Schwabing bietet bei genauerer Untersuchung ein ambivalentes Bild: Zum einen ist es natürlich richtig, dass sich an diesem Ort Freidenker versammelten, die abseits der traditionelleren Umgebung leben und arbeiten konnten. Ebenso ist kaum anzuzweifeln, dass sich hier ein einzigartiges Klima entfaltete, durch das ein produktiver Austausch lebendig wurde. Entwürfe sozialer oder künstlerischer Art konnten hier erprobt und ohne große Probleme auch wieder verworfen werden, was wiederum andere zu neuen Ideen inspirierte.

Was allerdings häufig verschwiegen wird, ist die extrem heterogene Bevölkerungsstruktur des Viertels, in dem sich nicht zuletzt viele deshalb niederließen, weil die Mieten geringer waren, als in anderen Stadtteilen. Studenten lebten hier neben Proletariern, Arbeiter neben wohlhabenden Bürgern, die das weltoffene Umfeld schätzten:

> Es gab also durchaus eine mehrstufige Gesellschaft im angeblich so klassenlosen intellektuellen Schwabing der Jahrhundertwende. Auf der untersten Ebene dieser Pyramide lebte das ‚kreative Proletariat': arme Maler und Malerinnen, noch unentdeckte Genies und Dilettanten; […] Ihr Lebensstandard unterschied sich kaum von dem der in Schwabing wohnenden Arbeiter. […] Der mittlere Bereich der Verdienenden umfaßte wohl vor allem die bei Verlagen, Zeitungen oder der Universität […] Angestellten. Darüber thronten die Arrivierten wie Thomas Mann oder Max Halbe, die „Spitzen der Gesellschaft", wie sie Franziska zu Reventlow ironisch bezeichnete. Im Olymp ihrer großen eigenen Häuser, Schwabing weit entrückt, arbeiteten die Malerfürsten Franz von Lenbach oder Franz von Stuck.[112]

---

111 Löffler, S. 189.
112 Marita Krauss: Schwabingmythos und Bohemealltag. Eine Skizze. In: Prinz, Friedrich; Krauss, Marita (Hgg.): München – Musenstadt mit Hinterhöfen. Die Prinzregentenzeit 1886 bis 1912. München 1988 S. 292–294, hier S. 294.

Erstaunlich ist außerdem, dass trotz der unmittelbaren räumlichen Nähe eine künstlerische Verarbeitung der Armut verhältnismäßig wenig stattfand. Stattdessen strebten viele der armen Künstler – den Reichtum der Arrivierten immer vor Augen – selbst Berühmtheit und den damit verbundenen Klassenaufstieg an.

Die dem Großbürgertum verpflichteten Intellektuellen verbrämten und idealisierten in ihrer Kunst die Armut, wenn sie sie überhaupt in Erscheinung treten ließen. Infolge der Bildungsprivilegien konnten die Arbeiter – anders als in der Emanzipationsbewegung der Aufklärungszeit die Bürger – ihre Situation nicht selbst darstellen, noch berechtigte Forderungen artikulieren.[113]

Die finanziellen Einkünfte, die mit Kunst überhaupt zu erzielen waren, hingen schließlich vor allem von jenem Erfolg ab, den der große Teil der relativ mittellosen Künstler beim wohlhabenderen Bürgertum erreichte. Diese Abhängigkeit muss bei aller gedanklichen Freiheit im Schwabing der Jahrhundertwendezeit immer mitgedacht werden.

2.3 Gumppenbergs Kindheit und Jugend

Hanns Freiherr von Gumppenberg wurde 1866 in Landshut als jüngeres von zwei Geschwistern geboren. Sein Vater, Karl von Gumppenberg, ein Postverwaltungsassistent und späterer Oberpostmeister entstammte einem alten bayerischen Adelsgeschlecht. Er war aus mehreren Erbstreitigkeiten als Unterlegener hervorgegangen, sodass die Familie nicht mehr vom Reichtum der Vorfahren zehren konnte und in relativ bescheidenen Verhältnissen leben musste. Karl von Gumppenberg hatte sich nebenberuflich als Autor von Dialektdichtungen versucht und diese teilweise veröffentlicht. Auch schon der Großvater Hanns von Gumppenbergs hatte als enger Freund des Grafen von Pocci mehrere Stücke für dessen Marionettentheater verfasst.

1869 zog die Familie nach München. Es folgten häufige Umzüge innerhalb der Stadt. Auch wenn sich die Wohnverhältnisse mit jedem Umzug besserten, lebte die Familie – Großmutter, Eltern, Hanns und die Schwester – in engen, meist düsteren Stadtwohnungen. Die Spannung zwischen karger Lebenssituation und Adelsstolz wirkte sich auf das Selbstverständnis des heranwachsenden

---

113 Gerdi Huber: Das klassische Schwabing. München als Zentrum der intellektuellen Zeit- und Gesellschaftskritik an der Wende des 19. zum 20. Jahrhundert. München 1973, S. 7.

Dichters aus. Gumppenberg berichtete später nicht ohne Stolz: „Mein Vater war bei aller Wertschätzung des Bürgerlichen, ja des urwüchsig Bäuerischen mit einem Teil seines Wesens Aristokrat geblieben."[114] Mit seinen adeligen Wurzeln – er besuchte oft die noch besser gestellte Verwandtschaft auf deren Schlössern – und mit dem Vater, der sich als bayerischer Mundartdichter durchaus der Bauernwelt zuwandte, sich aber dennoch nicht ganz vom Adel lossagte, hatte Hanns von Gumppenberg Berührung mit verschiedenen gesellschaftlichen Schichten. Doch keiner gehörte er vollständig an, was seine lebenslange Suche nach Identität mitbedingt haben könnte. Auch andere Charaktereigenschaften zeichnen sich schon früh ab, wie etwa seine lebendige Phantasie und sein fortwährendes Bestreben, sich als herausragende, auserwählte Person zu legitimieren, oder sich zumindest in der Nähe von bedeutenden Menschen zu sehen.

So berichtet er etwa in den Lebenserinnerungen vom Bruder des Großvaters seiner Mutter: „Die Neigung zum Romantischen und Ungewöhnlichen, die in der Familie immer wieder hervortrat, liess [ihn] alle Fesseln der zunftmässigen Überlieferung zerreissen."[115] Der Familienlegende nach soll sich dieser Urgroßonkel Gumppenbergs den Schweizer Söldnern angeschlossen haben und nach Indien versetzt worden sein, wo er sich mit einem dortigen Herrscher anfreundete und – in Anlehnung an seinen Namen „Sommer" – selbst zum „Radschah Somroo" ernannt wurde. Als solcher, so berichtet Gumppenberg, habe er eine junge Bajadere zur Frau genommen, die ihn überredete „mit ihr Ringe, die in einer Kapsel tödliches Gift bargen, und den feierlichen Schwur zu tauschen, dass jedes den Inhalt seines Ringes austrinken wolle, sobald er vom Tod des anderen erführe." Bald darauf ließ sie das Gerücht verbreiten, sie sei in der Schlacht gefallen, worauf Somroo sich sogleich mit dem Gift das Leben nahm und die machtgierige „Begum Somroo" den „Thron von Sirhint"[116] bestieg. Nach ihrem Tod habe die englische Regierung nach Erben für das sagenhafte Vermögen des „Regensburger Ausreissers" gesucht. Nachdem dessen Vater im Zorn alle Briefe des abenteuerlustigen Sohns verbrannt habe, beruft sich Gumppenberg auf den Bericht des Weltreisenden Orlich. Als einziger Beweis würde hier sogar die süddeutsche Herkunft des indischen Herrschers bestätigt. Leopold von Orlich erzählt in einem Brief an Alexander von Humboldt zwar tatsächlich die Geschichte eines gewissen Sommer, jedoch stamme dieser nicht

---

114 HvG: Lebenserinnerungen, S. 50.
115 Ebd., S. 19 f.
116 Ebd., S. 20.

wie bei Gumppenberg aus Süddeutschland, sondern aus Schlesien.[117] Wenn Gumppenberg mit Empörung über das entgangene Erbe berichtet, stilisiert er sich wie so oft als zu Unrecht Benachteiligten, dem Höheres zustehe und vermischt dabei leichtfertig Realität mit Phantasie: Die sagenhafte Geschichte des deutschen Radschahs war im 19. Jahrhundert weit verbreitet und diente Jules Verne als Inspiration für seinen Roman *Les Cinq Cents Millions de la Bégum*.

Als Hanns von Gumppenberg mit 14 Jahren die Aufnahmeprüfung am königlichen Pagencorps bestand, war die ganze Familie stolz, war doch so der Anschluss an die Adelswelt wieder gesichert. Die königlich bayerische Pagerie war eine elitäre Bildungsstätte nach Art einer Kadettenanstalt mit Sitz im Maximilianeum, dessen ausschließlich adelige Zöglinge eine gymnasiale, wie auch teilweise vormilitärische Ausbildung erhielten und bei besonderen Feierlichkeiten die Ehre hatten, am Königshof Ludwigs II. dienen zu dürfen.

Dass sich Gumppenberg am Pagencorps jedoch als von Lehrern und Mitschülern drangsalierter Außenseiter fühlte, belegt ein Brief des Sechzehnjährigen an die Eltern, in dem er um Verständnis bittet und sie, nachdem er sich mit einem satirischen Gedicht Ärger eingehandelt hatte, anfleht, ihn von der Schule zu nehmen:

Liebe Eltern! Ich war gestern morgen citiert; [...] Herr Direktor verstand, wie immer, auch hierin keinen Spaß; [...] Ich versicherte ihm zwar, daß ich nur meiner allgemeinen Verbitterung in dieser Art Luft gemacht habe, er erklärte aber dies für eine leere Ausflucht, und blieb bei der persönlichen Beleidigung stehen. Zum Schlusse sagte er mir, daß er noch nicht wisse, was er mit mir anfangen solle, ob er die Sache mit stiller Verachtung übergehen oder mich gebührend bestrafen solle; [...] Das heißt soviel als 4 Sonntage Carcer.– Ich habe dem Herrn Direktor bei dieser Gelegenheit erklärt, daß ich mich von Jahr zu Jahr unglücklicher gefühlt in dem Institute; [...] Nachdem Herr Direktor mir [...] versichert, er könne die Sache nicht vergessen, und ich könne nicht von ihm verlangen, daß er sie mir nicht bei jeder Gelegenheit fühlen ließe, ist meine Stellung in der Pagerie unmöglich geworden. Herr Direktor beachtet mich jetzt schon gar nicht mehr [...]. Das ertrag' ich nicht länger.–
3 Jahre lang hab' ich mich mit Ehren in der Pagerie behauptet; soll ich nun die noch übrigen 2 Jahre nach Verlust des Seniorates und Verlust meines guten Einvernehmens mit dem Direktor als Gegenstand des allgemeinen Spottes ausharren?– Nein, ich kann es nicht über mich bringen; ich bitte Euch flehentlich, mir diese Hölle zu ersparen. Ich weiß, was es Euch für Opfer kostet, aber ich weiß auch, daß mein Stolz

---

117 Leopold von Orlich: Reise in Ostindien. In Briefen an Alexander von Humboldt u. Carl Ritter. Leipzig 1845. S. 262 ff.

sich gegen eine solche Stellung empört, und ich will lieber mit kalten Kartoffeln vorlieb nehmen, als mich für Torten und Wildpret [sic!] demütigen und mit Füßen treten zu lassen. Dies ist mein fester Entschluß.– Ich habe mir vorgenommen, so lange keine Speise zu mir zu nehmen, als bis mein Schicksal entschieden ist, und habe seit gestern Mittag keinen Bissen gegessen.–

Euer Hans [sic!][118]

Wie ernst es dem jungen Gumppenberg mit seinem erpresserischen Vorhaben war, beweist die Passage seiner Lebenserinnerungen, in der er auf die Ereignisse zurückblickt:

Ich warf den Brief in den Postkasten nächst dem Gymnasium, und verfuhr dann genau, wie ich geschrieben; einen Halbtag und zwei weitere Tage lang genoss ich nichts als ein paar Schluck Wasser, selbst den Morgenkaffee liess ich stehen, zur tuschelnden, aber im Uebrigen gleichmütigen Verwunderung meiner Kameraden und unbemerkt von dem Direktor, der mich seit meinem Verbrechen mit ostentativer Verachtung ignorierte. Ich machte alle körperlichen und geistigen Anstrengungen dieser langen Werktage wie jeder andere mit, ritt und turnte und hungerte dabei mit eiserner Willensanstrengung, auf eine Antwort von daheim wartend, die aber auch am zweiten Tage nicht eintraf.[119]

Erst einige Tage später konnte die besorgte Mutter den verzweifelten Sohn umstimmen, als sie ihn an seine Pflicht erinnerte, die er der Familie gegenüber zu wahren hätte.

Die erwähnte Satire war nicht das erste literarische Werk Gumppenbergs: Schon früh hatte er sich in verschiedenen Gattungen und Stilen versucht und schon als Jugendlicher eine dichterische Berufung gefühlt und geäußert.[120] Im Vorwort zu einer Sammlung früher Gedichte fasst der Neunzehnjährige die Motivation zu seinem lyrischen Eifer mit Pathos zusammen:

Es sind die Gedichte eines Jünglings, die hier der Welt übergeben werden.
Aber nicht eines Schablonenjünglings, der sich in nutz- und gehaltlosen Schwärmereien der Modepoesie anschloß;

---

118 HvG: Brief an die Eltern. München 24.11.1883. Manuskript im Nachlass, Münchner Stadtbibliothek/Monacensia [HvG B 50].
119 HvG: Lebenserinnerungen, S. 86.
120 HvG: Lebenserinnerungen, S. 77 f.

Noch auch eines Jünglings, der Gefallen daran fand, das Göttliche und Geistige in diesem Leben zu leugnen;
Sondern die Gedichte eines Jünglings, der in sich selbst verschlossen, sein und der Welt anderes Teil gegen alle Mächte der Täuschung in hartem Kampfe zu verteidigen gesucht hat.
Nimm sie an, seine Kampflieder!
Nur wenn einmal seine Kraft erlahmt, und er sich selbst untreu wird, so laß' diese für ihn reden, laß' sie den Leuten sagen, daß er einst besser gewesen; vielleicht fällt dann eine Thräne auf sein Grab.

Der Verfasser[121]

Auch erste dramatische Versuche unternahm der Schüler Gumppenberg. So entstand etwa das seiner Schwester gewidmete dreiaktige Schauspiel *Antigone*, das „den sophokleischen Vorgang mit deutschem Verspathos weiter ausbaute und namentlich die Gestalt des Königssohns stärker in den Vordergrund rückte."[122] Gleich darauf fasste er den Plan zu einem großangelegten Christus-Epos „das seinen Gegenstand weniger überschwänglich […], dafür plastischer, dramatischer und reinmenschlich ergreifender als Klopstocks berüchtigte ‚Messiade' gestalten sollte"[123], aber trotz allen Elans unvollendet blieb.

Neben all diesen bei aller Naivität doch von gestalterischem Talent zeugenden Frühwerken stellte Gumppenberg auch schon einige Überlegungen zur Entwicklung vor allem der dramatischen Literatur an, war aber noch weitgehend unentschlossen, welche Richtung er favorisieren sollte.

Dass er im schulischen Umfeld kaum Anerkennung für seine eigenen literarischen Versuche erfuhr, führte Gumppenberg jedoch auf die Engstirnigkeit der Lehrer und Mitschüler zurück, die seinen revolutionären Dichtversuchen nicht offen genug begegneten: „Wie wenig derjenige auf Anerkennung zu rechnen hat, der seinem eigenen Stern vertrauend von Norm und Gepflogenheit abweicht, sollte ich im reifen Leben noch weit bitterer erfahren."[124] Was seine schriftstellerische Begabung betrifft, war Gumppenberg zeitlebens zu selbstbewusst, um dem Zweifel nachzugeben, der mangelnde Beifall könne mit mangelnder Qualität der eigenen Dichtungen zusammenhängen.

---

121 HvG: Gedichte von Hanns Freiherr von Gumppenberg. Erste Auswahl 1885. Manuskript im Nachlass, Münchner Stadtbibliothek/Monacensia. [L 2025]
122 HvG: Lebenserinnerungen, TS, S. 85. (Nicht im Buch). Im Nachlass, Münchner Stadtbibliothek/Monacensia [L 5222].
123 Ebd.
124 Ebd., S. 93.

So verwundert es kaum, dass er, nachdem er das Abitur abgelegt hatte, und nach der Abschlussfeier von den Mitschülern in einer Gaststätte betrunken liegengelassen worden war,[125] seine Entlassung aus der Schule und von den adeligen Mitschülern als Befreiung empfand:

> Aber als ich dann im flotten neuen Zivilanzug die Treppe hinabgesprungen war, als der sonst so kerkermeisterliche, griesgrämige, jetzt aber devot grüssende Portier mir das Tor öffnete und ich allein und als mein eigener Herr in den schönen Augustabend hinaustrat, wo das fröhliche München weit seine Arme nach mir ausbreitete, da fühlte ich doch wieder nur den aufatmenden Jubel eines befreiten Gefangenen, und ohne mehr umzublicken, rannte ich in toller Hast die Maximilianstrasse hinunter und heim, heim, heim ins Leben, in die Freiheit![126]

Nachdem Gumppenberg wie auch seine wenigen Mitabiturienten wegen schlechter Gesundheit vom Kriegsdienst befreit worden war, begann er im Herbst 1885 an der Münchener *Ludwig-Maximilians-Universität* ein Studium der Philosophie und der Literaturgeschichte. Seine hohen Erwartungen an das universitäre Niveau wurden jedoch bald enttäuscht und er sah in seinen akademischen Studien eine Fortsetzung der schulischen Leidensgeschichte. So erkannte er „bei den Hochschülern, wie auch bei den Dozenten noch mehr schlaues Strebertum und weniger Hingabe an die Wissenschaft um ihrer selbst willen, als auf dem Gymnasium zu beobachten war."[127]

Zudem war Gumppenberg, der anfangs noch von einer Karriere als Professor für Literaturgeschichte geträumt hatte, von seinem Professor auf die Schwierigkeit hingewiesen worden, die Jahre nach dem Studienabschluss ohne privates Vermögen zu überbrücken.[128] Trotzdem hielt er das Studium ganze sechs Semester lang durch – auch wenn er von Anfang an sowohl Standesgenossen als auch Kommilitonen aus dem Weg zu gehen versuchte. Auf den Wunsch seines Vaters hin begann er, nachdem er die Unmöglichkeit einer Karriere als Literaturhistoriker eingesehen hatte, ein Jurastudium, welches er aber auch schon nach einiger Zeit wieder aufgeben musste: „Aber so redlich Mühe ich mir gab, mich in diese Materie zu vertiefen und ihr den besonderen Reiz abzugewinnen, der für jedes erfolgreiche Studium nötig ist: ich fühlte schon sehr bald, dass es wohl überhaupt kein Wissens- und Wirkensgebiet gäbe, das

---

125 Vgl. ebd, S. 97 f.
126 HvG: Lebenserinnerungen, S. 92.
127 Ebd. S. 94.
128 Ebd., S. 123.

meiner natürlichen Anlage so durchaus entgegengesetzt war als gerade die Rechtsgelehrsamkeit."[129] Nachdem ein weiterer Anlauf sich als Bibliothekar zu versuchen allerdings an seiner schwachen Sehkraft gescheitert war, folgte Gumppenberg dem Rat seines Professors Bernays und begann seine Laufbahn als Schriftsteller und Journalist.

Schon zu Studienzeiten hatte Gumppenberg, der durch seinen Vater mit der *Bürgersängerzunft* vertraut gemacht worden war, freundschaftlichen Anschluss bei einigen Studenten des Münchner Konservatoriums gefunden. Über seinen engen Freund Max Slevogt hatte er zudem Kontakt zu Kunststudenten im Umfeld der Kunstakademie gewonnen. Dieser alternative Weg passte zum radikalen Anspruch des jungen Gumppenberg und bot gleichzeitig eine Möglichkeit, aus der schwierigen Situation des verarmten Adeligen auszubrechen. Auf der Suche nach Kontakten im journalistischen Metier kam es ihm gelegen, im Herbst 1889 durch seine Freunde am Konservatorium die Bekanntschaft mit Georg Schaumberg und Julius Schaumberger zu machen, zwei Schriftstellern, die selbst über Umwege bei der *Münchener Stadtzeitung* und beim *Theater-Journal* untergekommen waren, wo auch Gumppenberg jeweils einige Kritiken verfassen konnte. Schaumberger und Schaumberg waren zudem im Kreis um Michael Georg Conrad aktiv, eines älteren Schriftstellers aus Franken, der 1885 die Zeitschrift *Die Gesellschaft* gegründet hatte, mit der er für die Anerkennung des Naturalismus in Deutschland kämpfen wollte und dessen Name für die Münchner Moderne steht wie kaum ein anderer.

---

129 Ebd., S. 124.

3. Die Münchner Moderne

Die Moderne in der europäischen Kunst ist ein urbanes Phänomen, das sich in einigen wenigen Zentren teilweise parallel, teilweise voneinander abweichend, meist aber stark vernetzt ereignete.

Schon der mittlerweile geläufige Begriff *Münchner Moderne* suggeriert, dass es eine spezifisch münchnerische Moderne gegeben hat, die sich – trotz aller Gemeinsamkeiten – durch bestimmte Eigenschaften von der Wiener oder Berliner Moderne unterscheiden lässt. Nicht nur in diesem Zusammenhang ist es interessant, besonders auf die lokalen Besonderheiten zu blicken, machten sie doch in ihrem komplexen Gefüge die Stimmung aus, die Künstler anzog, sie inspirierte und sich in den Kunstwerken niederschlug. Auch wenn die Moderne allgemein betrachtet ein überregionales Phänomen ist, gerade von intensivem Austausch lebte und befeuert wurde, ist ihr Entstehen dennoch an ein hohes Maß lokaler Identität geknüpft.

Meint man, die Bezeichnung *Münchner Moderne* beziehe sich präzise auf historische Phänomene, die ein lokales Geschehen klar definieren, so übersieht man, dass gerade die Unschärfe der Begriffe *München* und *Moderne* und ihre spezifische Verbindung miteinander das Lebensgefühl ausmachte, das die Menschen von weit her anzog und so erst zum Entstehen des Phänomens beitrug. Dass gerade hier der Geist der Zeit eine wesentliche Wendung erlebte, führte schon damals zur Entstehung einer überregionalen Berühmtheit der Stadt, die sich gleichwohl auch damals schon von vagen Vorstellungen nährte.

> Daß [...] in München – und in München vielleicht noch entschiedener als anderswo in Deutschland – [...] jener vielzitierte Aufbruch zur Moderne stattgefunden hat, verdankt es weitläufigen jungen Leuten, die meist von weit her in diese Stadt kamen, um in ihr jenen höchsten Begriff von Kunst wieder zu erneuern, der sich in ihrer Vorstellung mit der Kunststadt München verbunden haben muß.[130]

München war jedoch keine organisch gewachsene Großstadt, wie oft suggeriert wurde, kein überdimensioniertes Dorf. Dass München in seiner Gesamtheit keineswegs mit bestimmten einheitlichen Attributen gesehen werden kann, ja

---

130 Peter-Klaus Schuster: „Luftschlösser. München und die Moderne." In: Jürgen Kolbe et al. (Hgg.): München Focus '88. Katalog Kunsthalle der Hypo-Kulturstiftung. München 1988. S. 13–22, hier: S. 14.

dass gerade diese Stadt Spannungen und Widersprüche erzeugte, die als Katalysator das Entstehen eines kreativen Klimas begünstigten, verbindet sich nicht nur in der Rückschau mit dem unscharfen Begriff der Moderne, der heute wie damals als „Stichwort eines unklaren, viel Verschiedenes umfassenden Erneuerungsstrebens"[131] gesehen werden muss.

Der Ruf des idyllischen Münchens steht in gewisser Weise im Widerspruch zur Behauptung, die Stadt hätte eine eigene Form der Moderne hervorgebracht. Was die Entstehung moderner Tendenzen und Strukturen betrifft, waren hier dieselben Mechanismen maßgeblich, wie in anderen Großstädten der Zeit auch. Insofern hat der Historiker Horst Möller recht, wenn er den Einzug der Moderne in München in direkter Verbindung mit urbanen Strukturen der Stadt sieht und behauptet, „daß Modernität durch die Großstadt nicht allein deshalb erzwungen wird, weil ständig neu auftretende Probleme zu lösen sind, sondern weil der unaufhörliche Wechsel der Erscheinungen sie erzwingt. [...] In diesem Sinne ist die ‚Münchner Moderne' Ausdruck des großstädtischen Charakters Münchens um die Jahrhundertwende, zugleich aber dessen situative Voraussetzung."[132]

Der Mythos von der ländlichen Großstadt hielt sich jedoch hartnäckig. Es habe „damals wohl keine deutsche Großstadt [gegeben], hinter deren letzten Häusern das Land so unmittelbar vor einem lag, die so von Landschaft durchatmet war."[133] Dieser Eindruck entsprach jedoch einem bestimmten Kalkül der Stadtplanung, das das Stadtbild in Abgrenzung zu anderen Metropolen bewusst von Industrialisierungstendenzen fernhalten wollte. In der bayerischen Hauptstadt wurde deshalb die traditionelle Seite, das Handwerk und die Kunst gepflegt und betont, was dem Mythos Münchens als Kunststadt entgegenkam und den Modernen gleichzeitig auf äußerst fruchtbare Weise ein willkommenes Gegenbild bescherte: Hier war die Tradition, von der man sich absetzen wollte, immer in greifbarer Nähe.

---

131 Fritz Martini: „Modern, die Moderne". In: Reallexikon der deutschen Literaturgeschichte Bd. 2. Hrsg. v. Werner Kohlschmidt und Wolfgang Mohr. Berlin 1965, S. 409.
132 Möller, S. 36 f.
133 Ina Seidel. Zit. nach: Walter Schmitz: „Die Stadt im Wandel. Im ‚demokratischen Süden'" In: Ders. (Hg.): Die Münchner Moderne. Die literarische Szene in der ‚Kunststadt' um die Jahrhundertwende. Stuttgart 1990, S. 53–57, hier: S. 55.

3.1 Der Gegensatz München – Berlin

Wenn die rasant wachsende Größe Münchens als grundlegendes Kennzeichen einer modernen Großstadt sicherlich als wesentliche Bedingung für das Entstehen einer urbanen Künstlerszene gesehen werden kann, so war doch gerade der Vergleich mit Berlin entscheidend: Die Abgrenzung der speziell münchnerischen Urbanität vom Geist der Metropole Berlin war für die größtenteils zugewanderte Bohème von entscheidender Bedeutung: Die Entscheidung für München war oft mit einer Entscheidung gegen Berlin verbunden. So verteidigte etwa Stefan George die Vorzüge Münchens in einem Postskriptum an den Berliner Graphiker Melchior Lechter:

> Eben trifft Ihr brief ein. was beginnen Sie mit einem schelten auf die Bierstadt? davon seh ich überhaupt nichts. München ist die einzige stadt der Erde ohne ‚den bürger' hier giebt es nur volk und jugend. Niemand sagt dass diese immer angenehm sind. Aber tausendmal besser als dieser Berliner mischmasch von unterbeamten, juden und huren![134]

Die heimelige Atmosphäre der „Bierstadt", die auch die freidenkerische Bohème an provinziell-traditioneller Erdverbundenheit teilhaben ließ, sorgte für eine ideal kontrastierende Projektionsfläche für avantgardistische Künstler und revolutionäre Lebensentwürfe. Gleichzeitig bot München die nötige Weltoffenheit, aber auch das nötige traditionsbewusste Selbstvertrauen, um das Experiment mit dem radikal Neuen zu dulden. Weniger als in anderen Metropolen waren hier jedoch theoretische Utopien Ausgangspunkt für den Umbruch. In direkter Abgrenzung von der Tradition des ländlich geprägten München und der bürgerlich etablierten Kunstszene war hier die Versuchung des alternativen, des freiheitlichen Lebensstils von besonderer Bedeutung.

> Vitalisme et apolitisme sont les caractéristiques de la „modernité munichoise". Munich-Schwabing se distingue de Berlin par l'individualisme et le refus de tout programme, de Vienne par la volonté affirmée de proposer des alternatives au „malaise dans la civilisation", alternatives vitalistes, globales, „totalisantes", à l'inverse de la compensation esthétisante des Viennois.[135]

---

134 Stefan George an Melchior Lechter, April 1905. In: Melchior Lechter und Stefan George: Briefe. Hg. von Günter Heintz. Stuttgart 1991, S. 240. (Postskriptum an den Berliner Mitarbeiter Melchior Lechter, der auf München geschimpft hatte.)
135 Sophie Barros: „La „modernité munichoise": une alternative vitaliste?" In: Merlio/Pelletier, S. 278.

Freilich lässt sich der Prozess der Urbanisierung Münchens auch an äußeren Faktoren festmachen und von derjenigen Berlins abgrenzen. Während sich dort, unter anderem bedingt durch höhere Mieten, vereinzelte Künstlerkolonien[136] bildeten, etablierte sich Schwabing als zentrumsnaher Lebensmittelpunkt der Bohème. Die unmittelbare Nähe zum Stadtkern, die verschiedenartige Einwohnerstruktur und die Kompaktheit der Vorstadt waren für die gesamte Stadt ein identitätsstiftender weil sichtbarerer Faktor als die vereinzelten versprengten Kreise anderer Städte. Vergleichbar ist diese lokale Disposition Münchens nur mit dem Pariser Montmartre, der immer auch als Vorbild Schwabings gesehen wurde.

In der Metropole Berlin hatten sich mit einer weitaus rasanteren und umfassenderen industriellen Entwicklung auch der Kapitalismus und seine Folgen schon viel deutlicher ausgeprägt. Proletariat und neureiches Bürgertum standen sich hier viel unversöhnlicher gegenüber als in der bayerischen Residenzstadt.

Gegenüber dem explodierenden, ungleich politischeren Berlin behielt München um die Jahrhundertwende zwar eine gewisse Beschaulichkeit, weil Traditionalität und Modernität sichtbarer nebeneinander standen und so ihre Brisanz mäßigten; den kulturellen Reichtum der bayerischen Hauptstadt verminderte dieses Neben- und Gegeneinander aber nicht, lebt Modernität doch aus der Spannung.[137]

Obwohl sich in München Industriebetriebe eher am Stadtrand ansiedelten und die wirtschaftliche Entwicklung insgesamt nicht so umfassend gedieh wie in Berlin, erfuhr die bayerische Stadt in ihrer Entwicklung hin zur Großstadt einen erstaunlichen Schub: Das Bevölkerungswachstum explodierte hier regelrecht. Gehörte die Stadt noch um 1880 mit rund 220.000 Einwohnern nur zu den kleineren Großstädten, so war sie bis zur Jahrhundertwende mit beinahe 500.000 Einwohnern zu Deutschlands drittgrößter Stadt[138] herangewachsen. Binnen 35 Jahren hatte sich die Einwohnerzahl Münchens verdreifacht, während diejenige des immer noch ungleich größeren Berlin sich nur verdoppelt hatte.[139]

Neben dem explosionsartigen Einwohnerwachstum der Stadt ist auch der Blick auf die Bevölkerungsstruktur aufschlussreich:

---

136 Vgl. etwa den Friedrichshagener Dichterkreis um Bruno Wille und Wilhelm Bölsche.
137 Möller, S. 49.
138 Nach Hamburg (768.349 Einwohner) und Berlin (1.888.848 Einwohner).
139 Vgl. z.B. Möller, S. 35.

Im München des ausgehenden 19. Jahrhunderts gab es, anders als in Berlin, keine breitere Schicht von Neureichen – dafür aber eine wohlhabende Mittelschicht. Zudem sorgte der Ruf als Kunststadt dafür, dass sich hier überproportional viele Künstler niederließen. Noch im Jahr 1907 lebten trotz der geringeren Gesamteinwohnerzahl 1882 Künstler in München, gegenüber 1475 in Berlin.[140]

Hanns von Gumppenberg, der mehrfach meist aus finanziellen Gründen den Sprung nach Berlin versuchte, gelang es nie vollständig, dort Fuß zu fassen. Wenn man so weit geht, den Städten einzelne Künstlercharakteristika zuzuordnen, ist dies aber keineswegs überraschend, kann man Gumppenberg doch gerade in seiner Widersprüchlichkeit, in seiner kontrastreichen charakterlichen Struktur durchaus als typisch für das moderne München seiner Zeit bezeichnen, eine Stadt, die wie er stets den Traditionen verbunden blieb – und gerade hierdurch einen umso stärkeren Drang nach vorne entwickelte.

3.2 Konfrontation mit den „Alten": Die Gesellschaft für modernes Leben

„Als die Nachricht von der Gründung einer ‚Gesellschaft für modernes Leben' in München mit freien Vortragsabenden, freier Bühne, freiem Kunstsalon und noch etlichen Freiheiten auch nach auswärts versant [sic!] worden war," so schreibt Gumppenbergs Freund und Mitstreiter bei den Modernen Otto Julius Bierbaum im *Magazin für Litteratur*, „erhielt ich eines Tages von einem Berliner Freunde einen Brief, in welchem unter anderem folgende Sätze standen: ‚...Ihr irrt euch. München ist höchstens ein litterarischer Bier-Kurort. Da geht man einmal hin, höchstens auf ein Vierteljahr, zum Studium der Pinakotheken, des Hofbräuhauses, der Glyptothek, und weil man den Bergen und Seen so fröhlich nahe ist. [...] Für Schriftsteller aber, [...] war München einmal, aber ist nicht mehr. [...]' und ähnliches mehr. Mein Freund hat sich geirrt."[141]

Im ausklingenden 19. Jahrhundert waren es in München die Naturalisten um Michael Georg Conrad, die am stärksten gegen die epigonalen Dichterfürsten wie Paul Heyse oder Hermann Lingg opponierten. Im Unterschied zur naturalistischen Bewegung in Berlin entwickelte hier die Gegnerschaft zur übermächtigen Vorherrschaft der epigonalen „Vertreter eines gleichsam zeitlo-

---

140 Laut Berufszählungen. Vgl. etwa Möller.
141 Otto Julius Bierbaum: Die Gesellschaft für modernes Leben. In: Das Magazin für Litteratur. 60. Jg., Berlin, 3. Januar 1891, Nr. 1, S. 12–13, hier: S. 12.

sen Dichtertums"¹⁴² ein gewisses einigendes, revolutionäres Potential. Obwohl sie außer ihrer Ablehnung der Dichterfürsten und ihrem Drang zum Aufbruch zu neuen Formen der Literatur wenig gemeinsam hatten, versammelten sich die jungen Literaten Gumppenberg, Bierbaum, Schaumberg und Schaumberger um ihren Mentor Michael Georg Conrad und gründeten im Dezember 1890 die *Gesellschaft für modernes Leben*.

Der Begriff *modern* bleibt trotz der Namensgebung der Gruppe auch in den zahlreichen programmatischen Schriften auffällig unscharf und kommt bei Gumppenberg überhaupt nahezu ausschließlich im Zusammenhang mit der Gesellschaft für modernes Leben vor. Dies lässt vermuten, dass sich hinter der nur diffus definierten Identität die Absicht verbirgt, auch bei voneinander abweichenden Überzeugungen möglichst viele junge Kräfte innerhalb einer Bewegung zu versammeln. „Kein Programm einte die „Gesellschaft" außer der Einsicht, eine „Präcisierung der ‚Moderne'" sei unvereinbar [...] mit dem Wesen derselben""¹⁴³ Die moderne Bewegung wurde so bewusst als Projekt für die Zukunft offen gehalten: „Die Unverbindlichkeit des Sammelbegriffs ‚Modern' erlaubte jedem Mitglied der Gesellschaft eine eigene Deutung und so verfocht jeder ganz persönliche Kunstanschauungen [...]."¹⁴⁴

Gerade Gumppenberg eignete sich von Anfang an eher schlecht als Vorkämpfer und Repräsentant einer naturalistischen Gruppe, war er doch erklärtermaßen an der Wiedererweckung der idealistischen und märchenhaften Wirkungen in der Literatur interessiert:

> Ich hatte, als mich meine journalistische Arbeitssuche in den Conrad'schen Kreis führte, von der ganzen modernen Bewegung noch nicht mehr gewusst als jenes abfällige Urteil weiland meiner Mitpagen über Conrad selbst; [...] Bei meiner Neigung zum symbolisierenden Gestalten der grossen Menschheitsfragen und zur schrankenlosen Freiheit der äusseren Stoffwahl und Formgebung hätte mich auch das Schlagwort der „Modernisierung" und „Naturalisierunng" der Kunst gewiss nicht zum begeisterten Parteigenossen gemacht. Zwar hatte ich schon einige Jahre vorher in meiner „Pestjungfer" den derbsten Naturalismus als Darstellungsform mit verwandt,

---

142 Otto Julius Bierbaum. Zit. in: Rainer Metzger: München. Die große Zeit um 1900. Kunst, Leben und Kultur 1890–1920. Architektur, Malerei, Design, Theater, Musik, Cabaret, Literatur, Buchkunst, Verlagswesen. München 2010, S. 29.
143 Walter Schmitz: „Die erste Münchner Moderne: Repräsentation und Nebenregierung." In: Ders. (Hg.): Die Münchner Moderne, S. 131–133, hier: S. 132 f. [Zit.: Moderne Blätter, Nr. 38, 19.12.1891, S. 7].
144 Rainer Hartl: Aufbruch zur Moderne. Naturalistisches Theater in München. 2 Bde. München 1976, S. 23.

doch nicht aus allgemeinem Prinzip, nur weil er mir für die Auftritte der verwilderten Soldateska als das einzig Entsprechende erschien; alle dogmatische Einengung des gegenständlich oder formal Zulässigen war mir durchaus zuwider. Trotzdem fühlte ich mich, sobald ich den vollen Einblick in die Bestrebungen des Kreises gewonnen hatte, allen diesen vorwärts drängenden Kräften innerlich verbunden und empfand es durchaus naturgemäss, als Mitkämpfer in ihre Reihen zu treten. Zunächst weil sie gegen dieselben Gegner vorstiessen, deren jugendfeindliche und entwicklungshemmende Macht ich am eigenen Leibe erfahren hatte; doch auch die allgemeineren Ziele des Kreises, die Pflege der urwüchsigen, unmittelbar lebensvollen Persönlichkeit statt des überlieferten unpersönlichen Schematismus und die Heraufführung einer wahrhaftigeren und geistig freieren Kultur fielen durchaus mit meinen eigenen Forderungen und Sehnsüchten zusammen.[145]

Auch der Zeitgenosse Adalbert von Hanstein weist auf die Offenheit der Münchener Bewegung hin und sieht in ihr die Voraussetzung für Gumppenbergs Vereinnahmung durch die Naturalisten: „Immerhin galt er für einen der hoffnungsreichsten aus der jungen Geisteswelt Münchens, und mit jugendlichem Kraftbewusstsein stürzte er sich in die neue Bewegung hinein, ohne zu bedenken, daß er eigentlich nicht allzuviel Berührungspunkte mit ihr hatte. Jedoch herrschte in München damals noch nicht die Berliner Einseitigkeit."[146]

In Berlin, wo die Gesellschaft *Durch* schon seit 1886 für die Durchsetzung ihrer Ideale kämpfte, hatten die Naturalisten von Anfang an mit der „grenzenlosen Borniertheit des modernen preußischen Kulturmenschen"[147] zu kämpfen und hatten sich deshalb auf die Durchsetzung vorrangig literarischer Reformen beschränkt, während sich die Bewegung in München an die viel weiter gefasste „Forderung [...] nach einer grundsätzlichen Änderung der sozialen, künstlerischen, politischen und moralischen Zustände"[148] heranwagen konnte. Das sich verschärfende Schisma der naturalistischen Bewegungen lokaler Prägung hatte einen öffentlich ausgetragenen Konflikt zur Folge, der viele Berliner veranlasste, sich den radikaleren Münchnern anzuschließen und der letztlich eine starke Profilierung des Münchner Modells bewirkte.

---

145 HvG: Lebenserinnerungen, S. 136.
146 Adalbert v. Hanstein: Das jüngste Deutschland. Zwei Jahrzehnte miterlebter Literaturgeschichte. Leipzig 1900, S. 197 f.
147 Karl Bleibtreu. In: Die Gesellschaft. Jg. 1, 1885, Nr. 18, S. 334.
148 Huber, S. 15

Während in Berlin nach dem mehr idealistischen und allgemeinen Auftakt, den die Brüder Hart gegeben hatten, Bleibtreu, Holz, Schlaf und Eugen Wolff, etwas später auch Gerhart Hauptmann und seine Anhänger für Stoff und Form der geforderten neuen Dichtung ein ganz bestimmtes streng-naturalistisches Programm aufstellten, wollten die erheblich weitherzigeren Münchener Revolutionäre überhaupt alles Kraftvolle, Eigenwüchsige und Echte willkommen heissen, das dem altersschwachen Epigonen-Klassizismus den Garaus machen könnte. Conrad selbst trat zwar zunächst als robuster Zola-Apostel auf, aber daneben war er auf seine Art auch deutscher Romantiker und idealistischer Pathetiker, verehrte Richard Wagner, schwärmte für Nietzsche [...].[149]

Peter Jelavich deutet Gumppenbergs Anschluss profaner und sieht hinter die idealistische Verbrämung der Motive Gumppenbergs, wenn er im Anschluss des Schriftstellers an die revolutionäre Gruppe eine existenzielle Notwendigkeit erkennt: „Gumppenberg was an especially clear example of a young writer without independent means who joined the modern camp more out of necessity than conviction. In his own words, he was attracted to the Conrad circle because of its opposition to established cultural institutions, [...] ‚which had condemned me to be a penniless proletarian, despite my education and ability.'"[150] Zu einfach würde man es sich allerdings machen, bezöge man Gumppenbergs spätere Feindschaft den Naturalisten gegenüber auf seine anfängliche scheinbar kritiklose Bereitschaft, sich vereinnahmen zu lassen, was im Vergleich zur sonstigen Kompromisslosigkeit des Autors zumindest erstaunlich erscheint. Gumppenberg, der so oft bereitwillig die Gegenposition zum Zeitgeist einnahm, fühlte sich sichtlich wohl im Autorenkollektiv, sodass er bald zu den Vorkämpfern der Gruppe gezählt werden konnte. „Die Moderne hat in München alle Taschen voll guter Hoffnungen. Es ist ihr unbändig wohl zumute, denn sie hat Leben geschaffen, frischen Wind und Durchzug in die moder-staubige Atmosphäre einer unwürdigen Gleichgültigkeit gegen den Geist und seine neuen Ideale."[151]

Schon kurz nach ihrer Gründung, am 29. Januar 1891, veranstaltete die Gesellschaft für modernes Leben, die innerhalb des ersten Monats schon mehr als hundert Mitglieder angesammelt hatte, ihren ersten öffentlichen Abend im Rokokosaal der Gaststätte *Isarlust* auf der Münchner Praterinsel, um ihre Anlie-

---

149 HvG: Lebenserinnerungen, S. 130.
150 Peter Jelavich: Munich and Theatrical Modernism. Politics, Playwriting, and Performance 1890–1914. Cambridge 1996. S. 35.
151 Otto Julius Bierbaum: Die Bestrebungen der Moderne in München. In: Das Magazin für Litteratur. 60. Jg., Berlin, 7. März 1891, Nr. 10, S. 153-154, hier: S. 154.

gen vor einer breiteren Öffentlichkeit darzulegen. Das Interesse der Münchner sprengte alle Erwartungen und wegen des großen Andrangs mussten hunderte abgewiesen werden. Auch war die Zusammensetzung des Publikums äußerst gemischt. Der Polizist, der die Veranstaltung überwachte, berichtete von vielen Sozialdemokraten und eleganten Besucherinnen unter den Zuschauern.[152]

Michael Georg Conrad zitierte den Philosophen und Kritiker Hippolyte Taine, dessen Milieutheorie zu den zentralen Bestandteilen der naturalistischen Lehre gehörte, als er die modernen Schriftsteller in seiner Eröffnungsrede mit jungen Löwen verglich: „Auf freiem Felde begegne ich lieber einem Schaf als einem Löwen; aber hinter einem Gitter sehe ich lieber einen Löwen, als ein Schaf. Die Kunst ist eine solche Art von Gitter, sie beseitigt den Schrecken und läßt nur das Interesse übrig.' ‚Also lassen wir einmal in Kunst, Litteratur und Theater die guten alten Schafe laufen und sehen wir uns die jungen Löwen an!"[153] Im weiteren Verlauf der Rede wurden von Michael Georg Conrad die allgemeineren Ziele des Gesellschaft zusammengefasst. Auch die Beiträge der übrigen Mitglieder sorgten noch nicht für Aufregung unter den Anwesenden: Schaumberger sprach über moderne Prosa und Bierbaum über die „Lyrik von heute." „Dann aber erfolgte das eigentliche Ereignis des Abends"[154], wie Adalbert von Hanstein berichtet: Hanns von Gumppenberg begann seinen Vortrag über die „Deutsche Lyrik von gestern"[155], in welchem er verschiedene angesehene Dichter wie Heinrich Heine und Theodor Storm parodierte, indem er ihren Stil gekonnt nachahmte und übertrieb. Der konservative *Bayerische Kurier* berichtete in seiner folgenden Ausgabe aufgebracht von dem Ereignis:

‚An der gewaltigen Mähne kenntlich trat sodann ein junger Löwe, Herr Hanns von Gumppenberg, auf, ohne dass es glücklicherweise zu einer Panik kam. Herr von Gumppenberg gefiel sich darin, ‚Deutsche Lyrik von gestern' zu parodieren und die Werke anerkannter Dichter ins Lächerliche zu ziehen. Das Auditorium kam schließlich zur Ansicht, daß der Redner besser thäte, mit seinem Witz seine in den weitesten Kreisen unbekannten Trauerspiele zu beleben, die zu parodieren sich allerdings niemand die Mühe geben wird. Als der junge Löwe den Sang der Alten schließlich einfältig und abgeschmackt nannte, da protestierten verschiedene geduldige ‚Schafe'

---

152 Vgl den Polizeibericht vom 30.1.1891. Bayerisches Staatsarchiv: Pol. Dir. 520.
153 Michael Georg Conrad: Eröffnungsrede des ersten öffentlichen Abends der Gesellschaft für modernes Leben in der *Isarlust* auf der Münchner Praterinsel am 29.1.1891. Zit. nach: Hanstein, S. 203.
154 Hanstein, S. 203.
155 Am 29. Januar 1891 im Rokokosaal der Gaststätte *Isarlust* auf der Praterinsel in München.

und Rufe, wie ‚Pfui', ‚Besser machen'! machten dem ‚Parodisten' entschiedenes Mißfallen kund.' – [156]

„Natürlich war das eine ganz irrtümliche Auffassung von Gumppenbergs Absicht. Der Parodist will ja nicht verhöhnen, sondern nur das Charakteristische humorvoll herausheben."[157] So verteidigt Adalbert von Hanstein den jungen Dichter gegen die rückwärtsgewandte Presse, die vielstimmig über den humoristischen Verrat am bildungsbürgerlich heiligen lyrischen Erbe herfiel. Die Mitglieder der *Gesellschaft für modernes Leben* sahen sich von ihren „Feinden"[158] auf bösartige Weise falsch verstanden, was ihren Vorsitzenden Michael Georg Conrad dazu veranlasste, die gehaltenen Reden im Wortlaut zu veröffentlichen, um weiteren Verleumdungen vorzugreifen. Für den sonst eher zurückhaltend auftretenden Michael Georg Conrad unüblich, lässt er in seinem Vorwort zu dieser schriftlichen Fassung der Rede Gumppenbergs offensivere Töne anklingen und stellt zugleich die im besten Falle als kontrovers zu bezeichnenden Reaktionen auf den Vortrag in verfälschender Weise als durchweg positiv dar: „Ein gebildetes Publikum ist immer zugleich auch ein parodiereifes und parodiefrohes Publikum. Daher auch der große Erfolg, den Hanns von Gumppenberg mit seinen Parodien „Deutsche Lyrik von Gestern" am ersten öffentlichen Vortragsabend unserer „Gesellschaft für modernes Leben" in der Isarlust erzielte."[159] Lyrikparodien waren eine besondere Stärke Gumppenbergs. Jahre später veröffentlichte er sein „Teutsches Dichterroß, in allen Gangarten vorgeritten"[160]. Dieses Buch wurde mit Abstand seine erfolgreichste Veröffentlichung und erfuhr zahlreiche Neuauflagen.

Ob der Umstand, dass Hanns von Gumppenberg von allen Mitstreitern den mit Abstand größten Aufruhr hervorrief, beabsichtigt war, lässt sich aus der Rückschau kaum noch ermitteln. Anzunehmen ist aber, dass er zwar durchaus polarisieren wollte, die blasphemische Sprengkraft seiner Parodien aber selbst unterschätzte. Hinter dem schützenden Deckmantel des Humors wähnte er sich wohl in Sicherheit und ahnte kaum, dass gerade sein parodistischer Angriff auf die zeitgenössischen Dichtergrößen ein Tabu berührte:

---

156 Bayerischer Kurier. 31.1.1891. Zit. nach: Hanstein, S. 203.
157 Hanstein, S. 204.
158 HvG: Lebenserinnerungen, S. 159.
159 Conrad, Michael Georg, *Vorwort,* in: Hanns von Gumppenberg, *Deutsche Lyrik von Gestern,* Vortrag, gehalten am ersten öffentlichen Abend der Gesellschaft für modernes Leben, München 1891 (= Münchener Flugschriften III, hg. v. Michael Georg Conrad), S. 3.
160 HvG: Das Teutsche Dichterroß, in allen Gangarten vorgeritten. München 1901.

Auch würde man in dem Gumppenberg'schen Vortrag die Parodieen auf Geibel, Storm, Beck, Redwitz, Roquette, August Becker, Wolff, Heine, Dahn und Jordan gewiß nur ‚amüsant' gefunden haben, wenn nicht gleichzeitig auch die litterarischen Lieblinge Münchens: Lingg, Heyse und Greif parodiert worden wären. Das aber rief die ungegründete Erbitterung des Publikums wach, die sich nun in einem heftigen Zeitungskriege vielfach auch über die ganze Gesellschaft für modernes Leben ergoß. Um den vielfachen Mißdeutungen und entstellenden Berichten über die Reden am ersten Vortragsabende vorzubeugen, beschloß daher der Vorstand der Gesellschaft, die wichtigsten Vorträge im Druck herauszugeben.[161]

Gumppenberg war wohl selbst am meisten überrascht, dass ausgerechnet er es war, der den Sturm der Entrüstung entfacht hatte: „The hostility shown Gumppenberg at the first public meeting grew in intensity over the ensuing months. This first victim among the Modern Life Society was, paradoxically, the person who least deserved that role, inasmuch as he was one of its more conservative members."[162] Trotz der Vorsichtsmaßnahme der Veröffentlichung und einiger Gegendarstellungen nahmen die Mitglieder der Gruppe die allgemeine Empörung nicht weiter ernst, ja man schien sich sogar über die öffentliche Wirkung des ersten Auftritts zu freuen – es waren ja schließlich die Konservativen, die man bloßstellen wollte. Es war Fasching, und „Gumppenberg lief, als altes Bettelweib verkleidet, durch die Straßen Münchens und verteilte das Karmen."[163]

Bald wurde die Situation jedoch ernster: Kurz vor dem Abend in der *Isarlust* war mit finanzieller Unterstützung des Vaters Gumppenbergs *Der Messias* erschienen, ein Drama, das Christus auf naturalistische Weise von seiner menschlichen Seite her zeigte, ihn zwar nicht verunglimpfte, dem Gottessohn aber seine Göttlichkeit absprach. Obwohl der Vater alle verfügbaren Exemplare aufgekauft hatte und diese sogleich einstampfen ließ, wollte Gumppenberg das Schauspiel am zweiten öffentlichen Abend der Gesellschaft am 27. Februar in seinem Vortrag über „die künstlerische Behandlung religiöser Stoffe"[164] gegen die Anschuldigungen katholischer Kreise verteidigen. Anstatt die Rechtfertigung Gumppenbergs gelten zu lassen, warf man ihm nun vor, er habe Christus in seinem Verteidigungsvortrag als „lächerlicher Popanz" und „widerliche Gestalt"[165] bezeichnet, was wohl keineswegs der Wahrheit entsprach. Diese

---

161 Hanstein, S. 204.
162 Jelavich, S. 34.
163 Hanstein, S. 205.
164 Vgl. Ebd.
165 Vgl. Münchener Fremdenblatt, Nr. 99, 2.3.1891.

neuerlichen Anschuldigungen sollten wohl eher die gesamte Bewegung der Münchener Naturalisten treffen, indem man ihnen religionsfeindliche Tendenzen unterstellte – was auf Gumppenberg besonders wenig zutraf. Trotzdem musste Hanns von Gumppenberg letztlich wegen Gotteslästerung vor Gericht erscheinen. Die Anklage wurde jedoch schon in der Vorverhandlung fallen gelassen, nachdem der Reporter des *Fremdenblatts* sich geweigert hatte, die aus Gumppenbergs Vortrag zitierten Passagen unter Eid zu wiederholen und der Angeklagte das Manuskript des Vortrags vorweisen konnte.[166]

Von diesem zwischenzeitlichen Erfolg ermutigt wagte sich Gumppenberg beim dritten öffentlichen Abend der Gesellschaft für modernes Leben am 20. März ein weiteres Mal nach vorne – diesmal allerdings etwas zu weit: Gumppenberg rezitierte unter anderem das aufrührerische sozialkritische Gedicht „An die deutsche Nation" des Dichters Karl Henckell, das den herrschenden Kaiser Wilhelm II. offen kritisierte.[167]

Obwohl der Vorstand der Gesellschaft für modernes Leben eine Erklärung veröffentlichte,[168] die Gumppenberg in Schutz nahm und die Absicht Gumppenbergs aufklärte, der mit den politischen Motiven Henckells keineswegs übereinstimmte,[169] wurde dieser am 28.8.1891 unter Ausschluss der Öffentlichkeit wegen „fahrlässiger Majestätsbeleidigung"[170] zu zwei Monaten Festungshaft in Passau verurteilt. Gumppenbergs Anwalt hatte vergeblich versucht, auf Unzurechnungsfähigkeit des Angeklagten zu plädieren. An die folgende Zeit als „Ehrenhäftling"[171] erinnert er sich später jedoch eher wie an ein originelles Abenteuer.[172]

Es überrascht kaum, dass Gumppenbergs Zeit als Mitglied der Gesellschaft für modernes Leben und als Mitherausgeber ihrer Zeitschrift *Die Gesellschaft* nach diesen Vorfällen nicht mehr lange währte. Seinen Vorstandssitz gab er bald ab und von den naturalistischen Mitstreitern fühlte er sich durch die Vorfälle und die lange Abwesenheit in Passau entfremdet. Aus seiner Naturalismus-Satire *Bakteriologisches*, die schon am 25. März 1891 in der ersten Ausgabe

---

166 Vgl. HvG: Lebenserinnerungen, S. 162 f. und Jelavich, S. 36.
167 Karl Henckell: „An die deutsche Nation." In: Gesammelte Werke. Band 2: Buch des Kampfes, München 1921, S. 116–121. („[…] Einst wähnt' ich treu, dein Kaiserthron / sei Sessel der Gerechtigkeit, / Nun seh ich wohl, der Traum ist Hohn, / und Kaiser herrschen, fremd der Zeit. […]") (S. 118).
168 Vgl. Münchener Stadtchronik vom 22.3.1891. [Ch 1891 I 600]
169 Vgl. HvG: Lebenserinnerungen, S. 174 f.
170 Ebd., S. 179.
171 Ebd., S. 191.
172 Ebd., S. 186 ff.

der die *Münchener Kunst* ablösenden gesellschaftseigenen Zeitschrift *Moderne Blätter* erschien, lassen sich zwei deutlich verschiedene Haltungen herauslesen: Einerseits kann man die Glosse, die einen neuen, idealistisch angehauchten Realismus als heilende Kraft sowohl gegen die idealistische, wie auch gegen die naturalistische Literatur propagiert, als Kampfansage gegen die Berliner Variante des Naturalismus deuten.[173] Andererseits wird hier deutlich, wie skeptisch Gumppenberg von Anfang an dem naturalistischen Ideal insgesamt gegenüberstand.

Zunächst wird die idealistische Literatur im Text als die eigentümliche Krankheit mit dem Namen *Idealismose* dargestellt, gegen die man vorerst kein Mittel weiß:

> Ein ebenso furchtbares als eigentümliches Leiden hatte die Menschheit Europas ergriffen. Ursprünglich aus Altgriechenland eingewandert, war die tückische Epidemie im Laufe der Jahrhunderte ganz allmählich groß und mächtig geworden: langsam schleichend, aber sicher untergrub sie das Wohlbefinden der einzelnen, oft gerade der scheinbar lebenskräftigsten Individuen. [...] Die Krankheit gipfelte in zwei äußersten Stadien: entweder einer unsagbar qualvollen, stumpfsinnigen, zu konvulsivischem Gähnen zwingenden und endlich tödlichen Langeweile, oder in einer welt- und menschenangeekelten und -anekelnden pessimistischen Ab- und Niedergeschlagenheit, sehr ähnlich den bekannten Mattigkeitserscheinungen der epidemischen Influenza. [...] Es war entsetzlich.[174]

Ein probates Mittel kann sodann nur von einem gewissen *Doktor Anastasius Naturalisticus* gefunden werden, der sich nur mit äußerst unschönen Mitteln zu helfen weiß, der jedoch von den Menschen gefeiert wird, weil kein besseres Mittel gegen das tatsächlich schlimme Übel der *Idealismose* zur Hand ist:

> Mitten in dieser Zeit der Not und Bedrängnis lebte in einem abgeschiedenen Dorfe ein trefflicher, junger Bauernarzt, Doktor Anastasius Naturalisticus. Er brauchte sich persönlich nichts um die Epidemie zu bekümmern: denn ihn selbst schützte vor der Ansteckung seine äußerst nüchterne und derbe Lebensweise, welche ihn neben der Praxis vorzugsweise mit Gartenarbeit, Düngerung, Dreschflegelschwingen und sonstigen ökonomischen Handgriffen beschäftigte. [...] Da er ohnehin ein begeisterter

---

173 Vgl. Jelavich, S. 34.
174 HvG: *Bakteriologisches*. Abgedruckt in: Walter Schmitz (Hg.): Die Münchner Moderne, S. 210–215. [Ursprünglich erschienen in: Moderne Blätter, Nr. 1. (Probeblatt), 25.3.1891, S. 1–3]

Bakteriologe war, vermutete er sofort eine Infektion durch Bazillen. Und nach wenig Monaten gelang es ihm in der Tat in einer neu erschienenen Gedichtsammlung ein noch lebendes, fettes, voll ausgewachsenes Exemplar des gesuchten Krankheitserregers aufzufinden, welches er sofort Bazillus idealismosus taufte. Unter dem Mikroskop stellte sich dieser Bazillus als ein kleinwinziges, schleimiges und total farbloses, dabei bewundernswert zierlich geformtes Staubschwämmchen dar, scheinbar fast körperlos, aber von unglaublicher, zäh anhaftender Klebrigkeit [...]
Der Bazillus war gefunden: aber wie schaffte man sich ihn vom Halse? Und Doktor Anastasius Naturalisticus studierte und probierte Tag und Nacht und goß Hunderterlei ineinander, bis er's wirklich heraus hatte. Und so verkündete er eines Morgens einem Reporter, daß es ihm gelungen sei, eine vermittelst Injektion dem Kranken beizubringende Lymphe zu bereiten, welche dem Bazillus idealismosus vollkommen das Handwerk lege. [...]
Die Lymphe bestand aus zehn Prozent Affenpiß, fünf Prozent Katzendreck, fünfzehn Prozent Straßenkot und zwanzig Prozent Schweinejauche: außerdem nicht weniger als fünfzig Prozent Transpirationsexsudat unmoralischer Kellnerinnen. Das Ganze zeichnete sich durch einen kräftigen Erdgeruch aus. [...]
Da blies der Cherub des Ruhms für den großen Doktor Anastasius Naturalisticus die Posaune durch alle Lande. Man nannte ihn die Sonne der neuen Zeit, das Genie der Jahrtausende. Und berauscht von den Posaunentönen richtete der Doktor ein von einem Wall von Mistkuchen umdämmtes Riesenlazarett ein für die armen Opfer der Idealismose. Er ging so weit, daß er *jeden* Menschen für idealismos krank erklärte. [...]¹⁷⁵

Dies ist der Zustand, in dem Gumppenberg sich wähnte, als er den Text als Mitglied der übereifrigen *Gesellschaft für modernes Leben* verfasste. Deren Ziele und vor allem die Opposition gegen die verstaubte Literatur von gestern waren bis dato ein probates Mittel gewesen. Nun zeichneten sich aber schon die Schattenseiten des Überschwangs ab:

– da aber zeigte sich bald etwas ganz Seltsames, was wohl geeignet war, den Verstand des Doktor Naturalisticus in plötzlichen Stillstand zu versetzen. Unter den gewaltsam ins Lazarett geschickten „Idealismosen" gab es nämlich Fälle der verschiedensten Art, welche teils viel leichter waren [...], teils viel komplizierter. Zum Entsetzen des Doktor Naturalisticus und seiner Anhänger erwies sich die Lymphe hier und dort nicht nur als nicht heilkräftig, sondern sie verschlimmerte sogar den Zustand in hohem Grade. Es ließ sich auch gewissermaßen erwarten: denn die krankerklärten

---

175 Ebd.

Zwangsspitaler hatten sich zuvor vollständig wohl und zufrieden befunden; und das war doch eigentlich die Hauptsache. Nach der Einspritzung des Mittels aber stellte sich geistig und körperlich bei ihnen das entsetzlichste Unbehagen, Angstgefühle, Beklemmungen, Übligkeiten und andere dergleichen ganz bedenkliche Beschwerden ein. Die Folge war, daß das Elend immer größer und die Gesundheitsverhältnisse immer trauriger wurden.[176]

Nach der anfänglichen Euphorie hatte Hanns von Gumppenberg, nicht zuletzt durch seine persönlichen Erlebnisse an der allzu einfachen Formel des Allheilmittels Naturalismus zu zweifeln begonnen und war scheinbar auf der Suche nach einer Zwischenlösung, einem Kompromiss, der altes mit neuem verband, wenn er ganz ohne Ironie einen gewissen *Ambrosius Realisticus* einführt, für den offensichtlich er selbst Pate stand:

– So stand die Sache, als eines Tags sich bei dem Doktor Naturalisticus ein blutjunger Kollege melden ließ, namens Ambrosius Realisticus. Der junge Mann vereinigte in seiner äußeren Erscheinung in merkwürdigster Weise die verschiedensten Gegensätze, er sah gewissermaßen in jedem Augenblick wieder wie ein anderer Mensch aus – bald wie ein schwärmerischer Träumer, bald wie ein Forscher, dessen kaltem und scharfem Blick nichts verborgen bleiben könne. [...] So ließ er ihn denn in das Lazarett, wo nun Doktor Ambrosius Realisticus die Patienten selbst beobachtete. Und nach Ablauf weniger Wochen veröffentlichte er in allen Blättern die folgende Erklärung: „Das große Lazarett ist zunächst geschlossen; die Kranken bis auf weiteres entlassen. Doktor Naturalisticus mußte ich, trotz seiner entschiedenen Verdienste, davonjagen. Seine Lymphe vermag nur solche Gewebe zu beseitigen, welche durch übermäßige Ansammlung des Bazillus idealismosus in Verkalkung oder Verknöcherung übergegangen sind: wo aber die betreffenden Körper- oder Geistesteile durch den Bazillus idealismosus nicht leiden, da ist derselbe auch in Ruhe zu lassen, ja sogar bei mangelhaftem Vorhandensein durch eventuelle Einimpfung zu züchten, zu welchem Zwecke ich auch nach den nötigen Vorstudien das Lazarett wieder eröffnen will. Nur derjenige ist gesund, welchem *nichts fehlt*: und zu all dem, was nicht fehlen soll, gehört eben auch der Bazillus idealismosus."
So stand in den Blättern: und jauchzend begrüßte Europa den neuen Heros. Den Doktor Naturalisticus aber fand man in einem seiner Lymphkübel ertränkt.[177]

---

176 Ebd.
177 Ebd.

Dass dieser äußerst kritische Text im Organ der Münchner Naturalisten erscheinen konnte, zeigt, wie offen die Bewegung sogar für selbstkritische Standpunkte war. Möglicherweise war auch den anderen Mitgliedern schon langsam bewusst geworden, dass es sich in ihrem gemeinsamen Aufbegehren eher um ein Durchgangsstadium auf dem Weg zu jeweils unterschiedlichen Zielen handelte, als um ein konkret zu verfolgendes Programm.

So kämpferisch die Naturalisten auftraten, so schnell wandten sich die meisten bald selbst zumindest teilweise gegen ihre lauthals proklamierten Ideale, sahen im Naturalismus nichts als bloßen „Wirklichkeitsabklatsch"[178] und zerstreuten sich in verschiedene Richtungen. Gumppenberg war vielleicht nie ein wirklich überzeugter Freund des Naturalismus gewesen. Doch schlug er sich nun umso leidenschaftlicher ins gegnerische Lager: „Der Anschluss an die „Modernen" war für meine eigenen Ziele unfruchtbar geblieben, er hatte nur meine Gegner vermehrt und meinen Daseinskampf damit noch schwieriger gestaltet. Durch Eigenschaften, die ich nicht als Schwächen einsehen konnte, war ich in Irrtümer verstrickt, die der grossen Mehrheit, auch den Gebildetsten und Empfänglichsten das Verständnis für mich und das Vertrauen zu mir heillos erschweren mussten […]."[179]

3.3 Bürger, Adeliger und Künstler

Der Konflikt, der sich um die Aktivitäten der Münchner Moderne entspann, lässt sich auch durch eine Verschiebung der Einflussbereiche im Sektor der Kunst beschreiben. Die Angriffsfront der modernen Künstler war mit der Zeit gewissermaßen erweitert worden: Waren es anfangs nur die epigonalen Dichterfürsten, die Repräsentanten einer rückwärtsgewandten herrschenden Klasse und ihres Geschmacks, war gegen Ende des 19. Jahrhunderts kaum mehr zu übersehen, wie sich inzwischen der „Kulturdualismus' im Nebeneinander des ‚alten München' und des Künstlervorortes Schwabing gleichsam räumlich entfaltet"[180] hatte.

Der sich bewusst der Bürgerwelt zurechnende Thomas Mann beschreibt die Distanz des Bürgers zur Künstlerszene in seiner Erzählung *Der kleine Herr Friedemann*: „Ich bin ein Mensch von Erziehung, ich trage saubere Wäsche und

---
178 HvG: Lebenserinnerungen, S. 280.
179 Ebd., 197 f.
180 Walter Schmitz: „Einleitung: München in der Moderne. Zur Literatur in der Kunststadt". In: Ders. (Hg.): Die Münchner Moderne, S. 18.

einen heilen Anzug, und finde schlechterdings keine Lust dabei, mit ungepflegten jungen Leuten an absinthklebrigen Tischen anarchistische Gespräche zu führen."[181] Die Schwabinger Bohème und die reiche Bürgerschicht Münchens waren jedoch nie so deutlich voneinander getrennt wie die räumliche Separation des Künstlervororts glauben machen könnte, war es doch das Bürgertum, das den nach vorne strebenden Künstlern überhaupt erst den Weg geebnet hatte.

Nachdem das Bürgertum im Verlauf des 19. Jahrhunderts der Aristokratie die gesellschaftliche und wirtschaftliche Vorherrschaft abgerungen hatte, gleichzeitig in politischen Fragen aber weitgehend passiv blieb, war die Domäne der Kunst ein Schauplatz, auf dem man neues Selbstbewusstsein entwickeln und demonstrieren konnte.

> Angesichts dieser [...] Distanz zwischen dem Bürger und der Politik wurden die politikfernen Bereiche, die Wissenschaft, die Technik, die Lebensformen und eben auch die Künste, Zentralbereiche der Wirklichkeitsauseinandersetzung, der Weltbewältigung, der Selbstverwirklichung, der Lebenserfüllung, der gesellschaftlichen Veränderung. Das waren die Räume, in denen Veränderung möglich war, Neues, Modernität. Gerade hier fand der Modernitätsbedarf der Menschen und der Gesellschaft einen Ort. Kunst ist um 1900 ein Ort, ein Ausdruck und ein Vehikel der Modernität.[182]

Die Bourgeoisie, selbst in ihrer Struktur gespalten durch Föderalismus und Pluralismus, wandte sich ab von ihrer eigenen Vorliebe, der ihr eigentlich so entsprechenden traditionalistischen Kunstauffassung: „Ein Bürgertum hat da Ende des 19. Jahrhunderts die Macht übernommen und zerbricht daran, dass Ökonomie, Karriere, Erfolgsdenken sein emotionales Zusammenleben belastet."[183]

Es wäre um ein Vielfaches zu einfach, wollte man den Münchner Bürgern der Jahrhundertwendezeit unterstellen, sie hätten durch ihr Interesse an der Schwabinger Bohème lediglich ihr eigenes durch entfremdete Arbeitsbedingungen und Wohlstand fad gewordenes Leben aufwerten wollen. Das Verhältnis der Antipoden Bourgeoisie und Avantgarde ist weitaus komplizierter und

---

181 Thomas Mann: „Der kleine Herr Friedemann.". In: Frühe Erzählungen. Gesammelte Werke in Einzelbänden. Frankfurter Ausgabe. Hrsg. v. Peter de Mendelssohn. Frankfurt a. M. 1980 ff., S. 123.
182 Thomas Nipperdey: Wie das Bürgertum die Moderne fand. Berlin 1988, S. 74 f.
183 Thomas Ostermaier. In: Süddeutsche Zeitung, 22.1.13, S.13. (Zu Ibsen)

ambivalenter: Die anfängliche Neigung der Bürger zum historisch Bedeutsamen in der Kunst lief bald selbst Gefahr, belanglos zu werden. Bei diesem Entwicklungsschritt auf dem Weg zur Emanzipation gaben ironischerweise die Naturalisten den rückwärtsgewandten Bürgern einen entscheidenden Anstoß, sodass diese sich der Gefahr der Stagnation selbst immer deutlicher bewusst wurden und sich den erneuernden Kräften bald interessierter zuwandten.

Der vielschichtige Zusammenhang von ökonomischem Aufstieg in Verbindung mit politischer Bedeutungslosigkeit brachte das Bürgertum auf dem Gipfel seines Erfolgs schließlich dazu, die kulturelle Modernisierung selbst voranzutreiben.

Das Klassische ist vergangene Originalität, und wenn alle Originalität gleichrangig ist, wird die Originalität der Gegenwart schwerer. Es entsteht das Gefühl, Epigone zu sein, die Künste scheinen zu altern, ihre Themen, Mittel, und Formen sich zu verbrauchen, Fortsetzen der Tradition gerät unter Trivialitätsverdacht. Das ist die Problemlage. Sie verschärft sich noch, weil die emphatisch begriffene Kunst auch zu jeglicher Konvention in Gegensatz tritt. Die Norm der autonom gewordenen Kunst ist die Originalität.[184]

Nachdem aber die Bürger, die nicht mehr den repräsentativen Geschmack ihres Standes zu teilen hatten, sich jeweils anderen der neu entstehenden kreativen Strömungen zugewandt hatten, entstand eine neue Situation, die den gerade gewonnenen Einfluss wieder zu schmälern drohte: Die pluralistisch aufgesplitterten Kunstinteressierten wurden zu Konsumenten eines Markts, der immer stärker seinen eigenen Gesetzen gehorchte – und damit wiederum manche Kunstproduzenten sowohl in existenzielle Schwierigkeiten brachte, andererseits aber auch unverhofft gestalterische Autonomie mit sich brachte.

Ohne Änderungen am ursprünglichen Feindbild des bürgerlichen Lebens im Gesamten vornehmen zu müssen, konnten die immer mehr vom Wettbewerb abhängigen Künstler zumindest für eine gewisse Zeit ihre gesellschaftlichen Gegenentwürfe entwickeln und sich gleichzeitig der Faszination und Unterstützung des Bürgertums erfreuen.

Christopher Balme betont zwei Faktoren, die gerade in Schwabing einen Theatralisierungsprozess des öffentlichen Lebens begünstigten, der wiederum selbst die Konfliktspannung der divergierenden Lebensentwürfe darstellt: Vor der baulichen Kulisse mit Kennzeichen eines „imitierten Kunstcharakters" konnte die Ablehnung des als „spießig empfundenen Hangs zur Verinnerli-

---

[184] Nipperdey, S. 39.

chung und Verherrlichung familiärer Intimität"[185] wirksam inszeniert werden: „Wenn das Eigentliche, das Authentische des bürgerlichen Lebens in der Privatsphäre lokalisiert war, dann liegt es nahe, daß sich Formen des öffentlichen Lebens zu dieser antithetisch verhalten müssen und daß das Theater bzw. in einem erweiterten Sinne die Theatralität als Feindbild, als Gegenentwurf zur bürgerlichen Ideologie behauptet werden könnte."[186] Die Atmosphäre der übermäßigen Zurschaustellung des Antibürgerlichen, das sich in fast karnevaleskem Farbenreichtum entfaltete, begünstigte und begrüßte die extremsten Posen, die sowohl von der Künstlerkonkurrenz, als auch vom neugierigen Bürgertum als neu und mutig wahrgenommen wurden.

Neben der prekären wirtschaftlichen Situation auf dem neu entstandenen Kunstmarkt führte die ästhetische Pluralisierung, die nach dem Siegeszug des Naturalismus deutlich zunahm, zu einem nie dagewesenen Originalitätszwang. Für die traditionellen Maßstäben und Idealen entbundenen Künstler der Jahrhundertwende brachte die neue Freiheit deshalb auch eine neue, oft als problematisch empfundene Aufgabe mit sich: Wo als einziges Gebot die antibürgerliche Haltung gefordert war, verschwammen bisher gewohnte Qualitätsmaßstäbe, die auch teilweise unter den Naturalisten noch gegolten hatten, in der gleichgültigen Forderung nach immer neuen Attraktionen.

Trotzdem bleibt gerade nach der Überwindung des Naturalismus ein Paradox bestehen: Die Vereinnahmung der Avantgarde durch das Bürgertum steht bei aller beiderseitigen Offenheit der Grundaussage der modernen Pose entgegen. Die Radikalität, die ja gerade aus dem schon unter den Naturalisten maßgebenden Protest, der demonstrativen Ablehnung jeglicher Versöhnung entstanden war, steht nicht im Widerspruch zur symbiotischen Nähe der Gegenbilder. So abhängig das profilarme Bürgertum vom belebenden Gegensatz der modernen Künstler war, so bestimmend waren die Bürger wiederum auf der Gegenseite – sowohl als Gegenmodell, als auch als Konsument oder Förderer.

Bei Hanns von Gumppenberg ergibt sich eine deutlich komplexere Zugehörigkeitsproblematik, wandelt sich doch bei ihm der schematisch so einfache wie überkonturierte Kontrast zu einem dreipoligen Spannungsgefüge: Als Abkömmling eines alten Adelsgeschlechts hatte er sich nie mit seinen Standesgenossen anfreunden können, hatte sich nicht wirklich zugehörig gefühlt, ja hatte aus Abneigung gegen alles aristokratische Gehabe, dem er begegnet war, die schrankenlose Welt der Künstler zu schätzen gelernt. Auch seine Schilde-

---

185 Christopher B. Balme: „Modernität und Theatralität: Zur Theaterkultur in München um 1900." In: Merlio/Pelletier, S. 99–115, hier: S. 102.
186 Ebd., S. 101.

rung des Ehrendiensts der Pagen am Königshof lässt bei aller Zuneigung zu Ludwig II.[187] zumindest aus der Rückschau eine deutlich kritische Haltung erkennen:

> Aber der Schein trügt. Was hier in bezeichnender Verknüpfung von majestätischer Tradition, äußerem Prunk und religiöser Weihe als Gottesgnadentum auch im weltlichen Bereich absolute Geltung beansprucht und in der Perspektive des Kindes, aus der heraus hier erzählt wird, wohl auch noch hat, ist aus der Distanz des Erwachsenen längst Zielscheibe der Kritik.[188]

Obwohl der Vater, der selbst schon den Lebensstil eines Adligen nicht mehr halten konnte, den jungen Gumppenberg bewusst unbeeinflusst erziehen wollte, wirkte sich die Entfremdung der Eltern von der feudalen Verwandtschaft und die Hinwendung zur bürgerlichen Kultur schon auf die Selbsteinschätzung des Kindes aus.

> [...] infolge verschiedener Zukunftserwägungen wollte er, der immer Gerechte und Pflichtbewusste, mir eine Erziehung geben, die eine vollkommen freie Wahl des Lebensweges ermöglichen, und mir auch die Vorteile meiner adeligen Geburt sichern sollte. Nach den Einflüssen, die daheim auf mich wirkten, wäre mir ein Anschluss an meine feudalen Standesgenossen fast unerreichbar gewesen, auch wenn ich ihn später gewünscht und angestrebt hätte.[189]

Hildegard Châtellier erkennt trotz dieser frühen Einflüsse eine Tendenz der Abwendung vom adeligen Familienerbe und deutet mit dieser Emanzipation Gumppenbergs auch einen möglicherweise tief sitzenden Identitätskonflikt an:

> Die *Lebenserinnerungen* Hanns von Gumppenbergs zeugen zwar ihrerseits von charakteristischen Überschneidungen adliger und bürgerlicher Lebensstile und Belange. Aber viel deutlicher wird in seinem Bericht nicht nur das Bestreben nach Abgrenzung auf beiden Seiten, sondern auch die langsame Durchsetzung bürgerlicher Interessen *gegen* den Adel. Dieser erweist sich als eifersüchtig exklusiv, wenn er etwa für

---

187 Vgl. HvG: Lebenserinnerungen, S. 122. („Der traurige, in einer Kette abenteuerlich-gewaltsamer Ereignisse sich vollziehende Abschluss des Lebens Ludwig II. im Juni 1886, ergriff auch mich aufs Tiefste [...]")
188 Hildegard Châtellier: „Vorabend und Morgendämmerung des 20. Jahrhunderts'. Kulturelle und gesellschaftliche Modernisierung im Spiegel von Münchner Autobiographien". In: Merlio/Pelletier, S. 73–92, hier: S: 75; vgl. auch HvG: Lebenserinnerungen, S. 73–76.
189 HvG: Lebenserinnerungen, S. 50.

die Aufnahme in die Münchner „Pagerie" die sogenannte „doppelte Ahnenprobe" verlangt sowie ein für den Mittelstand unerschwingliches Schulgeld.[190]

Frei von allem tradierten Standesbewusstsein war freilich auch Hanns von Gumppenberg nicht. Seine Distanzierung vom familiären Dünkel führte zu einer lebenslangen Identitätssuche zwischen den drei Sphären des Bürgertums, der freien Künstlerwelt und des Adels. Immer wenn Gumppenberg sich aus finanziellen, ästhetischen oder weltanschaulichen Gründen nicht zugehörig fühlte, brachte er seine Sonderstellung zur Geltung. Dies fiel ihm, der immer das Außergewöhnliche suchte und sich nur ungern einer Gruppe zugehörig fühlte, keineswegs schwer. So fühlte sich Gumppenberg trotz seiner Abneigung gegen die Auswüchse der Aristokratie einer älteren, ideellen Form der Verantwortung verpflichtet. In den Lebenserinnerungen zitiert er aus der Schrift seines entfernten Verwandten Ludwig Albert von Gumppenberg: „Im grundbesitzenden Adel wie im Bauernstande ruht hauptsächlich die erhaltende, hemmende, dämmende Kraft für die Gesellschaft wie für den Staat; ihre Aufgabe ist, in der rastlos vorwärts treibenden Zeit der überstürzenden Bewegung auf dem Grunde des Bestehenden die rechte Bahn zu weisen. Dies ist der soziale Beruf der Aristokratie oder des eigentlichen Adels."[191] Auch wenn das ideelle Fundament gerade nach dem Macht- und Einflussverlust der Aristokratie sowieso an Bedeutung gewann und bis heute Bestand hat,[192] schuf sich Gumppenberg seine eigene Definition der Standesverpflichtung. Damit griff er auch auf eine durch Nietzsche geprägte Tradition zurück, der 1887 in seiner Schrift *Genealogie der Moral* ein vor allem in der frühen Moderne einflussreiches Vornehmheitsideal entwickelte, und darin den Begriff vom *Pathos der Distanz* prägte.[193] In Nietzsches Essay wird ein elitäres Bild des normativen Anspruchs der Überlegenen gezeichnet, die gerade durch ihre Dominanz eine Vornehmheit gewinnen, die ihnen das Privileg und die Pflicht verleiht, Werte zu definieren.

Es war eine solche, von aller Abstammung unabhängige Noblesse, die Gumppenberg vorschwebte, die aber indirekt dennoch von seinen adeligen Wurzeln herzurühren scheint. Im Kreis der Gesellschaft für modernes Leben wurde diese von angeborenem Standesdünkel befreite Idee begierig aufgenom-

---

190 Châtellier: „Vorabend und Morgendämmerung des 20. Jahrhunderts'. Kulturelle und gesellschaftliche Modernisierung im Spiegel von Münchner Autobiographien", S. 78.
191 HvG: Lebenserinnerungen, S. 10.
192 Vgl. Deutsches Adelsblatt. Mitteilungsblatt der Vereinigung der Deutschen Adelsverbände. Jg. 37. Kirchbrak 1998.
193 Vgl. Friedrich Nietzsche: Zur Genealogie der Moral. In: Ders.: Kritische Studienausgabe. Bd. 5. München 2005, S. 259.

men und Gumppenberg konnte sich somit zur geistigen Elite rechnen, ohne auf seine eigene Abstammung verweisen zu müssen: „Moreover, Gumppenberg, who spoke openly of his social and cultural superiority over the average man, was attracted to the Munich naturalists' search for an ‚aristocracy of the spirit.'"¹⁹⁴ Hinter der Fassade der naturalistischen Annäherung an das Proletariat verbarg sich eine neue Form des elitären Denkens, mit dem Unterschied, dass diese sich nicht mehr auf althergebrachte Werte berief, sondern die Zerschlagung derselben zur Voraussetzung machte für eine Neudefinition auf der Basis von geistiger Überlegenheit. Der Gedanke der Legitimation einer neuen Elite durch eine *Aristokratie des Geistes* wurde auch nach dem Zerfall der naturalistischen Bewegung beibehalten und in die sich pluralistisch zergliedernde Moderne übernommen. Grundlegend war der Gedanke, dass die Führer auch jeder neu entstandenen Klasse, wie in diesem Fall der künstlerischen Avantgarde, mehr gemeinsam hatten, als mit den Angehörigen der jeweiligen Herkunftsklasse.¹⁹⁵ Der amerikanische Historiker Trygve Has-Ellison betont dennoch den bedeutenden Einfluss den gerade Adelige auf die Entwicklung moderner Ideen in München hatten:

Consistent with the attitudes of the cultural nobility in general, and with the theories of Nietzsche specifically, artistic liberty was not to be interpreted as political radicalism. Instead of a socialist revolution, they desired a Nietzschian [sic] revolution, in art, morals, and the institutions of life – a cultural revolution that offered emancipation from bourgeois life and values. If anything, artistic freedom meant promoting elitist sensibilities or aesthetic excellence that would separate the artist, musician or writer from the masses and their imperfect understanding of the function of art.¹⁹⁶

Nietzsches Idee einer neuen Elite war Gumppenberg in vielerlei Hinsicht nützlich: Durch die Behauptung einer Aristokratie des Geistes konnte er sich sowohl voller Stolz von seinen rückständigen Adelsgenossen distanzieren, als auch sich von der einfältigen Masse des Volkes wie des Bürgertums abheben. So konnte er einen Narzissmus kultivieren, der gleichsam durch ihn selbst gerechtfertigt war und der gleichzeitig der Kunstproduktion und -profilierung

---

194 Jelavich, S. 35. [bezieht sich wahrscheinlich auf: Erdmann Gottreich Christaller: „Natürliche und vernünftige Zuchtwahl in der Menschheit." In: Die Gesellschaft, Jg. 1, 1885, Nr. 5, S. 81. (Zusammenfassung zu: Ders.: Die Aristokratie des Geistes als Lösung der sozialen Frage. Leipzig 1885)]
195 Vgl.: J. Trygve Has-Ellison: Nobles, Modernism, and the Culture of *fin-de-siècle* Munich. In: German History Vol. 26, No. 1. Oxford 01.01.2008, S. 1–23, hier: S. 18.
196 Ebd., S. 18 f.

entgegen kam: „Hans Baron von Gumppenberg [sic!] exemplified the spiritual revolution that infected many nobles during the *Jahrhundertwende*. Despite his descent into the Schwabing Bohemia, Gumppenberg never forgot his origins or his educational training as a royal page; he always insisted on a position of leadership among his fellow artists, and referred to his writings as Nietzschian [sic] ‚*Überdramen*'."[197]

Der Nietzsche-Bezug in der Bezeichnung *Überdramen*, die sich eher von Ernst von Wolzogens *Überbrettl* herleiten lässt als von Nietzsches *Übermensch*, muss aber gerade im Fall Gumppenbergs mit Vorsicht interpretiert werden: Die so selbstbewusst demonstrierte kulturelle Überlegenheit ist oft genug ironisch gebrochen und markiert auf der Basis eines vielleicht übertriebenen Verantwortungsbewusstseins eher eine reflektierte Suche nach neuen Wegen.

> Gumppenberg combined mysticism with sarcasm, an absolute devotion to truth as he interpreted it with a keen sense of irony and humour. ‚I will remain myself, with the nuisance of a strong personality. Although I may take part in the battle for a new poetry, for a new vision and a new world, I will not subsume myself to the point that my individuality is lost.' Gumppenberg internalized Nietzsche's notion of the spiritual aristocrat as a rebellious individualist above the mores of the common herd, but this vision was combined with the natural distance inculcated into birth nobles from childhood. Gumppenberg's frustration with his limited artistic success reinforced his disdain for others, while his Bohemian relationships prevented him from reintegrating into the court society of his birth.[198]

Ob der Grund für die Annäherung Gumppenbergs an Nietzsches Gedankengut wie Has-Ellison vermutet[199] allerdings die Möglichkeit war, den Dualismus von Adel und Avantgarde zu überwinden und die Gegensätze miteinander zu versöhnen, ist fraglich, war die Kunstwelt für ihn doch ein persönlicher Rückzugsort, der ihm ein alternatives Lebensmodell ermöglichte, und der indirekt gerade von der Aufrechterhaltung des Gegensatzes zur Adelswelt lebte. Zudem ging es ihm eher um persönliche Alleinstellungsmerkmale und um allgemeine Menschheitsfragen. Nie fühlte er sich aber einer größeren elitären Gruppe zugehörig.

---

197 Ebd., S. 19.
198 Ebd.
199 Ebd.

Auffällig ist in diesem Zusammenhang schließlich auch Gumppenbergs Drang zu Neuem, der auf manchmal widersprüchliche Weise durch die Rückbesinnung auf alte Formen gebrochen wurde. Die in Gumppenbergs Fall zeitweise an Selbstüberschätzung und sogar Größenwahn grenzende, subjektiv gefühlte Nähe zu Geistesgrößen vergangener Zeiten ist in ihrer moderaten Form jedoch nicht untypisch für moderne Schriftsteller, die sich an der Schwelle zu einer neuen Epoche wähnten und lieber auf zeitlos Klassisches zurückgriffen, als auf die ästhetischen Maßstäbe der unmittelbaren Vorgänger. Hier kam Gumppenbergs Abstammung und klassische Bildung auf andere, diesmal äußerst fruchtbare Weise zum Tragen.

> Classicism by itself however, was not enough. [...] In embracing Nietzsche, nobles fused personal autonomy with a particular type of perception that was not based on the purely rational or empirical. One's nobility could be confirmed through artistic action, the modernist deed, and the complete negation of normality. This is critical, because it demonstrates that these nobles had integrated psychologically with the avant-garde aristocrat who descended from the cultivated middle class. The cultural noble embraced a new aesthetic because of the radical reshaping that it promised, yet continued to need the intellectual security of classical *Bildung* (accepted by noble and bourgeois alike) in order to assure him- or herself that the step in the direction of the avant-garde was an act of leadership.[200]

In diesem Sinne denkt Gumppenberg durchaus elitär. Seine klassische Bildung war für ihn ein Vorsprung gegenüber jenen Modernen, die aus sich selbst heraus kreativ waren. Ebenso ist sein Hang zur klassischen Literatur wie zu historischen Themen als Versuch zu verstehen, den Bildungsvorsprung als Mittel zur Erneuerung einzusetzen. Gumppenbergs Vorliebe für klassische Stoffe mag zunächst unmodern erscheinen, ist aber nicht als rückwärtsgewandt misszuverstehen. Im Gegenteil – sie war für ihn eine Möglichkeit, neue Ideen gegenüber der als minderwertig empfundenen Literatur der vergangenen Jahrzehnte abzugrenzen und durchzusetzen.

---

200 Ebd., S. 21.

3.4 „Brutstätten der Münchener Kultur": Schwabinger Bohème, Künstler, Cafés, Kreise

Im Kapitel *Brutstätten der Münchner Kultur* seiner *Unpolitischen Erinnerungen*[201] beschreibt Erich Mühsam das weitgespannte kulturelle Beziehungsgeflecht Münchens zur Zeit der Jahrhundertwende:

> München brauchte zur Pflege kultureller Geselligkeit vielerlei Gärten. Das Klüngel- und Cliquenwesen war reich entfaltet, doch fanden allgemein keine so schroffen und unübersteigbaren Abgrenzungen statt wie etwa in Wien. Alle Zentren des geistigen Lebens strahlten in benachbarte und verwandte Zirkel aus, waren durch mancherlei Fäden mit ihnen verknüpft, unterhielten zueinander zahlreiche persönliche Verbindungen und Interessenverwebungen und bildeten so ein Netz, das – als Muster föderativer Gesellschaftsstruktur verwendbar – die Selbständigkeit von Wirkungsart und Daseinszweck jedes Zusammenschlusses wahrend, dennoch die Gemeinsamkeit der Lebensbeziehungen aller derer, die das Vorkriegs-München […] zum Capua der Geister machten, zu schöner Geltung brachte.[202]

München war wie geschaffen für die Herausbildung einer Bohème, einer intellektuell aufgeladenen Gegenkultur in und gleichzeitig am Rande der Stadt. Hier lag das spießige Gegenmodell nahe genug, um sich nachdrücklich davon abgrenzen zu können, und doch auch entfernt genug, um utopische Entwürfe auch in ihrer extremsten Form probieren, um ungestört den Blick in die Zukunft von Kunst und Gesellschaft werfen zu können.

Aber trotz der revolutionären Pose, die viele Künstler zeigten und die vor allem auch von der Bürgerwelt so wahrgenommen wurde, diente die traditionelle Seite Münchens nicht ausschließlich als Kontrastfläche für moderne Tendenzen. Wenn dies auch nicht so sehr nach außen gekehrt wurde, diente sie auch als Nährboden für das Neue. Wer heute auf das Schwabing der Jahrhundertwendezeit blickt, gewinnt leicht den Eindruck, es habe sich um eine einzig von Künstlern bewohnte Enklave gehandelt. Wenn diese zwar den Ton angaben, so war die Bevölkerungsstruktur doch überraschend heterogen: Hier wohnten meist friedlich an der Seite der Bohémiens Handwerker und Kleinbürger, aber auch wohlhabendere Bürger lebten in den repräsentativen Stadthäusern Schwabings.

---

201 Erich Mühsam: Ausgewählte Werke, Bd. 2: Publizistik. Unpolitische Erinnerungen. Berlin 1978.
202 Ebd., S. 608.

Thomas Mann geht in seinen *Betrachtungen eines Unpolitischen* auf die enge Verbindung zwischen den scheinbaren Gegensätzen ein und beschreibt die fruchtbare Liaison, die hier mehr als an anderen Orten das Lebensgefühl aller Kreativen prägte:

> Das Wichtigste aber ist, daß wirklich Künstlertum hier auf alte, echte Weise aus dem Bürgertum erwächst und mit ihm verwachsen bleibt, daß das alteingesessene Münchener Bürger- und Handwerkertum künstlerisch durchsetzt ist: der geistig-kulturelle und selbst der gesellschaftliche Abstand zwischen dem Handwerker (artista) von unpersönlicher, nicht bildungsmäßiger Kultur und dem akademischen Künstler ist sehr geringfügig.[203]

Schwabings Grenzen waren durchlässig, bewusst offengehalten für Ausflüge in beide Richtungen. Vor allem im Fasching, für den München weit über die Grenzen Bayerns hinaus berühmt war, wurden die Künstlerfeste in Massen von interessierten Bürgern aufgesucht, die sich durch betont zur Schau gestellte Offenheit, zumindest aus ihrer Sicht, schnell assimilieren konnten. Aber auch die Gegenrichtung blieb durchlässig. Wenn Künstler, die wie Gumppenberg zu einem großen Teil selbst aus der gebildeten Bürger- oder Adelswelt stammten, des wilden Treibens in Schwabing überdrüssig wurden, so konnten sie ohne sich verstellen zu müssen in andere Gefilde der Stadt wechseln und waren in den feinen Salons der Wohlhabenden gern gesehene Gäste.

> Was zusammengehörte und zueinanderstrebte, fand sich in den Caféhäusern, Weinstuben und Bierkellern an den Tischen, welche zu verschiedenen Tageszeiten die verschiedenen Sammelpunkte der verschiedenen Freundes- und Kollegenkreise abgaben. Aber der Stammgast des Cafés Stefanie war kein lästiger Fremdling, wenn er einmal im Café Luitpold bei den Ästheten, im Café Noris bei den Schwabinger Honoratioren, oder im Café Orlando di Lasso bei den kritikverschlingenden Hofschauspielern auftauchte. Wer sonst abends die letzten Krach-Sensationen innerhalb der zahlreichen Künstlerbünde bei der Kathi Kobus oder in der Torggelstube mit den unmittelbar Beteiligten zu erleben […] liebte, wurde gleichwohl willkommen geheißen […].[204]

Wenn der Kunsthistoriker Rainer Metzger behauptet, dass sich gerade in München das Nebeneinander der Gegenwelten zu Lasten des Miteinanders

---

203 Thomas Mann: Betrachtungen eines Unpolitischen. Frankfurt a. M. 1974, S. 141 f.
204 Mühsam: „Namen und Menschen". In: Unpolitische Erinnerungen. S. 166.

durchsetzte, hat er nur zum Teil recht: „Anders als in Wien oder in Berlin, wo die orthodoxe Moderne eine gewisse Popularität entfaltete, die über den Skandal hinausging, wurde in München eine schleichende Trennung der Sphären bemerkbar. Das offizielle München der Kunststadt-Idee und das inoffizielle der ästhetischen Visionäre hatten sich zusehends weniger zu sagen."[205] Eher als von einer „schleichenden Trennung der Sphären" kann man hier im Gegensatz zu Berlin und Wien von einer verdeckten Durchdringung der Sphären sprechen. Denn während wie gesagt die Grenzen bewusst offenblieben, wurde der antithetische Charakter des Nebeneinanders ebenso bewusst genährt und betont. Anfang des 20. Jahrhunderts entstand zudem ein regelrechter Schwabing-Tourismus, der durch die Künstlerwelt schon allein deshalb gewünscht war, weil so bald eine dringende Einnahmequelle erschlossen war, was im weiteren Verlauf eine entscheidende Ursache für die Kommerzialisierung, für die völlige Nivellierung des Gegensatzes und mit dieser Vereinnahmung auch für den Niedergang des berühmten Künstlervorortes war.

Dass der lange als eher provinziell geltende und erst am 20. November 1890 eingemeindete Stadtteil Schwabing zur Zeit der Jahrhundertwende eine kaum vergleichbare Blütezeit erlebte, liegt unter anderem auch daran, dass es im München dieser Zeit nur wenige Orte gab, an denen öffentliches Leben möglich war. Dies ist, was Christopher Balme meint, wenn er dem Theatralitätsbegriff Richard Sennetts folgend, von einem Theatralisierungsprozess des öffentlichen Lebens und der „Ablehnung einer als einschränkend empfundenen bürgerlich-intimen Raumerfahrung"[206] spricht. Gerade für die vom intellektuellen Austausch abhängenden Künstler spielten öffentliche Treffpunkte wie Cafés und Kneipen eine zentrale Rolle in zweierlei Hinsicht: Sie boten die Möglichkeit des Kontakts, der produktiven Überschneidung mit jeweils anderen Lebensmodellen, und gleichzeitig wurden sie als Bühne genutzt für die Inszenierung der eigenen Individualität.

Auffällig ist zunächst, wie spärlich gesät die für Künstler und Schriftsteller attraktiven Lokale in München noch im ausgehenden 19. Jahrhundert waren. Im Vergleich zu Berlin und vor allem Wien existierte hier keine bestehende und geeignete gastronomische Infrastruktur, der sich die Bohème einfach zu ermächtigen brauchte. Als öffentlicher Treffpunkt waren zunächst drei Cafés im Hofgarten attraktiv, die jedoch nur in den Sommermonaten geöffnet waren.[207] Stammtische für Literaten wurden auch bald in den noch zentraler gele-

---
205 Metzger, S. 204.
206 Balme, S. 101.
207 Vgl. Fischer, S. 41.

genen Bierhallen eröffnet. Aufsehenerregender war es da schon, als zu Silvester 1898 die erste Bar der Stadt aufmachte, die im Keller des Hotels *Vier Jahreszeiten* in der Maximilianstraße gelegen war, und schon allein wegen der örtlichen Nähe viele Theaterleute anzog. Hanns von Gumppenberg beschreibt, den Stil Stefan Georges karikierend, die Atmosphäre in dem für die damalige Zeit noch exotisch anmutenden Lokal:

american bar

ein ruhgelaß schrägab dem rädertreiben
da müden seelen in gedämpfter stille
sich mählich wieder ebnet sinn und wille
im schimmerglas der zarten kräuselscheiben

umschmiegt von feingebräunter holzbeschalung
bleichhell getönt verwölben sich die wände
und friedlich labt den blick verstreute spende
der dämmerkunst in altersdunkler malung

der fliese mattes rot wer könnt es singen
die schneegedecke die willkommen sagen
der schlummerlehnen schmeichelndes behagen
der silbernen geräte leises klingen?

vielleicht doch lieber wink ich mit den augen
dem kellner in der milden weißen bluse
zum wohle meiner nervenschwachen muse
blaßkühlen saft durch hohles stroh zu saugen[208]

Erst allmählich entwickelte sich Schwabing zu einem Viertel, wo man ausgehen konnte. Zwar hatte sich hier vor allem durch die Nähe der Universität und der Kunstakademie schon früh ein zunächst noch abseits gelegenes Zentrum für Künstler und Intellektuelle herausgebildet. Zum Ruf eines Ortes, an dem der öffentliche Austausch gelebt und zelebriert wurde, verhalfen der Vorstadt jedoch erst die Lokale, die sich um 1900 immer dichter hier ansiedelten.

War München als Kunststadt schon lange berühmt und bei Touristen beliebt, so bescherte erst dieses immer lebendiger anmutende Schwabing der his-

---

208 HvG: Das Teutsche Dichterroß. (1906), S. 75.

torischen Stadt auch eine moderne Seite, die das Bild, das München insgesamt ausstrahlte, deutlich bereicherte: „Schwabing war das Dorf, das eine Kapitale braucht als Biotop für die kulturellen Pflänzchen."[209]

„Schwabing, habe ich früher schon einmal behauptet, ist, wie Montmartre, weniger ein geographischer als ein kultureller Begriff"[210], schreibt Erich Mühsam und meint damit einen Umstand, der teilweise bis heute gilt, seinen Ursprung aber in der Zeit hatte, als die Gegend zum *Quartier Latin* Münchens wurde, wie man damals stolz behauptete. Wichtiger als die örtlichen Grenzen des Bezirks wurde bald das Lebensgefühl, das Schwabing ausstrahlte, der Mythos, der von seinen Bewohnern begründet wurde. „Das sind die Gestalten," so Erich Mühsam, „die den Stadtteil Schwabing zum Kulturbegriff Schwabing machten – Maler, Bildhauer, Dichter, Modelle, Nichtstuer, Philosophen, Religionsstifter, Umstürzler, Erneuerer, Sexualethiker, Psychoanalytiker, Musiker, Architekten, Kunstgewerblerinnen, entlaufene höhere Töchter, ewige Studenten, Fleißige und Faule, Lebensgierige und Lebensmüde, Wildgelockte und adrett Gescheitelte –, die bei der denkbar größten Verschiedenheit voneinander […] vereint waren in einer unsichtbaren Loge des Widerstandes gegen die Autorität der herkömmlichen Sitten und des Willens, ihr individuelles Gehaben nicht unter die Norm zu beugen."[211] Somit endete der „kulturelle Begriff" Schwabing nicht etwa am Siegestor, wo seine geographische Grenze verläuft, sondern breitete sich mit der Zeit bis über den Rand der Innenstadt aus. Schließlich oblag es der jeweiligen Betrachtung, dem subjektiven Zugehörigkeitsgefühl der Menschen, ob sie sich in Schwabing wähnten, wenn sie in den Cafés und Kneipen Münchens gesellig beisammen saßen.

> Dies mag das eigentliche Charakteristikum des Begriffs Schwabing sein, die Unbekümmertheit um das Urteil anderer Leute. Jeder Mensch ist ein Eigener; aber wer es zeigt, heißt anderswo ein Sonderling. Schwabing war eine Massensiedlung von Sonderlingen, und darin liegt seine pädagogische Bedeutung. Schwabings auffällige Minderheit bewirkte bei der unauffälligen Mehrheit, daß sie nicht mehr auffiel. Ja, ganz München gewöhnte sich an das Ungewöhnliche, lernte Toleranz und gönnte der Seltsamkeit ihr Lebensrecht.[212]

---

209 Metzger, S. 214.
210 Mühsam: Unpolitische Erinnerungen. S. 88.
211 Mühsam: Unpolitische Erinnerungen, S. 561 f.
212 Ebd., S. 562 f.

Als einer der frühesten Treffpunkte galt die *Dichtelei*, einer Gaststätte in der Türkenstraße, wo sich bevorzugt die Mitglieder der Gesellschaft für modernes Leben trafen. Der Kreis um Stefan George, der zum Teil aus den *Kosmikern* Ludwig Klages, Alfred Schuler und Karl Wolfskehl bestand, wählte für einen längeren Zeitraum das schon etwas länger existierende palastartige *Café Luitpold* als Stammlokal, das an der Brienner Straße gelegen nicht mehr zum geographischen Schwabing gezählt werden kann, aber neben George und seinen Jüngern auch von vielen anderen Schwabingern gern besucht wurde, wie etwa von Frank Wedekind oder später Erich Mühsam. Der berühmteste Sammelpunkt für Künstler und Bohémiens jeder Schattierung war jedoch das *Café Stefanie*[213] an der Kreuzung der Amalien- und der Theresienstraße. Dieses von Kathi Kobus geführte, erste im Wiener Kaffeehausstil gehaltene Lokal Münchens wurde, obwohl oder gerade weil es etwas heruntergekommen war, von vielen als zweites Zuhause gewählt. Hier verkehrten neben den Elf Scharfrichtern die Schriftsteller Gustav Meyrink, Max Halbe, Peter Altenberg, Roda Roda, Eduard Graf Keyserling und viele andere. Durch seine Gäste gewann es schnell an Berühmtheit und vor den Fenstern des scherzhaft als *Café Größenwahn* bezeichneten Nebenraums beobachteten Passanten etwa Erich Mühsam beim Schachspiel. Dass sich die berühmten Besucher im *Café Stefanie* so lange heimisch fühlen konnten, ist ein weiteres Indiz für ihre Vorliebe, ihren Alltag möglichst öffentlichkeitswirksam in Szene zu setzen.

Wer unbeobachtet bleiben wollte, musste in andere Gegenden der Stadt ausweichen. So wählte auch Hanns von Gumppenberg des Öfteren Lokale außerhalb Schwabings – um nicht erkannt zu werden und in Ruhe schreiben zu können.

Welche Rolle Gumppenberg im öffentlichen Leben Schwabings einnahm, welche Lokale er wie oft besuchte, zu welchen Kreisen er wie intensiven Kontakt pflegte, ist heute nicht lückenlos rekonstruierbar. Hier geben wieder die Lebenserinnerungen Aufschluss, in denen das Schwabinger Milieu allerdings nur peripher zur Sprache kommt. Dort erwähnt Gumppenberg etwa, dass er „noch gegen zwei Uhr in einer Teestube nächst dem Marienplatze sass und schrieb."[214] Auch die Treffpunkte der *Modernen* des Conrad-Kreises werden erwähnt. So wechselte man von der Gaststätte *Parsival* an der Herrenstraße[215]

---

213 Jens Malte Fischer bezeichnet das *Café Stefanie* als das „einzige das mit Fug als Bohème-Café bezeichnet werden konnte". [Fischer: Jahrhundertdämmerung, S. 42.]
214 HvG: Lebenserinnerungen, 308.
215 Ebd., S. 154 f.

zum Restaurant *Stadt London* am Frauenplatz.²¹⁶ Auch Ausflüge zum *Giesinger Weinbauern* wurden unternommen: „Und wenn er [Conrad] in der behaglichen Wirtsstube bei der anschaulichen und dramatisch lebhaften Wiedergabe seiner Abenteuer dem Temperament die Zügel schiessen liess, wurden auch alle spiessbürgerlichen Sonntagsgäste des Lokals zu andächtig schweigsamen Zuhörern."²¹⁷ Aber auch Gumppenberg wusste sich in Szene zu setzen: „Nachmittags aber trafen wir Jüngeren und auch Panizza uns regelmässig an einem Fenstertisch des „Arabischen Cafés" an der Müllerstrasse. Bei den letzteren Zusammenkünften pflegte ich lyrisch zu improvisieren, und zwar in modern impressionistischer Art, der ich da freilich mehr nur im Sinne scherzhafter Spielerei fröhnte. [sic]"²¹⁸

Des Weiteren erwähnt Gumppenberg, eine „Bierstube am Maximiliansplatz", wo Max Halbe einmal „unseren engen Zirkel aufsuchte"²¹⁹ und eine „Gaststube im Thal,"²²⁰ wo er die *Verdammten* schrieb.

Es wäre jedoch falsch, aus der geringen Zahl der Erwähnungen von Gaststätten und Cafés zu schließen, dass er es vorzog, öffentlichen Lokalen fernzubleiben, erwähnt Gumppenberg an anderer Stelle doch, dass er „[...] wie bekanntlich auch Wedekind – in geräuschvollen Gaststuben mitten unter fremden Leuten am besten [sich] sammeln und am leichtesten die profane Wirklichkeit vergessen konnte."²²¹

Und überhaupt scheint Gumppenberg im Wirtshaus häufig die Gesellschaft mit Frank Wedekind geteilt zu haben: „In der Strasser'schen Weinstube nächst dem Viktualienmarkt, wo wir uns manchen Abend mitten unter den Profanen am Tiroler Roten labten, griff er des öftern zur „Klampfe" und sang in halb schnarrendem, halb larmoyant näselnden Ton seine Parodie auf die Heilsarmee."²²²

Weiteren Aufschluss über das gesellige Leben Gumppenbergs geben die Zeugnisse der Zeitgenossen und Freunde. So berichtet etwa Erich Mühsam äußerst aufschlussreich über die Torggelstube, ein Lokal, dem Gumppenberg in den Lebenserinnerungen eine eigene Kapitelüberschrift widmet:

---

216 Ebd., S. 154.
217 Ebd., S. 156.
218 Ebd., S. 154.
219 Ebd., S. 136.
220 Ebd., S. 278.
221 Ebd., S. 299.
222 Ebd., S. 136.

Es handelt sich nicht um das Weinlokal neben dem Hofbräuhaus; es handelt sich nur um einen Tisch dieses Lokals. Er stand in der hintern Ecke des kleineren Raumes, wo Tischdecken und eine gewisse Gepflegtheit der getäfelten Wände eine von der Münchener Bräuhaus-G'müatlichkeit unterschiedliche behagliche Wärme schufen. Nebenan, in dem großen, hallenartigen und hofbräuähnlichen Hauptlokal waren schwere eichene Tische und Stühle, mächtige gußeiserne Lüster, weißblaue Embleme und langsame Münchener Bürger. [...] Auf dem Gesims über unserm Tisch [...] gemahnte die mit prächtigen Gloriabändern gezierte Klampfe am Kopfende immerhin an die künstlerische Bestimmung des Stammtisches. Unter dem Instrument war der Platz von Frank Wedekind, und außer ihm hat in den Jahren, die den Torggelstubentisch zu einem geistigen Mittelpunkt Münchens machten, selten jemand die Gitarre vom Nagel geholt, und auch Wedekind selbst nur, wenn er einmal besonders gut aufgelegt war. [...] Wer den Tisch zum Stammplatz zuerst geeignet gefunden hatte, kann ich nicht genau sagen. Wahrscheinlich war es Hanns von Gumppenberg, der in seiner seltsamen Gemütsmischung von pastoraler Feierlichkeit, kaltschnäuziger Ironie und verstiegenem Okkultismus gern allein war und sich dann doch freute, wenn man ihn grübelnd antraf und ihm Gelegenheit gab, an die Grübelei ein Gespräch anzuknüpfen. Die Behauptung, Gumppenberg sei ein langweiliger Pedant gewesen, habe ich nie bestätigt gefunden. Im Gegenteil: Seine umständlich gestreckte Redeweise, die ihm den Ruf eingetragen hat, war nur die etwas lodenmäßige Umkleidung höchst interessanter, oft verblüffender Gedanken und witziger Kritik. [...] Ich denke mir also, daß Hanns von Gumppenberg vielleicht das mitten in der inneren Stadt gelegene Weinlokal als Refugium vor dem Schwabinger Künstlertum ausfindig gemacht haben könnte, um unbeeinflußt von Klüngelinteressen seinen Schoppen Tiroler zu trinken, und daß es ihm dann ganz recht gewesen sein mag, als ihn dieser oder jener seiner Freunde einmal zufällig entdeckte und sich allmählich ein neuer Kreis bildete, dem der eigentliche Begründer seine Individualität unterordnete. Ich selbst kam erst ziemlich spät in die Gesellschaft an den Torggelstubentisch, und zwar durch Wedekind, der mich einmal nach einer Premiere vor dem Theater ins Gespräch zog und es fortsetzte, bis wir bei den Honoratioren am Platzl gelandet waren. Ich hatte bis dahin diesen Kreis gemieden, weil ich eben eine Honoratioren-Ansammlung in ihm vermutet hatte, fühlte mich aber sehr bald dort heimisch und wohler als in irgendeinem andern Zirkel der Münchener Boheme. Das geistige Niveau der Torggelstuben-Gesellschaft überragte hoch das der bloßen Vergnügungsstätten oder des Cafés Stefanie, wo man seine Zeitungen las, manche seiner Berufsarbeiten schrieb und im allgemeinen Obdach und Wärmehalle für seine anhanglose Lebensführung suchte.[223]

---

223 Mühsam: Unpolitische Erinnerungen., S. 601 ff.

Mit der Vermutung, Hanns von Gumppenberg habe die Torggelstube entdeckt und für die Schwabinger Bohème erschlossen, täuscht sich Mühsam allerdings. Gumppenberg schildert nämlich, wie er auf das Lokal in der Innenstadt aufmerksam wurde: „Als ich nach meiner Abdankung[224] das neue Generalquartier der Münchener Literatur zum ersten Mal aufsuchte und an einem Seitentischchen mein Viertel Roten trank, kam er [Wedekind] zu mir herüber und frug in unbefangenem Kameradschaftston von ehedem, ob ich denn nicht mit an seinen Tisch kommen wolle: so kam ich denn an den Wedekind-Tisch, wo sich seine Anhänger nach dem ersten wortlosen Staunen bald an meine Gegenwart gewöhnten."[225]

Welche Bedeutung der Literaten-Stammtisch in der Torggelstube für ihn hatte, wird auch erwähnt: „Ich bin bei diesen Torggelstuben-Erlebnissen nur um ihrer psychologischen Klarlegung willen verweilt; in meinem damaligen Leben bedeuteten sie nichts Hauptsächliches oder irgendwie Weiterführendes."[226] Es bleibt allerdings fraglich, ob Gumppenberg, der in seinen Lebenserinnerungen aus der Perspektive des Alters um einen seriösen, würdevollen Ton bemüht ist, hier nicht den Stellenwert, den das gesellschaftliche Leben des „kulturellen Begriffs" Schwabing für ihn hatte, bewusst heruntergespielt. Er, den das Urteil seiner Zeitgenossen so sehr kränken konnte, der so bedacht war auf die Rolle, die er in der Öffentlichkeit spielte, betont demonstrativ seine Eigenständigkeit. Es ist nachvollziehbar, dass Unabhängigkeit gerade in einem Milieu, in dem Originalität alles bedeutete, zum Problem werden konnte – sowohl in der Selbstwahrnehmung, als auch in der Wirkung nach außen.

Insofern ist Hanns von Gumppenberg, auch wenn er das niemals zugegeben hätte, ein typischer Schwabinger. Damit bestätigt er das Paradox, das auf viele Einwohner *Wahnmochings*, wie Franziska zu Reventlow das Viertel nannte,[227] zutrifft: Er war ein Sonderling, aber gerade das war die wesentliche Gemeinsamkeit der Bohémiens im nonkonformistischen Zeitgeist. Er war nicht ganz zugehörig, lässt sich nur schwer einordnen, war aber doch mittendrin. In ihrer Gesamtheit prägten gerade Einzelgänger wie Gumppenberg – Individualisten, die sich aus der Entfernung betrachtet dann doch wieder auffällig ähneln – das berühmte Klima, das für Schwabing während der Jahrhundertwende so charakteristisch war.

---

224 Gemeint ist die Abdankung Gumppenbergs als Schauspielreferent der *Münchener Neuesten Nachrichten* im Jahre 1909.
225 HvG: Lebenserinnerungen, S. 367.
226 Ebd., S. 369.
227 Franziska Gräfin zu Reventlow: Herrn Dames Aufzeichnungen oder Begebenheiten aus einem merkwürdigen Stadtteil. Sämtliche Werke 2. München 2008, S. 22.

Das komplexe Wechselverhältnis von Individualismus und Zeitgeistabhängigkeit das die Person Gumppenbergs in ganz besonderer Weise repräsentiert, ist aber auch ein Kennzeichen der frühen Moderne, die sich gleich von Beginn an in äußerst verschiedene Richtungen aufsplitterte. In Schwabing, wo ästhetische und zivilisatorische Moderne einem eher asynchronen Verlauf folgten, war gerade die Überschneidung der Kreise, die Inkongruenz der Einflusssphären eine produktive Quelle der Erneuerung. Hier saßen antimoderne Mystiker und vorwärtsdenkende Avantgardisten an benachbarten Kaffeehaustischen – und hatten sich durchaus einiges zu sagen. Hier trafen etwa die sich durch ihre Ablehnung der Moderne überlegen fühlenden George-Jünger auf eindeutig progressive Revolutionäre, die alles Vergangene ablehnten: „Anders will er [d. i. der moderne Mensch] alles machen, als es bisher war, das ist der unbewusste Zug in ihm, unter dessen Bann er steht. Er repräsentiert das eine der zwei welterhaltenden Prinzipien: die Bewegungstendenz gegenüber der Beharrungstendenz."[228]

Dass Hanns von Gumppenberg die beiden gegensätzlichen Züge in sich vereint, macht ihn gegenüber den oft allzu eindeutig profilierten Zeitgenossen besonders interessant.

In Sinne Peter Bürgers, der die Avantgarde gerade durch die Fähigkeit der Kunst „zur Selbstkritik [...] in der bürgerlichen Gesellschaft"[229] definierte, den avantgardistischen Künstler gerade durch das reflexive Heraustreten aus dem historischen Zusammenhang für modern erklärte, trifft Baudelaires frühe, den Maler Constantin Guys meinende Beschreibung des Modernen erstaunlich exakt auch auf Gumppenberg zu:

> So geht er, läuft und sucht. Was sucht er? Ganz gewiß: dieser Mann, wie ich ihn dargestellt habe, dieser Einsiedler, der mit einer tätigen Imagination begabt ist, der immer durch *die große Menschenwüste* reist, hat ein höheres Ziel als ein reiner Müßiggänger, ein anderes, umfassenderes Ziel als das flüchtige Pläsier des Augenblicks. Er sucht jenes Etwas, das ich mit Verlaub als die *Modernität* bezeichnen will; denn es bietet sich kein besseres Wort, um die in Rede stehende Idee auszudrücken. Es handelt sich für ihn darum, von der Mode das loszulösen, was sie im Geschichtlichen an Poetischem, im Flüchtigen an Ewigem enthalten mag.[230]

---

228 Max Burkhard: „Modern". In: Wunberg, S. 132. [zuerst veröffentlicht 1899 in der Wiener Wochenschrift für Politik, Volkswirtschaft, Wissenschaft und Kunst *Die Zeit]*
229 Peter Bürger: Theorie der Avantgarde. Frankfurt a. M. 1982, S. 26.
230 Charles Baudelaire: „Der Maler des modernen Lebens". (verfasst 1863) In: Ders.: Der Künstler und das moderne Leben. Essays, ‚Salons', intime Tagebücher. Hg. v. Henry Schumann. Leipzig 1990, S. 300.

In seinem schon 1885 verfassten Essay *Gedanken über das moderne Drama* versuchte sich auch Hanns von Gumppenberg an einer Klärung derjenigen Haltung, die für ihn die moderne Zeit ausmachte: „Was ist aber dieser innerste Geist der neuesten Zeit: Der Skepticismus, werden manche antworten; doch scheint mir diese Antwort zu einseitig nur die negative Schattenseite des modernen Geisteslebens aufzufassen. Sagen wir allgemeiner: die Reflexion. […] Dies Motiv in seinen tausendsten Variationen, seiner unendlichen Vielseitigkeit ist das eigentlich Moderne unserer Zeit."[231]

So betrachtet stellt sich die gebrochene Modernität Gumppenbergs sogar als viel radikaler und unbedingter dar als diejenige vieler Zeitgenossen. Wenn Gumppenberg in vielen seiner Schriften als reaktionär erscheint, ja gar fortschrittsfeindlich wirkt, wenn er unter seinen Freunden und von den Theatern seiner Zeit gerade wegen dieser ihm manchmal zugeschriebenen Eigenschaft an den Rand gedrängt wurde, dann liegt das an dem ihm eigenen Skeptizismus.

Im Spannungsfeld zwischen Altem und Neuem fungierte Gumppenberg als Vermittler: Er sah zwar ein, dass die Zeit für eine umfassende Revolutionierung der Kunst gekommen war, wollte aber auch dem Ungeist der Moderne das Feld nicht ohne weiteres überlassen. So begegnete er den Bestrebungen der Moderne zugleich mit Neugierde und Skepsis. Es ging ihm nicht darum, das Moderne von vornherein abzulehnen. Dem Schauspiel, das sich in Schwabing vor seinen Augen abspielte, stand er vor allem deshalb misstrauisch gegenüber, weil er das Neue nicht unhinterfragt, nicht ungeprüft als positiven Fortschritt akzeptieren wollte. In seinem kompromisslosen Vorwärtsdrang lehnte er die Geschichte schon deshalb nicht ab, weil er den Fortschritt in ihr spiegeln wollte. In dieser Positivismuskritik erkennt man bei genauerem Hinsehen einen deutlich moderneren Kern als bei vielen unreflektierten Erneuerern.

Wenn Gumppenberg zu seiner Zeit dennoch nur selten als Wegbereiter und Vorkämpfer der Moderne erkannt wurde, dann lag das an seiner manchmal überkritischen Haltung. Die Maßstäbe die er in seinem Urteil auch für sein eigenes Schaffen anlegte, waren meist zu streng gewählt und ließen weniger reflektierte Experimente nur unter bestimmten Voraussetzungen zu, wie etwa dem Kabarett oder der Parodie. So verfiel er vor allem in seinen ernsthaften Schriften manchmal in einen Formalismus, der seinen überstrengen Qualitätskriterien geschuldet war und ihn daran hinderte, frei von Selbstkritik mit modernen Formen zu spielen. Auch unter diesem Aspekt lässt sich Baudelaires Warnung vor einer Missachtung des Gegenwärtigen leicht auf Gumppenberg beziehen:

---

231 HvG: Gedanken über das moderne Drama.

Die Modernität ist das Vorübergehende, das Entschwindende, das Zufällige, ist die Hälfte der Kunst, deren andere Hälfte das Ewige und Unabänderliche ist. [...] Dieses sich wandelnde, flüchtige Element, dessen Metamorphosen so häufig sind, hat niemand das Recht, zu verachten oder unbeachtet zu lassen. Wer es unterdrückt, fällt notgedrungen in das Vakuum einer Schönheit, die abstrakt und undefinierbar wäre wie die des einzigen Weibes vor dem Sündenfall. Und wer das Zeitkostüm, das sich doch unbedingt aufdrängt, durch ein anderes ersetzt, begeht eine Widersinnigkeit, die nur im Falle einer von der Mode gewollten Maskerade zu entschuldigen ist.[232]

Wäre Gumppenberg, der in seinem Schaffen so viel Humor bewiesen hat, der Entwicklung der modernen Literatur mit etwas weniger Ernst begegnet, so wäre er – wenn man das Leichte, das Spielerische als wesentlichen subversiven Faktor der Moderne ansieht – wahrscheinlich offener gewesen für die zunächst nur im Verborgenen sichtbar werdenden Qualitäten des Neuen.

---

232 Charles Baudelaire: „Der Maler des modernen Lebens", S. 301

4. Okkultismus und Spiritismus

> Spiritist? Famos! Warum nicht? Wenn man für das Zeug angelegt ist, das heißt, die nöthige Empfindungsphantastik besitzt – Du verstehst mich, für das bleumourant, die Gespensterstimmung – na ja! Da kannst Du vielleicht die allerintimsten Schattirungen herausholen ... daß [sic!] heißt, Nervengemälde – eine Art grusliches Pendant zum sexuellen Lebensparoxysmus! Und da steckst Du dann auch gleich mitten drin im fin de siècle – vielleicht noch tiefer als wir selber! Bravo, mein Junge – das ist gar kein übler Anfang![233]

Mit welchem Ernst, mit welcher Kompromisslosigkeit Hanns von Gumppenberg seine eigene Rolle in der wechselhaften Umbruchsstimmung der Jahrhundertwendezeit wahrnahm, zeigt sich nicht nur in seiner übergroßen wie ernsthaften dichterischen Selbstwahrnehmung, sondern vor allem auch in seiner philosophischen und religiösen Entschlossenheit. Er war kein Mann, der die sich zu jener Zeit in ganz neuer Art und Dringlichkeit stellenden großen Fragen nach der Zukunft, nach der neuen Rolle des Menschen und vor allem nach neuen Möglichkeiten der Transzendenz unbeantwortet lassen konnte.

Aus heutiger Sicht erscheinen die esoterischen Irrwege, die auf dem Weg zur Moderne in großen Teilen der Gesellschaft beschritten wurden, oft als kurios und seltsam. Angesichts der historischen Größe, die die Kunst kurz darauf erreichte, werden deshalb immer noch etliche gedankliche Experimente des ausgehenden 19. Jahrhunderts als naive Versuche, als Zeichen einer grassierenden Orientierungslosigkeit marginalisiert. Wenn das damalige Nebeneinander der seriösen Wissenschaft, der visionären Kraft der Kunst wie der weltanschaulichen Unsicherheit heute als sonderbares, peinliches Kuriosum bestaunt wird, vergisst man leicht, dass „mystische, okkultistische, esoterische und spiritistische Diskurse an diesem kulturellen Kompost einen nicht unerheblichen Anteil hatten [...] und zumindest als Enzyme bei der Aufbereitung des fruchtbaren Bodens der Moderne nicht wegzudenken sind."[234] Beim Blick auf diese kritische Zeit, die so viel Bedeutsames wie Erschreckendes hervorbrachte, darf nicht allzu streng unterschieden werden zwischen den tatsächlich wegweisen-

---

233 HvG: Der fünfte Prophet. Psychologischer Roman. Berlin 1895, S. 112 f.
234 Moritz Baßler; Hildegard Châtellier: *Einleitung*. In: Dies. (Hgg.): Mystique, mysticisme et modernité en Allemagne autour de 1900, S. 23–26, hier: S. 23.

den Ideen und den seltsamen Allianzen, die im diskursiven Durcheinander entstanden. Die innovative Kraft, die angesichts des materialistisch desillusionierten Weltbilds im 19. Jahrhundert entstand, zeugt von einem unbedingten Willen zur Reinigung, zur weltanschaulichen Neusortierung auf dem Weg zur Moderne. So ist die gedankliche Unvoreingenommenheit des Fin de Siècle als neu gewonnene Freiheit ebenso verantwortlich für radikal neue Wege in Kunst und Kultur, wie auch für die merkwürdigen Blüten, die sie auf der Suche nach übersinnlichen Erklärungen trieb.

Dass die Moderne zumindest in ihrer Anfangszeit eine erstaunliche Nähe zum scheinbar Unseriösen, zum Okkulten wie zur Mystik zuließ, ist heute durch zahlreiche Ausstellungen und Publikationen gewiss keine neue Erkenntnis mehr. Gerade weil aber die exakten Verknüpfungen meist immer noch im Dunkeln liegen, ist es ebenso naheliegend, die Mystizismen der Jahrhundertwende als allzu zentralen Grund und Bedingung allen modernen Strebens zu überschätzen. Eine Generalisierung der gerade nicht auf einfacher Kontinuität und Kausalität aufbauenden modernen Öffnung zum Übernatürlichen würde der produktiven Richtungslosigkeit dieser Zeit ebenso widersprechen, wie die Marginalisierung solcher Phänomene. Es waren ja gerade die irrationale Vielfalt der Richtungen, die oft willkürlich anmutende Neusortierung, die relativ bezugslose Mischung von Traditionen und modernem Denken, die viele der ertragreichen neuen Wege, wie auch die Seitenwege erst zuließen. Im Aufbrechen des starr und eng gewordenen Weltbilds wurden ganz bewusst Traditionslinien gebrochen oder wiederaufgenommen und mit Zukunftsvisionen vermengt, um in dieser kulturellen Laborsituation Wege in die Zukunft zu entdecken, die kurz vorher noch unmöglich schienen. In diesem Sinne ist auch Hanns von Gumppenberg als einer unter vielen Suchenden zu betrachten, der nicht wusste, in welche Richtung die neue Zeit führen würde, sich aber dennoch berufen fühlte, aktiv mitzuwirken und vorurteilslos zahlreiche Versuche unternahm, eine verloren gegangene Einheit und Größe wiederzugewinnen. Gerade als Randerscheinung in einem Milieu von bedeutenden Schriftstellern, Künstlern und Philosophen – Vordenkern die mehr Anhänger fanden als er, und sich gerade deshalb nicht so einfach von ihrem ganz eigenen Weg abbringen ließen –, erlaubt sein Beispiel einen Blick auf die Fülle der Möglichkeiten, die für die Gestaltung der Zukunft offen zu stehen schienen. Für ihn versprach die Suche nach übernatürlichen Erklärungen schon bald eine Möglichkeit zu bieten, der orientierungslosen oder noch im Materialismus befangenen Gesellschaft neue Wege der Spiritualität zu erschließen.

4.1 Phantasie, Fiktion und Realität – Prophetische Versuche und künstlerische Verarbeitung des Okkulten: *Das dritte Testament* und *Der fünfte Prophet*

Hanns von Gumppenbergs einziger Roman, *Der fünfte Prophet*, ist als *psychologischer Roman* untertitelt und trägt erkennbar autobiographische Züge.[235]

In der Vorbemerkung bemüht er sich, die Wirklichkeitsnähe des Textes zu relativieren:

> [...] der Held ist keine Photographie, und soll nichts weniger bedeuten, als das nacheifernswerthe Ideal eines modernen Deutschen: freilich aber auch etwas mehr als ein warnendes Exempel. Denn er ist das folgerichtige Produkt aus den modernen Kulturverhältnissen und dem innersten deutschen Nationalcharakter, mit welchem wir unser bestes Theil verleugnen würden.[236]

Schon auf der ersten Seite wird die Hauptfigur des Romans, Heinrich Steinbach, eingeführt, in der man deutlich die Züge des Autors erkennen kann. Aber auch parodistische Züge sind in der Beschreibung erkennbar, was beweist, mit wie viel Distanz und Humor der Autor schon in jungen Jahren mitunter auf sich selbst blicken konnte:

> Eine hochgewachsene jugendliche Männergestalt kämpfte sich gegen den Wind quer über die Straße. Das ehrliche, von einem starken blonden Vollbart umrahmte Gesicht war blaß und zeigte eine merkwürdige Mischung von sinnender Weichheit und grübelnder Denkschärfe: frühgealtert in Schwermuth und Verbitterung, schien es einem reiferen Manne mindestens Ende der Dreißiger anzugehören, während Einzelheiten dem Kenner doch deutlich den jungen Mann von sechsundzwanzig Jahren verriethen. Unter dem tief in die mächtige Stirn gedrückten verwetterten Künstlerschlapphut quollen natürliche Locken in Ueberfülle hervor, ungepflegt und wohl schon seit einem halben Jahre unbeschnitten bis auf die verknüllte Pelerine des schwarzen Havelocks herniederhängend. Bei alledem hatte Gang und Haltung des jungen Mannes, die Art, wie er den Knotenstock abwechselnd schwang und auf's Pflaster niederstieß, etwas selbstgefällig Pathetisches, wie man es bei in sich abgeschlossenen, im innersten Gemüth alleinstehenden Naturen ohne eigentliche Eitelkeit anzutreffen pflegt.[237]

---

235 HvG: *Der fünfte Prophet*.
236 Ebd. S. VI.
237 Ebd. S. 7 f.

Bis auf die letzte Einschätzung – Hanns von Gumppenberg war sicher kein uneitler Mensch – nimmt der Autor gleich zu Beginn seines *psychologischen Romans* eine neutrale Außenperspektive ein. Der sehr auf Anerkennung bedachte Gumppenberg versucht hier scheinbar, seine zwiespältige Aufnahme durch die Zeitgenossen als voreilig und ungerecht zu relativieren. So wird die anfängliche Fehleinschätzung der Figur Heinrich Steinbach als durch seine äußere Erscheinung motiviert entlarvt und auf den folgenden Seiten aufgehoben: Der bewusst rein oberflächlich charakterisierte Protagonist steuert das Treffen eines idealistischen Dichtervereins an.

Auf dem Weg ins Dichterheim trifft Heinrich Steinbach zufällig auf den Freund Franz Kuttner, einen adretten Schauspieler mit dem er sogleich ein hitziges Gespräch beginnt:

– Herrschender Geschmack! Die Stümper, ja, die brauchen ihn. Wer aber selbst etwas kann, der macht ihn eben selber, den herrschenden Geschmack!
– Gewiß, Heinz! Aber nicht gleich, heutzutage. Früher vielleicht. Heutzutage aber muß einer zäh' sein und aushalten, bis er durch ist durch die träge Masse, bis die Leute wissen, wen sie vor sich haben. Wenn Du in zehn Jahren durch bist, kannst du von Glück sagen – das wäre noch eine Ausnahme. Darauf aber kannst Du Gift nehmen, daß Du in zehn Jahren noch nicht weiter bist wie jetzt, wenn Du so eigensinnig bleibst und immer nur Dich selbst geben willst –
– Mich selbst? Eiferte der junge Dichter. Gebe ich denn mich selbst? Geh' ich nicht immer auf's Allgemeingültige? Vermeid' ich nicht ängstlich alle kleinlich persönlichen Anschauungen? Bin ich nicht immer darauf ausgegangen, die große Welt zu schildern, ihre unerbittlichen, ewigen Gesetze –
– Das ist's eben, lachte Franz Kuttner der Schauspieler. Gegen Deine unerbittlichen, ewigen Gesetze werden die Philister in alle Ewigkeit unerbittlich sein. Die wollen sie gar nicht sehen, beileibe nicht! Sie wollen weiter nichts, als ein recht kleines, aber nettes, und, notabene! Ein bischen [sic!] verblümt-frivoles Stückchen Oberfläche. Wenn Du Dich doch endlich einmal entschließen könntest, vorläufig so etwas minder ‚Großes' und ‚Ewiges' zu schreiben, etwas für die Leute, für den Augenblick, das Dich bekannt und beliebt macht, und das sie Dir aufführen – nur vorläufig, meine ich! Wiederholte er nachdrücklich, da der Freund die Stirne runzelte. Wenn du dann einmal bekannt und beliebt bist: dann kannst Du sie ja ganz allmählig hinüberführen –
– Das ist für eine Krämerseele! Unterbrach ihn Steinbach in hellem Ingrimm: Selbst wenn ich das wollte, könnt' ich's nicht. Ich tauge zu keiner Maskerade! Wo ich nicht aufrichtig sein kann, da hab' ich auch keine Kraft – nicht die geringste!
– Nun, dann wirst Du vorläufig wohl auf die Bühne verzichten müssen.

> Steinbach sah eine Weile stumm vor sich hin: er arbeitete augenscheinlich daran, ruhig zu werden. – Es ist gar nicht so schlimm, sagte er endlich gemessen. Ich und Alle, die in ähnlicher Lage sind, brauchen weiter nichts, als eine neue Weltanschauung.[238]

Die Figur Heinrich Steinbach hat, wie sie hier eingeführt wird, tatsächlich viel mit dem Autor gemeinsam. Die Kompromisslosigkeit, die Unbeirrbarkeit im Umgang mit der öffentlichen Meinung, die Selbstüberschätzung des Autors als einer, der als Einziger den richtigen Weg kennt, ja der das Gefühl hat, die Menschheit, oder zumindest die Kunstwelt bekehren und eines Besseren belehren zu müssen. Schon seit seiner Jugend war Hanns von Gumppenberg überzeugt, die Kunst retten zu müssen.

Die charakterliche Disposition Steinbachs wird hier aber nicht zuletzt deshalb in so deutlicher Übereinstimmung mit dem jungen Gumppenberg gezeichnet, um so die folgenden Ereignisse und Entscheidungen Gumppenbergs wie Steinbachs als logisch notwendig und zwingend erscheinen zu lassen. Wenn man die Geschichte mit Gumppenbergs Lebenserinnerungen vergleicht, merkt man, dass der Verlauf der Geschehnisse annähernd identisch ist.

Der Romantitel *Der fünfte Prophet* erinnert nicht zufällig an Gumppenbergs religiöse Schrift *Das dritte Testament*, in der er sich, leichtgläubig wie sein Protagonist Steinbach, von scheinbar okkulten Phänomenen überzeugen lässt:

> Ein Kind unserer Zeit, war ich – wenngleich niemals ohne metaphysisches Bedürfnis – als freier Kopf Materialist und Skeptiker wie irgendeiner. Da überzeugte mich im Dezember vergangenen Jahres Fräulein D., eine medial veranlagte langjährige Freundin meiner Schwester, praktisch (in mit ihr ganz allein veranstalteten Sitzungen) von der vollständigsten Wahrheit der einfacheren spiritistischen Phänomene: von der Existenz übersinnlicher Intelligenzen. Ich wehrte mich aus Leibeskräften, mit allen Mitteln der äußeren Skepsis, um weder mir selbst noch anderen als der Betrogene lächerlich erscheinen zu müssen: es half aber nichts. Vor der Gewalt der Tatsachen mußte ich mich, gerade weil ich sehr scharf beobachtete, beugen.[239]

Diese Argumentationsweise ist wiederum typisch für die Zeit, in der auch die seriösen Naturwissenschaften ihre größten Triumphe feierten und übersinnlichen Phänomenen weit weniger ablehnend gegenüberstanden als heute. In dieser materialistisch empfundenen Welt verspürten die Menschen eine große Sehnsucht nach Spiritualität, nach Gesetzen unter der materiellen Oberfläche

---

238 Ebd., S. 12 ff.
239 HvG: Das dritte Testament, Eine Offenbarung Gottes. München 1891, S. 3.

der Dinge. Dieser Drang zur Metaphysik wurde – nur scheinbar paradox – oft pseudowissenschaftlich untermauert.

Gumppenberg versicherte sich also – auf äußerst naive Art und Weise – der Wahrhaftigkeit seiner Erlebnisse, ließ alle Skepsis zunächst beiseite, und wandte sich seinem persönlichen Schutzgeist namens *Geben* zu, einer orientalischen Jungfrau, Tochter eines Tempeldieners aus dem 17. Jahrhundert, wie sich beim Tischrücken herausstellte. Der in Liebesdingen wenig erfahrene junge Mann verliebte sich sofort in die imaginierte Schönheit, was seine Leichtgläubigkeit dem Okkulten gegenüber noch verschärfte:

> Sobald ich mich von der Wahrhaftigkeit der spiritistischen Phänomene überzeugt hatte, war mein erster Gedanke und Antrieb, mir womöglich wieder eine klare Weltanschauung auf den Trümmern meines Materialismus zu verschaffen: denn ein Zwielichtleben in dieser Hinsicht wäre mir unerträglich gewesen. Ich wandte mich an *Geben*, und begann zu fragen. [...] Aber nie erhielt ich von Geben Aufschluß in einer anderen Weise, als daß sie meine Fragen beantwortete. Die Antworten erfolgten stets in – manchmal altertümlicher – deutscher Sprache, welche nicht der Orthographie, sondern dem Laute nach buchstabiert wurde. Jetzt erst, nachdem ich hinreichend über die Natur der Schutzgeister aufgeklärt war, erfuhr ich auch, daß mehr als das Pflichtbewußtsein der Geniusschaft sie zu solchem Verkehre mit mir geführt: daß es freiwollende Liebe war. Endlich, unmittelbar vor meinen letzten abschließenden Fragen, als die Weltordnung schon in überwältigender Logik und Großartigkeit vor mir lag, sagte mir Geben auf meine Frage, ob ich all das nicht meinen Mitmenschen mitteilen dürfe und solle: daß ich dazu bestimmt sei, unsere Erdenmenschheit eine neue Stufe der Erkenntnis emporzuführen. Gott selbst berufe mich dazu, wie er Moses, Christus und Buddha berufen habe. Und als ich meine physischen und moralischen Muskeln reckte, im Gefühl, eine solche Aufgabe ertragen und durchführen zu können, und frug, ob ich meine Veröffentlichung *Das dritte Testament Gottes* nennen dürfe, bestätigte mir Geben, es sei der rechte Name.
> Was dieses dritte Testament in seinen zwei Teilen enthält, ist eine streng gewissenhafte Zusammenstellung dessen, was ich von Geben erfuhr. Sie hat mir nichts diktiert: in Frage oder unmittelbarer Schlußfolgerung mußte ich selbst um die Erkenntnis ringen – selbsttätig mußte ich, der Erdenmensch, *erwerben*, was sie mir zu *schenken* hatte. Nur manchmal half sie andeutend nach: und endlich bestätigte sie die Wahrheit des Ganzen.
> Noch regte sich, so überwältigend dies alles für mich sein mußte, in mir ein letzter Zweifel: ob ich wirklich von Gott selbst berufen sei, diese Eröffnungen mitzuteilen.[240]

---

240 Ebd. S. 3 ff.

Wie ferngesteuert durch die Geister hat Hanns von Gumppenberg dieses Buch tatsächlich veröffentlicht – gegen den Rat seiner Eltern, die ihn noch vor der öffentlichen Schande bewahren wollten.[241]

Als Vergleich dient hier eine weitere Passage aus Gumppenbergs Roman, die sich jedoch ohne weiteres auch mit der tatsächlichen Geistesverfassung des Autors zur Zeit seiner okkultistischen Verblendung in Verbindung bringen lässt:

> Sein Widerstand war gebrochen. Jetzt fühlte er, daß es keine unwürdige oder schädliche Aeußerlichkeit bedeuten konnte: daß es sein Recht, daß es seine Pflicht war, sich selbst mit dem Werke Gottes zu identifizieren! Und nun kam zum ersten Mal über ihn mit wilder elementarer Lust die trotzig zwingende Kraft der Persönlichkeit, weltenzertrümmernd, weltenbauend, so entfesselt, so schrankenlos, daß er beinahe vor sich selber erschrak ...[242]

Hier wird deutlich, wie ernst der Untertitel *psychologischer Roman* offensichtlich gemeint war. Gumppenberg versucht sich selbst zu verstehen, sich zu rechtfertigen – vor sich selbst und vor seinen Freunden. Er führt die Leichtgläubigkeit seiner Hauptfigur auf psychologisch erklärbare, kausale Entwicklungsmuster zurück, die ihn erst zu den fatalen Fehlschlüssen verleiten. Der Romanheld endet dann auch tatsächlich tragisch: Nach der gescheiterten Bekehrung der Welt stürzt er sich von einer Isarbrücke in den Tod. Hier schlug der Autor trotz mehrerer späterer Rückfälle zum Okkultismus glücklicherweise einen anderen Weg ein: Im weiteren Verlauf des Romans nimmt der Autor Abstand von sei-

---

241 HvG: Lebenserinnerungen, S. 170: „Gleich darauf schrieb ich meinem Vater ausführlich und in aller Gelassenheit über meine prophetische Verpflichtung und deren Vorgeschichte, lag mir doch daran, die irrtümliche Vorstellung zu verhüten, dass ich verrückt geworden sei. Man kann sich denken, welchen Eindruck mein Schreiben trotzdem machte. Aus Bamberg erhielt ich gleich zwei Briefe, einen vom Vater, einen von der Mutter. Mein Vater schrieb in sichtlich erzwungener Sachlichkeit und Trockenheit, dass ich ‚mir für meine Bestrebungen gar kein unglücklicheres Gebiet hätte wählen können als das religiöse', aber er äusserte doch seine ‚Besorgnis'; er könne jetzt beruflich nicht abkommen, sonst würde er sogleich nach München fahren, um mit mir eingehend über die Sache zu sprechen, jedenfalls erwarte er von mir, dass ich keine Unbesonnenheit beginge und nicht in die Oeffentlichkeit brächte. Meine Mutter aber schrieb in kühlem Ton, ich könne es ihrem sicheren Gefühl glauben, dass ich nicht zum ‚Propheten' bestimmt sei. Ich las die Briefe nur mit einem Lächeln, das der Eingeweihte für die irrige Auffassung von Laien hat, und zugleich mit dem altruistisch schmerzlichen Bedauern, dass meine Familie von der bevorstehenden Kulturerneuerung zunächst nur Angst und Qual statt Freude haben sollte. Dass ich mich von keinem der Briefe in der Erfüllung meiner vermeintlichen Pflicht beirren lassen dürfte, verstand sich ja von selbst."
242 HvG, Der fünfte Prophet, S. 298.

nen Verirrungen und warnt vor den Gefahren der Leichtgläubigkeit. Nach der gescheiterten prophetischen Eskapade will er sich schnell reinwaschen und bei seinen Freunden rehabilitieren.

Obwohl das Exzentrische im Schwabing dieser Zeit in Mode war, ja fast schon zum guten Ton gehörte, hatte er es wohl etwas zu weit getrieben: Manche Freunde, wie Oskar Panizza, die ihn ernst nahmen, distanzierten sich von seiner Schrift. Die meisten jedoch, wie etwa Frank Wedekind vermuteten hinter der Aktion eine gekonnte Parodie und trieben wiederum selbst ihren Spaß mit Gumppenberg: Sie schrieben Parodien auf seine sonderbare Veröffentlichung. So publizierte Wedekind kurz darauf in Anspielung auf Gumppenbergs Schrift *Das dritte Testament* unter dem Pseudonym *Hugo Freiherr von Trenck* die Persiflage *Das neue Vater Unser. Eine Offenbarung Gottes*.[243]

Im einleitenden Abschnitt des Büchleins, das „in ganz demselben Format, Umschlag und Druck"[244] wie Gumppenbergs Schrift erschien, imaginiert er eine spiritistische Séance, an der Gumppenberg zwar nicht teilnimmt, aber doch mehr als präsent ist:

> Man hörte das Pochen sämmtlicher Herzen und das helle Klappern von Kinnbacken.
> „Wer – bist – du?" stammelte schliesslich das Urbild mit einer in Angst und Erregung ersterbenden Stimme.
> Sie hatte die Frage noch nicht beendet, als sich der Tisch auch schon manierlicher geberdete und, nachdem er noch einige muthwillige Stösse gethan, regelrecht zu telegraphiren anhub ...
> „Geben" verdolmetschte uns die kleine, dicke Person.
> „Kennen Sie *Herrn von Gumppenberg*?" platzte sofort einer der Schriftsteller heraus. Der Tisch machte einen Satz als wollte er an die Decke fliegen, schüttelte sich und war nur schwer wieder zu beruhigen. Unser Medium übersetzte uns dieses Verhalten mit einem mit aller Entschiedenheit ausgesprochenen „Ja."[245]

Zum Vergleich wie nah die Parodie an der Realität bleibt, können diesem Text die entsprechenden Passagen aus Gumppenbergs Lebenserinnerungen gegenübergestellt werden, die aus heutiger Sicht nicht weniger kurios erscheinen, als Wedekinds Satire, jedoch völlig ernst gemeint sind:

---

243 Frank Wedekind: Das neue Vater Unser, Eine Offenbarung Gottes, Seiner Zeit mitgeteilt von Hugo Frh. von Trenck, (Als Manuskript gedruckt), München 1891.
244 HvG: Lebenserinnerungen, S. 172.
245 Wedekind: Das neue Vater Unser. Abgedruckt in: Pytlik, Priska (Hg.): Spiritismus und ästhe-

„Wie heissest du denn? Buchstabiere deinen Namen!"
Der Tisch klopfte mit den beiden, mir zugewandten Beinen ebenso langsam und sanft wie zuvor, das Wort „Geben".
Ich schüttelte verwundert den Kopf. „Geben? Ist das dein Geistername?"
Der Tisch bejahte.
„In welcher Beziehung stehst du zu uns?"
Der Tisch buchstabierte das Wort „Genius".
„Du behauptest also, der sogenannte Schutzgeist eines von uns beiden zu sein?"
Der Tisch bejahte. [...]
„Also bist du *mein* Schutzgeist, Geben?"
Der Tisch bejahte mit einer grossen, ganz besonders feierlichen Bewegung.
„Bist du, [...] ein männlicher Geist?"
Der Tisch verneinte durch Reglosigkeit.
„Also ein weiblicher Geist?" Der Tisch bejahte in der früheren sanften Art.
„Wie hast du bisher auf mich eingewirkt?" Der Tisch buchstabierte das Wort „Bestimmung".
„So behauptest du, mein bisheriges Leben bestimmt zu haben?"
Der Tisch bejahte. Der Gedanke gab mir eine [...] verwirrende Flut von Vorstellungen [...].[246]

In der retrospektiven Darstellung wird die skeptische Haltung des jungen Mannes deutlich betont, was erstaunt, gesteht Gumppenberg doch an anderer Stelle[247] seine geistige Verwirrtheit dieser Zeit. Bezeichnend ist aber, dass es nicht die profane Vernunft ist, die Gumppenbergs Skeptizismus zugrunde liegt. Die Offenbarung eines Geistes aus dem Morgenland des 17. Jahrhunderts, der *Geben* zu sein behauptet, lässt den jungen Dichter nicht zweifeln. Vielmehr weiß er sich nur den Gesetzen der reinen Logik verpflichtet, so weit diese sich auch von der Wahrscheinlichkeitsempfindung der normalen Alltagswelt entfernen mag: „Das Phantastische der ganz neuen Anschauung konnte mich in keiner Weise stutzig machen, sowie es etwa einen materialistischen bornierten Naturwissenschaftler abgeschreckt hätte." Hier wird ein wichtiges Motiv für

---

tische Moderne – Berlin und München um 1900. Dokumente und Kommentare. Tübingen 2006, S. 348–365, hier: S. 350.
246 HvG: Lebenserinnerungen, 147 f.
247 Z.B. HvG: Lebenserinnerungen, 169 f.: „Das Nachgrübeln über die Berechtigung meines Widerstandes während ich das gefährliche Tischchen der Frau M. mehrere Tage mied, versetzte mich in arge Nervenüberreiztheit, ich verbrachte schlaflose Nächte, und konnte mich aus diesem qualvollen Zustand schliesslich nur durch den Entschluss retten, das Weltbild ‚Gebens' tatsächlich zu veröffentlichen."; Oder S. 177.

die vorurteilslose Hinwendung zur Phantastik deutlich: Die Gegnerschaft zu allem Materialismus erleichterte den Sprung in übersinnliche Erfahrungswelten und bot gleichzeitig die Möglichkeit, die wissenschaftliche Logik auf ihre universale Gültigkeit hin zu überprüfen: „[…] mein philosophisch geschultes Denken war von überhaupt jedem menschlichen „Erfahrungs-Vorurteil" frei und musste unbegrenzt Möglichstes gelten lassen, sobald es nicht gegen die Logik verstiess: von solchen logischen Widersprüchen aber, wie sie der Materialismus im reichlichsten Masse aufwies, war hier nichts zu entdecken."[248]

An Rechtfertigungsversuchen dieser Art ist deutlich erkennbar, wie eng verwoben die Bereitschaft an Übersinnliches zu glauben mit dem modernen Denken war. Was zunächst widersprüchlich wirkt, liegt hier logisch nah nebeneinander: Die Ablehnung des Materialismus und des Rationalismus der vergangenen Jahrzehnte führte direkt sowohl zu neuen Formen der Kunst als auch zum Aberglauben. Gumppenberg wurde erstaunlicherweise gerade durch die Skepsis dem positivistischen Denken des 19. Jahrhunderts gegenüber, durch seine Ablehnung des Materialismus mit all seinen unvollkommenen Schlussfolgerungen dazu gebracht, sich von jedem erlernten Skeptizismus wie von allen geltenden Wahrheiten zu befreien, um so zu einer klareren Logik zu gelangen. Was ihm vorschwebte, war ein lückenloses Weltbild. Die Erklärungen, die ihm *Geben* einflüsterte, verdeutlichen seine Suche nach einer Lösung der grossen Fragen, die die gängigen Erklärungsmuster nicht nach wissenschaftlicher Manier ergänzen, sondern vollständig ersetzen sollte.

„Hörst Du uns noch, Geben?"
Der Tisch beginnt sich von neuem zu rühren, aber wie jeder sehr wohl herausfühlt, mit grosser Zurückhaltung.
„Hast Du Dich Herrn von Gumppenberg thatsächlich offenbart?" erlaubt sich unser Wirth respektvollst zu fragen.
Ein erneuter freudiger Hupf. – Schon der Name Gumppenberg allein schien auf den Tisch einen beseligenden Eindruck zu machen.
„Hat uns Herr Baron Deine Offenbarungen richtig übermittelt?"
Wiederum entschiedene Bejahung.
„Hast Du Herrn Baron alles mitgetheilt, Geben, was Du der Welt zu verkünden hast?"
Der Tisch erhebt sich sachte vom Boden, bleibt in Kniehöhe schweben und schlenkert mit den Beinen.
Das bedeutet „Nein" erklärt unser Medium kopfschüttelnd.[249]

---

248 HvG: Lebenserinnerungen, S. 152.
249 Wedekind: Das neue Vater Unser, S. 351.

Der Zweifel an der Aufrichtigkeit des Geistes, den Wedekind hier als absurde Note einstreut, kam Hanns von Gumppenberg bald selbst. Verunsichert durch den ausbleibenden Erfolg seiner Veröffentlichung – *Geben* hatte ihn schließlich der göttlichen Bestimmung und der Wichtigkeit seines Auftrags versichert – fragte er kurz darauf etwas kritischer nach und bekam eine ernüchternde Antwort: Störgeister, „böswillige ‚Eindrängungen'"[250] hätten sich zwischen die Verbindung zum Jenseits geschoben und ihm die falsche Offenbarung eingeflüstert. Doch diese Erkenntnis kam zu spät, um den Unbedarften vor den Folgen seiner neugierigen Phantasie zu bewahren.

Zunächst aber war Gumppenberg begierig, mehr über das zwar körperlose, aber dennoch weibliche Wesen zu erfahren, das sich ihm so bereitwillig offenbaren zu wollen schien:

„Wie alt bist du?" Der Tisch hob und senkte sich fünfmal.
„Fünf? Soll das Jahre bedeuten? Jahrzehnte? Jahrhunderte?"
Der Tisch blieb jedesmal in verneinender Ruhe.
„Willst du mit fünf Schlägen überhaupt eine Zahl ausdrücken?"
Der Tisch blieb regungslos.
„Ach so! Du wolltest *buchstabieren?*" Der Tisch bejahte.
„Dann handelt es sich also um den Anfangsbuchstaben E?" Der Tisch bejahte.
„So buchstabiere, bitte, weiter!" Der Tisch buchstabierte das Wort „ewig" und da ich ja selbst in der bisherigen Unterhaltung „Geben" als „Geist" hatte gelten lassen, musste ich meine Frage nach dem Alter eines Geistes nachträglich albern schelten. In meiner Beschämtheit suchte ich aber den Lapsus, wenigstens vor C. zu vertuschen.
„Natürlich bist du als Geist ewig – aber du warst doch einmal menschlich verkörpert [...]" Der Tisch bejahte.
„Wann hast du gelebt? *Nach* Christus?" Der Tisch bejahte.
„Zähle, bitte, die Jahrhunderte!" Der Tisch klopfte siebzehnmal.
„Also im 17. Jahrhundert?" – „Ja."
„Welches Alter hast du da erreicht?" – Der Tisch klopfte achtzehnmal.
„Nur achtzehn Jahre?" – „Ja."[251]

Man kann leicht nachvollziehen, wie das suggestive Ratespiel, das Warten auf den entscheidenden Treffer und das vielsagende Verweigern der Antworten Gumppenbergs Phantasie gereizt haben muss. Zudem zeichnete sich jetzt im-

---

250 HvG: Lebenserinnerungen, S. 181.
251 HvG: Lebenserinnerungen, 148.

mer klarer das Bild einer mysteriösen Jungfrau aus dem Orient ab, was nicht wenig über die Sehnsüchte des 24-Jährigen verrät.

In Frank Wedekinds Version nimmt das Spiel eine weniger romantische Wendung:

> „Warum haben Sie denn das nicht schon Herrn von Gumppenberg offenbart?" fragte ich in gespanntester Erwartung.
> Die etwas zögernd aber in sich doch decidirt erfolgende Antwort war nach der Übersetzung unsres Mediums: „Der Herr Baron sind mir zu spiritistisch." Aha, dacht' ich, die kennt ihre Pappenheimer. Möglicherweise fürchtete auch sie, damit einem „Kirchenvater" in die Hände zu fallen, der sein Destillat in die Gosse laufen lässt, während er das Phlegma auf Flaschen zieht.[252]

Während die nüchterne freche Antwort Gebens bei Wedekind das Wesen Gumppenbergs sicherlich treffender bezeichnet – eine Botschaft, die Gumppenberg zu einer heilsamen frühen Ernüchterung geführt hätte – nimmt die von ihm selbst erlebte Sitzung immer fabelhaftere Züge an. Als *Geben* plötzlich ungefragt die Worte „Kaiser Otto" und gleich darauf „Engel" buchstabiert, findet sich Gumppenberg endgültig bestätigt. Fühlt er sich doch sogleich an eines seiner frühen Dramen, an seinen *Kaiser Otto III.* erinnert, in dem der junge Herrscher „in seiner tiefsten Niedergeschlagenheit"[253] einen Monolog an einen Engel richtet:

> Beschwingter, lichter Geist – wohin entschwandest
> Du mir? Ich sah dich sonst im Strahlenschimmer
> Vor mir in Lüften ziehn – dein Glanzgewand
> Rief mich, zu folgen dir: von Ruhm und Grösse
> Ging eine Himmelsahnung durch mein Herz …
> Dir nach! Dir nach! So rief es laut in mir –
> Und wenn sich Berge auch dazwischen türmten,
> Und wenn die ganze Welt zurück mich hielt,
> Anklammernd sich und hindernd meine Schritte:
> Du trugst das Banner vor – ich f o l g t e Dir.[254]

---

252 Wedekind: Das neue Vater Unser, S. 352.
253 HvG: Lebenserinnerungen, S. 150.
254 HvG: Kaiser Otto III. In: Gesammelte Dichtungen von Hanns von Gumppenberg. Zweiter Band. 1889. Manuskript im Nachlass, Münchner Stadtbibliothek/Monacensia. [L 2026]

Gumppenberg kann es kaum glauben, als *Geben* auf seine Nachfrage hin den Verdacht bestätigt:

> „Warst *du* dieser Engel, von dem ich damals träumte?"
> Der Tisch bejahte mit sanfter Feierlichkeit. Mich durchschauerte es wie tiefstes religiöses Erleben, sodass ich eine Weile kein Wort hervorbringen konnte. Endlich frug ich: „Bist du allwissend?" — Der Tisch verneinte.
> „Was weisst du denn?"
> „*Dich*" buchstabierte der Tisch ...[255]

Dass sich Gumppenberg auf dieses Eingeständnis hin in seinen persönlichen *Genius* verliebt, ist beinahe unvermeidlich. Erstaunlich ist aber, dass er sich in seiner kompromisslosen Bereitschaft, neue Wege der Logik zu beschreiten nicht auch vom kühlen, rationalen Blick des Forschers lossagt, sondern das Instrumentarium der Wissenschaft auf die bewusst als übernatürlich erlebte Erscheinung anwendet.

> Das hohe Glücksgefühl, das mich nach der entscheidenden Sitzung [...] erfüllte, war also nicht der trunkene Rausch eines gedankenlosen Schwärmers, der von einer psychischen Zeitkrankheit mitgegriffen wird, weit eher war dieses Gefühl mit der Freude eines Forschers zu vergleichen, der das Ergebnis seiner vorsichtig abwägenden Spekulation in der Wirklichkeit bestätigt findet. Allerdings spielte, wie schon betont, auch das erotische Gemütsmoment mit, und ganz wie ein Liebender sich nach dem Wiedersehen sehnt, konnte ich es kaum erwarten, wieder mit meiner „Geben" zu sprechen.[256]

Gumppenberg hatte sich schon seit einiger Zeit mit dem Spiritismus beschäftigt. Er war zunächst durch seine Schwester mit den damals in Mode kommenden Praktiken vertraut gemacht worden. Diese hatte schon einige Erfahrungen mit den Hypnose-Experimenten Albert von Schrenck-Notzings gemacht, ließ aber bald wieder von dieser Beschäftigung ab.

Hanns von Gumppenberg wandte sich zunächst der Lehre Carl du Prels zu, einem damals schon berühmten Wegbereiter des Okkultismus, dessen *Gesellschaft für wissenschaftliche Psychologie* er beitrat. Da man bei den wöchentlichen Zusammenkünften jedoch „unter Du Prels autoritativer Leitung" nicht zum Experimentieren kam, „sondern das ganze Gebiet der okkultistischen

---

255 HvG: Lebenserinnerungen, S. 151.
256 Ebd., S. 153.

Forschung theoretisch diskutierte,"[257] und er den philosophischen Grundlagen der Schriften du Prels nicht zustimmte, verließ Gumppenberg diesen Zirkel bald wieder. Begierig darauf, eigene Experimente durchzuführen, steigerte sein „Trieb zur „entlarvenden" Aufklärung [...] wie immer, wenn ein elementares Problem [ihn] herausforderte, [seine] innere Unruhe bis ins Unerträgliche."[258] Eine Freundin seiner Schwester, die eine „starke mediumistische Veranlagung in sich entdeckt"[259] hatte, erklärte sich schließlich bereit, Hanns von Gumppenberg mit der Geisterwelt in Kontakt zu bringen. Gleich bei der ersten dieser Sitzungen geschah es dann, dass er seinem persönlichen Schutzgeist *Geben* begegnete.

Es ist schwierig einzuschätzen, was Gumppenberg wirklich in die Abgründe des Okkulten trieb. Anscheinend erkannte er, wie er später immer wieder beteuerte, die Gefahren des Übersinnlichen zumindest im Nachhinein. Sein Roman *Der Fünfte Prophet* wirbt zwar um Verständnis für seine eigene Entwicklung, ist aber vor allem als Warnung zu verstehen.

Rätselhaft bleibt vor diesem Hintergrund, warum Gumppenberg sich noch im Alter für die Anerkennung des Okkultismus einsetzt.[260] Er selbst bringt des Öfteren eine erbliche psychische Vorbelastung ins Spiel, die er dann sogar als Ursache für den Selbstmord seiner Tochter betrachtet. Eindeutig ist zumindest, dass es ihm um mehr geht, als um ein neugieriges Spiel mit der dunklen Seite der Wirklichkeit: Mit dem Bereich des Übersinnlichen ist bei Gumppenberg – wie bei den meisten Okkultisten seiner Zeit – eine tiefverwurzelte religiöse Sinnsuche verbunden. Sein Schwanken zwischen dem Wunsch, den Spiritismus wissenschaftlich zu untermauern und der wiederholten Ablehnung dieses Vorhabens[261] deutet auf ein starkes metaphysisches Bedürfnis hin, das in Phasen des Zweifels einer zusätzlichen weltlichen Stütze bedarf, sich in den sich wiederholenden Phasen der pseudoreligiösen Manie hingegen umso selbstbewusster von der profanen Rationalität abwendet. Erklärtermaßen geht es Gumppenberg darum, die Domäne des Glaubens zu stärken, zwar „nicht im religiös-dogmatischen, sondern im psychologischen Sinne."[262] Dem entgegen steht jedoch die Überlegung, dass eine Stärkung des Glaubens im psychologischen Sinne eine distanziertere Einsicht erfordert hätte, als sie Gumppenberg

---

257 Ebd., S. 142.
258 Ebd., S. 144.
259 Ebd., S. 141.
260 Vgl. HvG: Philosophie und Okkultismus. München 1921.
261 Vgl. HvG: „Einiges über den Spiritismus." In: Neue deutsche Rundschau V, 1. und 2. Quartal, 1894, S. 414–417, hier: S. 414 u. 416.
262 Ebd. S. 415.

möglich war. Gleichzeitig bezeugen gerade seine religiösen Schriften einen stark dogmatischen Überzeugungswillen. Anders wäre es auch kaum zu erklären, warum Gumppenberg nach der Enttäuschung mit seinem geliebten Schutzgeist schließlich doch wieder zum Geisterglauben gefunden hat. Dass ihn das Ereignis tief getroffen hat, bezeugt seine Schilderung in den Lebenserinnerungen:

> Eine chaotische Verzweiflung war die nächste Folge dieser spiritistischen Katastrophe: und als ich wieder ruhig denken konnte, sah ich meine Lage darum in keinem günstigeren Lichte. Alles Lächerliche, das dieser Lage anhaftete, erschien meinem Ehrgefühl unerträglich, mehr noch meinem eigenen Bewusstsein gegenüber als vor dem Urteil der Welt, und ich musste es umso unleidlicher empfinden, als ich ja während der ganzen Zeit bei klarem Verstand gewesen war und mein Verhalten nur einer Reihe von wohldurchdachten Schlüssen zuschreiben konnte, die ich bei aller vermeintlichen Vorsicht zuletzt doch nicht unter Berücksichtigung *aller* Möglichkeiten gezogen hatte. Ich wusste eine Weile nicht, wie ich unter solch beschämender Last weiterleben sollte...[263]

Im Anschluss an Wedekinds *Neues Vaterunser* befindet sich eine „Gratisbeigabe", die sich auf die von Gumppenberg dem *Dritten Testament* nachgereichte Schrift *Der Prophet Jesus Christus, die neue Religion und andere Erläuterungen zum dritten Testamente Gottes*[264] bezieht. Nach der „spiritistischen Katastrophe" muss ihm Wedekinds frivoler Spott wie ein blasphemischer Angriff auf seinen höchsten Glauben, wie auch auf seine tief empfundene Liebe erschienen sein:

Die neue Communion. Eine Offenbarung Gottes.
Seiner Zeit mitgetheilt von Hugo Frh. von Trenck
Gratisbeigabe zum „Neuen Vaterunser"

                                  Λαβετε, φαγετε, τουτο εοτι το οωμα αου.[265]

Lischen kletterte flink hinauf
Bis in die höchsten Äste,
Fing in der Schürze die Äpfel auf
Ihrer Mutter zum Feste.

---

263 HvG: Lebenserinnerungen, S. 177.
264 HvG: Der Prophet Jesus Christus, die neue Religion und andere Erläuterungen zum dritten Testamente Gottes. Von Hanns von Gumppenberg. München 1891.
265 „Das ist mein Leib, nehmt und esst."

Ich lag unten, verliebt und faul,
Auf dem Rücken im Grase,
Mancher Apfel fiel mir ins Maul,
Mancher mir auf die Nase.

Jetzt stand Lischen auf starkem Ast,
Schelmisch sah sie hernieder,
Ihres Leibes liebliche Last
Wiegte sich hin und wieder.

Innig umschlungen hielten sich
Splinternackt ihre Füsse,
Öffneten sich und befühlten sich
Winkten mir tausend Grüsse.

Durch das Röckchen sandte der Tag
Seine goldenen Strahlen,
Was darunter geborgen lag
Farbenprächtig zu malen.

Schimmernd rings um die zarte Haut
Wob sich gedämpfte Helle;
Welcher Meister hätt' je gebaut
Prächtiger eine Capelle?

Das Gewölbe so luftig leicht,
Schlank und stolz die Pilaster,
Unter Flammenküssen erweicht
Lebender Alabaster!

Voller strömte das Licht herein.
Bunter bei jedem Schritte,
Ach, und flimmernder Heiligenschein
Floss um des Hauses Mitte!

Kindlich faltet' ich da die Händ',
Betete fromm und brünstig:
Du mein heiligstes Sakrament,
Werde dem Sünder günstig!

Lass mich's küssen in seinem Schrein,
Lieblichster Himmelsbote!
Lass mich nippen an deinem Wein,
Naschen von deinem Brote!

Sieh, und am nämlichen Abend schon
Tief in die Kissen gebettet,
Ward in andächtiger Kommunion
Meine Seele gerettet.[266]

4.2 Neue Formen der Spiritualität

„Der ganze Alpdruck der materialistischen Anschauungen, welche aus dem Leben des Weltalls ein böses zweckloses Spiel gemacht haben, ist noch nicht vorbei."[267] So beschrieb Wassily Kandinsky noch 1911 in seiner theoretischen Schrift *Über das Geistige in der Kunst* die Situation seiner Epoche. Ausgehend von der Sehnsucht, hinter der bloßen Existenz der Dinge eine weitere Bedeutung zu sehen, eine andere Wirklichkeit sichtbar zu machen, überwand er das mimetische Prinzip der Malerei und entwickelte die Abstraktion, die in diesem Sinne selbst als Argument gegen den Materialismus der Zeit zu verstehen ist: „Nur ein schwaches Licht dämmert wie ein einziges Pünktchen in einem enormen Kreis des Schwarzen. Dieses schwache Licht ist bloß eine Ahnung, welches zu sehen die Seele keinen vollen Mut hat, im Zweifel, ob nicht dieses Licht – der Traum ist, und der Kreis des Schwarzen – die Wirklichkeit."[268]

War die Natur noch für Goethe gleichsam göttlich beseelt gewesen, so ließen im weiteren Verlauf des 19. Jahrhunderts die epochalen Erkenntnisse der Naturwissenschaft, Darwinismus, Positivismus und nicht zuletzt die alles verändernden technischen Errungenschaften kaum noch Raum für gewohnte Formen der Spiritualität. Die Profanisierung des Lebens, die Säkularisierung der Lebenswelt, die scheinbare Erklärbarkeit des Materiellen, hinter dem es nichts mehr zu geben schien, was nicht erforschbar wäre, hatte die Menschen, die sich tiefgreifenden strukturellen Veränderungen gegenübersahen in eine spirituelle Krise geführt.

---

266 Wedekind: Das neue Vater Unser, S. 364 f.
267 Wassily Kandinsky: Über das Geistige in der Kunst. Bern-Bümpliz 1956, S. 22.
268 Ebd.

Die aufkommende Sinn- und Perspektivlosigkeit wurde naturgemäß mit allem assoziiert, was neu war. Verzweifelt wurde im Neuen nach einer Tiefe gesucht, die alte Erklärungsmodelle ablösen, oder zumindest als vage Hoffnung deren Verlust weniger schmerzlich erscheinen lassen konnte. Selbst Hermann Bahr, einer von den Vielen, die Materialismus und Naturalismus überwinden wollten, war sich nicht sicher, wohin der moderne Weg führen würde:

> Es geht eine wilde Pein durch diese Zeit und der Schmerz ist nicht mehr erträglich. Der Schrei nach dem Heiland ist gemein und Gekreuzigte sind überall. Ist es das grosse Sterben, das über die Welt gekommen?
> Es kann sein, dass wir am Ende sind, am Tode der erschöpften Menschheit, und das sind nur die letzten Krämpfe. Es kann sein, dass wir am Anfange sind, an der Geburt einer neuen Menschheit, und das sind nur die Lawinen des Frühlings. Wir steigen ins Göttliche oder wir stürzen, stürzen in Nacht und Vernichtung – aber Bleiben ist keines.
> Dass aus dem Leide das Heil kommen wird und die Gnade aus der Verzweiflung, dass es tagen wird nach dieser entsetzlichen Finsternis und dass die Kunst einkehren wird bei den Menschen – an diese Auferstehung, glorreich und selig, das ist der Glaube der Moderne.[269]

Die latente Unzufriedenheit der Menschen mit dem traditionellen dogmatischen Christentum wurde durch das Vatikanische Konzil von 1870 verschärft und führte bei manchen zu einer Abkehr vom kirchlichen Glauben. Auch wenn Konfessionen nicht immer vollständig abgelegt wurden, so galt es nun zumindest, den Lücken des Weltbilds, die durch den Konflikt der rationalisierten Welt mit der Kirche entstanden waren, etwas entgegen zu halten, das durch traditionelle Glaubensinhalte nicht mehr erklärbar war: „Es war das Bedürfnis, der Widernatur der geistlosen Gegenwart mit Hilfe der Unnatur und der Künstlichkeit zu entfliehen."[270] Durch die Rückbesinnung auf längst vergessene Möglichkeiten der Mystik konnten Risse im noch vorhandenen Glaubenssystem gefüllt werden. Die Suche nach Irrationalem in der erfahrbaren Welt ist deshalb auch als Versuch zu interpretieren, den immer größer werdenden Abstand zwischen wissenschaftlich erforschter Wirklichkeit und den starren Lehrsätzen der Kirchen zu verringern. Die Möglichkeit, dass aus einer

---

269 Hermann Bahr: „Die Moderne" (1890). In: Wunberg, S. 52–55, hier: S. 52 [Ursprünglich in: Moderne Dichtung. Monatsschrift für Literatur und Kritik. Bd. 1, Nr. 1, Heft 1, 1.1.1890, S. 13–15]
270 Fischer, S. 22.

solchen zunächst zaghaften Öffnung hin zu alternativen metaphysischen Konzepten irgendwann eine neue Religion entstehen könnte, war meist wohl nur eine unausgesprochene Hoffnung, wenn auch in vielen Fällen wohl doch zentrales Motiv für die Intensivierung der Suche. Deshalb muss jede Form neuer Spiritualität im 19. Jahrhundert als Symptom einer schwer empfundenen Krise verstanden werden, als Produkt einer neu gelebten Innerlichkeit, einer Subjektivität, die als Abkehr von der emotional immer schwerer fassbaren Lebenswelt fungierte: „Okkultismus als Zivilisationskritik erlaubt es den Menschen, sich in Gegenwelten zurückzuziehen und dennoch im Hier und Jetzt zu sein."[271]

Wer das in allen Gesellschaftsschichten empfundene Bedürfnis nach Transzendenz jedoch auf seine bloße kompensatorische Funktion beschränkt versteht, verkennt das reformatorische, weil gedanklich freie, man könnte auch sagen modernistische Potential, das dieser gesellschaftlichen Bewegung innewohnt. Es ist leicht, die Sackgassen der spirituellen Neugier, wie etwa den Okkultismus zu belächeln. Die unbändige Energie jedoch, die an solchen Phänomenen sichtbar wird, entspringt möglicherweise derselben Quelle, aus der die Moderne hervorging.

Theodor W. Adorno sieht 1951, unter dem Eindruck des zweiten Weltkriegs stehend, den Aberglauben als Krisensymptom nur durch psychische Degeneration erklärbar: „Die Neigung zum Okkultismus ist ein Symptom der Rückbildung des Bewußtseins. Es hat die Kraft verloren, das Unbedingte zu denken und das Bedingte zu ertragen."[272] Adornos simple Erklärung des Okkultismus als Folge fehlgeleiteten Denkens, das sich nicht mehr von der als alles beherrschend empfundenen Wissenschaft dominieren lassen will, erkennt als Motiv für den Aberglauben eine irrtümliche Suche nach Tiefe, wo keine zu finden ist: „Okkultismus ist eine Reflexbewegung auf die Subjektivierung allen Sinnes, das Komplement zur Verdinglichung. Wenn die objektive Realität den Lebendigen taub erscheint wie nie zuvor, so suchen sie ihr mit Abrakadabra Sinn zu entlocken."[273] Seine drastische Folgerung geht allerdings zu weit. Wenn er den Okkultismus als die „Metaphysik der dummen Kerle" bezeichnet, verunglimpft er aus der sicheren Warte des Skeptikers ein zwar in seinem Wahrheitsanspruch misslungenes, aber dennoch in seiner innovativen Unvoreingenommenheit der Moderne zuzuordnendes gedankliches Experiment:

---

271 Sabine Doering-Manteuffel: Okkultismus. Geheimlehren, Geisterglaube, magische Praktiken. München 2011, S. 21.
272 Theodor W. Adorno: Minima Moralia. Reflexionen aus dem beschädigten Leben. (Nachdruck der Originalausgabe 1951). Frankfurt a. M. 2001, Nr. 151 I.
273 Ebd., Nr. 151 IV.

Der faule Zauber ist nicht anders als die faule Existenz, die er bestrahlt. Dadurch macht er es den Nüchternen so bequem. Fakten, die sich von anderem, was der Fall ist, nur dadurch unterscheiden, daß sie es nicht sind, werden als vierte Dimension bemüht. Einzig ihr Nichtsein ist ihre qualitas occulta. Sie liefern dem Schwachsinn die Weltanschauung."[274]

Es ist sicher zutreffend, dass die Suche nach neuen Glaubensinhalten – auch bei Hanns von Gumppenberg – vor allem den unbedingten Willen zeigt, eine Leere zu füllen und so die subjektiv empfundene Krise zu überwinden: „[…] the case of the dramatist Hanns von Gumppenberg demonstrates in the first place that spirit guides could help struggling young artists through periods of professional and personal crisis."[275] Die fehlgeleitete Suche konnte tatsächlich dabei helfen, die eigene Haltung zur Welt, und sei es nur im experimentellen Rahmen, spielerisch neu zu justieren. So fand auch der ungleich erfolgreichere Rainer Maria Rilke, der ebenfalls eine ausgeprägte Neigung zum Übernatürlichen verspürte, über die bloße Annahme des Irrationalen zu neuer dichterischer Inspiration: „Spirit guides had helped Rilke and Gumppenberg (re)shape their voices as writers in ways that left a permanent mark on the literature of German modernism."[276]

Um die leichtgläubigen Unternehmungen der Okkultisten des 19. Jahrhunderts zu verstehen, muss man sich außerdem vor Augen halten, dass auch viele Erkenntnisse und Techniken der Naturwissenschaften damals noch fremdartig neu wirkten und für viele eher phantastischen Postulaten ähnelten, als seriös geprüften Erkenntnissen. Wenn Adorno bloße Annahmen von Fakten, „die der Fall sind" unterscheidet, so legt er seiner Kritik damit ein grundsätzlich anderes Wissenschaftsverständnis zugrunde, als die Menschen des 19. Jahrhunderts ihren pseudowissenschaftlichen Experimenten. Hinter dem massenhaften Auftreten spiritistischer Praktiken stand nicht nur die Hoffnung, eine neue Metaphysik zu begründen, sondern auch der Wunsch, das hinter dem Materiellen vermutete Reich des Geistigen mit exakten Methoden oder zumindest mittels strenger Logik für die seriöse Wissenschaft zu erschließen. Der Zweifel an der Erfahr- und Verifizierbarkeit des Materiellen verhalf dem spekulativen Erkenntnisvermögen des Geistes zu neuem Ansehen.

---

274 Ebd., Nr. 151 VI.
275 Corinna Treitel: A science for the soul. Occultism and the genesis of the German modern. Baltimore 2004, S. 119.
276 Ebd., S. 120.

Die Wahrheit zählte wenig gegenüber den Erklärungen, die das Leben erträglich machen und Zukunftsangst überwinden sollten. Das entscheidende Moment war die entlastende Funktion der Korrespondenz mit dem Jenseits im Angesicht großer Ängste. Inmitten der Hochindustrialisierung, inmitten eines ernüchternden, technisierten Krieges hofften manche auf das Schicksal, das alles zum Guten wenden würde.[277]

Beim Blick auf die metaphysische Suche der Zeit ist deutlich die Philosophie Schopenhauers erkennbar, der einen prägenden Einfluss auf die vom Szientismus verunsicherte Gesellschaft hatte: „Die Sinne geben nie mehr, als eine bloße Empfindung in ihrem Organ, also einen an sich höchst dürftigen Stoff, aus welchem allererst der Verstand durch Anwendung des ihm a priori bewußten Gesetzes der Kausalität, und der eben so a priori ihm einwohnenden Formen, Raum und Zeit, diese Körperwelt aufbaut."[278]

Das starke Vertrauen auf die strengen Gesetze der Kausalität beflügelte die mit dem Okkultismus verbundenen Hoffnungen und ist durch ein komplexes, teilweise paradoxes Verhältnis zur Wissenschaft geprägt. Obwohl die neuen Systeme des Glaubens und des Aberglaubens sicherlich als Kompensationsversuche angesichts einer erdrückenden Weltdeutungshoheit der Wissenschaft aufgefasst werden können, und man jenseits aufgeklärter materialistischer Beweisführung neue Möglichkeiten der Wirklichkeitserkenntnis suchte, bediente man sich oft gerade der Methoden der Wissenschaft. Wenn der schnöden materiellen Wirklichkeitserforschung die Suche nach einer anderen Wahrheit gegenübergestellt wurde, so drückte sich darin die Hoffnung aus, der auf das materielle beschränkten Naturwissenschaft die gleichberechtigte Untersuchung des Übersinnlichen an die Seite zu stellen. So wurde der Einfluss der Wissenschaft gleichzeitig über- wie auch unterschätzt: Die Angst, experimentelle Methoden könnten in einem immerwährenden Fortschritt zumindest die materielle Natur vollständig erschließen, beflügelte den Willen, diesem Siegeszug eine Alternative an die Seite zu stellen.[279]

Gleichzeitig wurden der Begrenztheit wissenschaftlicher Erkenntnis und den meist lediglich auf strenger Logik aufbauenden Theorien des Okkultismus als zur Wissenschaft komplementärem Erklärungsversuch zu viel Bedeutung beigemessen. Der Erfahrungsbereich des Menschen, der für die Wissenschaft

---
277 Doering-Manteuffel, S. 182.
278 Arthur Schopenhauer: „Versuch über das Geistersehen und was damit zusammenhängt." In: Ders.: Parerga und Paralipomena. 1. Bd. Berlin 1851, S. 213–296, hier: S. 216.
279 Vgl. Doering-Manteuffel, S. 182.

im Ganzen (noch) unerklärbar war, wurde so kurzerhand zu einem Gebiet erklärt, dessen Zugang nur mit alternativen Methoden zu erlangen sei. Im Spannungsfeld zwischen Kunst, Religion und Wissenschaft, versprach der Okkultismus neue Zugänge zur Wirklichkeit (oder zur Wahrheit), die die Wissenschaft von ihrem hohen Sockel stoßen, oder sie zumindest ergänzen sollte.

> Wir haben kein anderes Gesetz als die Wahrheit, wie jeder sie empfindet. Der dienen wir. Wir können nichts dafür, wenn sie rau und gewalttätig ist und oft höhnisch und grausam. Wir sind ihr nur gehorsam, was sie verlange. Manchmal verwundert es uns selbst und erschreckt uns, wir können uns aber nicht helfen.
> Dieses wird die neue Kunst sein, welches wir so schaffen. Und es wird die neue Religion sein. Denn Kunst, Wissenschaft und Religion sind dasselbe. Es ist immer nur die Zeit, jedes Mal in einen andern Teig geknetet.
> Vielleicht betrügen wir uns. Vielleicht ist es nur Wahn, dass die Zeit sich erneut hat. Vielleicht ist es nur der letzte Krampf, das überall stöhnende, der letzte Krampf vor Erstarrung in das Nichts.
> Aber wenigstens wäre es ein frommer Betrug, weil er das Sterben leicht macht.
> Oder ist es die Völlerei, die wir wählen sollen, und die Unzucht, zur Betäubung?[280]

Wenngleich die Kreise der Okkultisten schon früh international vernetzt waren, bildete sich München bald als bedeutendes Zentrum heraus. 1886 gründeten hier der Mediziner Albert von Schrenck-Notzing sowie der Schriftsteller, Spiritist und pensionierte Offizier Carl du Prel die *Psychologische Gesellschaft* und die *Gesellschaft für wissenschaftliche Psychologie*, mit denen Hanns von Gumppenberg erst später in Kontakt kam und ihnen deutlich kritisch begegnete.

Um jene Zeit waren, im schärfsten Kontrast zu der materialistischen „Aufklärung", die der ebenso gewaltige als einseitige Aufschwung der Naturwissenschaften mit sich gebracht hatte, und als Gegenextrem zu ihr der Somnambulismus, Spiritismus und Mesmerismus nach längerer Zurückgedrängtheit zu neuem und überraschend starkem Leben erwacht. Die Entdeckung und notgedrungene Anerkennung der hypnotischen Suggestion, deren Wunder damals die breiteste Oeffentlichkeit in Staunen setzten, und die in manchen Fällen ebenso unleugbaren Heilerfolge des animalischen Magnetismus, gaben bei dem wahrscheinlichen Zusammenhang aller dieser dunklen Gebiete auch den kühnen Jenseitsbehauptungen der Spiritisten so viel Glaubwür-

---

280 Hermann Bahr: „Die Moderne" (1890). In: Wunberg, S. 52–55, hier: S. 55. [Ursprünglich: In: Moderne Dichtung. Monatsschrift für Literatur und Kritik. Bd. 1, Nr. 1, Heft 1, 1.1.1890, S. 13–15]

digkeit, dass sich das metaphysische Bedürfnis der Gebildeten mit Feuereifer aufs Tischrücken und alle sonstigen Ausbeutungen des „Mediumismus" warf, um auf diesem Weg Beweise für das persönliche Fortleben nach dem Tode zu gewinnen.[281]

Bis Hanns von Gumppenberg seine anfänglichen Zweifel überwunden hatte und bis er endlich seinen ganz eigenen Weg der okkultistischen Sinnsuche gefunden hatte, waren in München, trotz aller Unsicherheit im meist experimentellen Rahmen, etliche spirituelle Zirkel mit jeweils voneinander abweichenden Methoden und Ansätzen entstanden, die sich untereinander austauschten, aber auch den jeweils anderen unseriöse Methoden vorwarfen.

4.3 Vom Skeptiker zum Spiritisten: Eine früh angelegte Entwicklung

Nachdem sich Hanns von Gumppenberg von seiner Niederlage mit dem *Dritten Testament* einigermaßen erholt hatte, versuchte er auf den Rat seines Vaters hin zunächst in Stuttgart eine redaktionelle Anstellung zu finden und auf diese Weise wieder zu Stabilität zu gelangen. Im „schwäbischen Exil"[282] hielt es ihn, der Anschluss und Einfluss im gesellschaftlichen Leben suchte, allerdings nicht lange und so zog er bald nach Berlin um dort sein Glück zu versuchen.

Als sich im September 1894 der Schriftsteller Paul Scheerbart an seinen Freund Hanns von Gumppenberg wandte, war dieser längst nicht mehr der von aller Welt belächelte oder bemitleidete Phantast, als der er in München wohl zu dieser Zeit noch gegolten hätte:

Herrn Baron
Hanns von Gumppenberg
Berlin-Friedenau
Rembrandtstr. 9.I.

Lieber H. v. G.! Könntest du evtl, wenn Du augenblicklich Zeit haben solltest, einen Artikel:
„Die Kunst und der Spiritismus"
oder so ähnlich schreiben? Es ist höchstwahrscheinlich, daß die Sache sofort gedruckt wird – evtl. mit Porträt. Schick's in ca 8–12 Tagen an
„Paul Hildebrandt"

---

281 HvG: Lebenserinnerungen, S. 108. (bezieht sich auf 1886)
282 HvG: Lebenserinnerungen, S. 197.

Berlin W. Leipziger Str 130
Sonst schreib' mir! Karte am 14ten bis jetzt nicht erhalten[.] Honorar gut.
Heil! Heil! Heil!
Dein
Paul Scheerbart

Berlin-Schöneberg Akazienstr. 14 III.1[283]

Gumppenberg, der sich in den zwei zurückliegenden Jahren eifrig um Anerkennung sowohl in den Schriftstellerkreisen als auch in den okkultistischen Zirkeln Berlins bemüht hatte, war mittlerweile eher als kritischer Experte für spiritistische Phänomene bekannt, publizierte häufig in einschlägigen Zeitschriften und hielt Vorträge vor interessiertem Publikum. Von seiner eigenen praktischen Erfahrung berichtete er ironisch reserviert und konnte diese so als Glaubwürdigkeitsbonus ausnutzen. Auch aus finanziellen Gründen konnte er das Angebot Scheerbarts kaum ausschlagen. Der selbstbewusste Tonfall jedoch, in dem er seinen Artikel über den *Spiritismus und die Kunst* verfasste, gibt Aufschluss darüber, wie schnell er sich von der spiritistischen Katastrophe erholt hatte – und rückt die kritische Haltung im kurz darauf erschienenen *Fünften Propheten* in ein anderes Licht. Vorangestellt ist dem Artikel, der in *Amsler & Ruthard's Wochenberichten* erschien, ein Gedicht, in dem sich der Schutzgeist Geben direkt an den Autor richtet:

Geben.
Vorstimmung.

Nun ist's genug – nun, Freund, verlass' ich dich!
In harter Kampfesstunde denk' an mich,
Und halte fest am herrlichen Berufe!
Unsichtbar bleib' ich immerdar bei dir:
Vertraue mir!
Ich harre deiner auf der vierten Stufe.
Indessen still mein Geist den Weg bedenkt,
Wirst du von manchem Weibe noch beschenkt,
Wirst Manche du beschenken, hier im Leben!
Ich aber wurde dort dir angetraut

---

283 Paul Scheerbart: Brief an Hanns von Gumppenberg vom 14.9.1894. In: Ders.: 70 Trillionen Weltgrüße. Eine Biographie in Briefen 1889–1915. Hrsg. v. Mechthild Rausch. Berlin 1990, S. 20.

> Als deine Geistesbraut –
> Mir ward dein Eigenstes gegeben.
>
> Schreit' fort, und bleibe stark, und dir getreu,
> Du, den ich liebe, du mein Geistesleu' –
> Unsichtbar nütz' ich dir: so musst du siegen!
> Und dann, wenn du die letzte Kraft bewährt,
> Dann wird in Stolz und Glück verklärt
> Mein Geist sich an den deinen schmiegen.[284]

In wehmütigem Ton fasst er im darauffolgenden Text die erlebte Geschichte zusammen, berichtet von den bösen Geistern, die sich zwischen ihn und Geben gedrängt hatten, die ihm als Ursache für die Offenbarungen seine eigene Eitelkeit vorgeworfen hatten, und fragt schließlich sarkastisch: „War ich denn eitel?? Und wenn ich selbstbewusst war: wer ist denn bescheiden, nach Goethe?"[285]

Schenkt man diesen Worten Glauben, so hat Gumppenberg zumindest in den ersten Jahren kaum etwas aus seinem missglückten prophetischen Versuch gelernt. Ja, seine nach außen hin selbstkritischere und zweifelndere Haltung scheint er bewusst als Strategie gewählt zu haben, die ihm, nach der ausgebliebenen Anerkennung der Zeitgenossen, sein weiteres Leben erleichtern sollte. Aber nicht einmal diese Einsicht stammt aus eigener Erfahrung, auch die selbstauferlegte prophetische Zurückhaltung befolgte er nur deshalb so konsequent, weil Geben selbst ihm dazu geraten hatte. Gumppenberg geht in seinem Artikel sogar so weit, die heimliche Hoffnung zu äußern, Geben hätte ihn nur deshalb in die peinliche Situation geführt, ihn vor aller Welt bloßgestellt, um ihn durch die Niederlage wieder auf den bescheideneren Weg des Schriftstellers zu führen: „Ob sie wohl Wort hält, die ernste Geben ... trotzdem? Wär' es denn nicht möglich, dass sie mich selbst belog, damit ich gewiss nicht mehr fragen sollte? damit ich wieder selbstständig würde, und mich ganz wiederfände, und arbeiten möchte ganz aus eigener Kraft? damit ich nicht eitel würde?? Ich kann mir's denken: und vielleicht ist sie es, die es mich denken lässt."[286] Dieses vorläufige Resümee unterscheidet Hanns von Gumppenberg deutlich von jenen Spiritisten, die lediglich von der Neugier auf bisher unbekannte Erkenntnis-

---

[284] HvG: „Der Spiritismus und die Kunst". In: Amsler & Ruthardt's Wochenberichte, III. Jg., Nr. 7 vom 10.11.1894, S. 61–64, hier: S. 61.
[285] Ebd. (Hier wird wohl auf den bekannten Vers aus Goethes Gedicht *Rechenschaft* angespielt: „Nur die Lumpe sind bescheiden, Brave freuen sich der That.")
[286] Ebd.

formen zu leichtsinnigen Experimenten getrieben wurden. Durch die enge Beziehung zu seinem imaginären Alter Ego, hatte er das experimentelle Stadium, in dem noch Zweifel möglich war, rasch hinter sich gelassen. Sein Spiritismus war ein gerade durch alle Widrigkeiten umso intensiver empfundener persönlicher Glaube. Er hatte einen inneren Ratgeber gefunden, eine Stimme, die ihm besonders in Zeiten der Krise half und ihm Selbstvertrauen schenkte. In Frage stand nicht mehr, ob dieser Geist existierte – was Gumppenberg interessierte, war nur noch die Form, in der er diese Tatsache nach außen tragen, oder für sein Leben nutzbar machen konnte: „Einst, wenn mein mühseliges Erdenleben dem Ziele naht, wenn die Feder meiner müden Hand entfällt: einst kommt sie vielleicht dennoch zu mir, wie damals so oft, mit dem ganzen Verstehn meines Innersten, wie damals, und lächelt, die Ernste, dass es ihr so gut gelungen ist."[287]

Dass es Gumppenberg in späteren Jahren wohl doch zumindest vorübergehend gelang, den Spiritismus in dieser Extremform anzuzweifeln, verraten seine Lebenserinnerungen, in denen er selbstkritisch auf die Verirrungen seiner Jugend zurückblickt und bemüht ist, seine Fehler psychologisch zu erklären und so auch einer kritischen Leserschaft verständlich zu machen.

Will man Hanns von Gumppenbergs Weltanschauung verstehen, so ist es unerlässlich – unabhängig von allen möglichen psychologischen Spekulationen –seine lange Entwicklung vom materialistischen Skeptiker zum überzeugten Okkultisten nachzuzeichnen. Die Entwicklung, die im *Dritten Testament* ihren Höhepunkt fand, war nicht nur eine vorübergehende verwirrte Eskapade, sondern hatte einen anhaltenden prägenden Einfluss auf die Persönlichkeit des Dichters. In seinen Lebenserinnerungen berichtet er, sich schon als Kind mit Glaubensfragen beschäftigt zu haben:

So ernst ich das protestantische Kirchendogma bis zu meiner Konfirmationszeit und noch eine Weile darüber hinaus genommen hatte, in meinen letzten Pagenjahren konnte ich es nicht mehr gegen meine Vernunft und wachsende Lebenseinsicht verteidigen: und wie so viele junge Menschen der Uebergangszeit empfand ich diesen Abfall vom alten Glauben wie auch den Bruch mit anderen Elementen strenger Ueberlieferung und Sitte, der sich beim Eintritt ins reale, von materialistisch-naturwissenschaftlicher „Aufklärung" beherrschte Leben von selbst ergab, mehr als Schuld denn als Befreiung; dazu kam noch, als gleichzeitiges und einigermassen analoges Erlebnis, der mit der vollen Geschlechtsreife verbundene Verlust der kindlichen Naivität, der sich einem empfindlichen Gemüt wie dem meinen, zunächst auch mehr

---

[287] Ebd., S. 62.

als ethische Einbusse, als „Vertreibung aus dem Paradies" dargestellt hatte, denn als naturgemässes Entwicklungsmoment.[288]

Unabhängig davon, ob die Erinnerung des Zurückblickenden die kindliche Reflexion getreu wiedergibt, fällt die zeittypische Empfindung des Kindes auf, das den Übergang vom unreflektierten Glauben hin zum aufgeklärten Denken als persönliche Entwicklung auffasst, die eine Gegnerschaft zur kirchlichen Tradition einleitet und gleichzeitig die Wissenschaft als ursächlich für die negativ empfundene eigene Skepsis, für die „Vertreibung aus dem Paradies" ausmacht.

Diese frühe subjektive Verlusterfahrung schuf wohl den Hintergrund, vor dem jede Möglichkeit einer neuen Spiritualität die Hoffnung auf die Rückkehr in den höheren Zustand der metaphysischen Schwärmerei versprach. Fasziniert nahm der junge Gumppenberg Berichte von übernatürlichen Begebenheiten, von Gespenstergeschichten und besonderen Fähigkeiten der Verwandtschaft auf.[289] Auch in der Natur sah der Junge magische und wunderbare Züge, die seine Phantasie zu immer größerer Kühnheit reizten:

> Und der Anblick des kühn in den Himmel aufragenden, von bläulichem Dunst übergossenen Felsenhaupts, das mir so märchenhaft hoch und fern erschien, erregte meine Einbildungskraft zu allerlei Träumen und erfüllte mich mit einer vorher nicht gekannten Sehnsucht nach schwer erreichbaren Wunderdingen. Noch heute habe ich den starken seelischen Genuß, der gerade mit dieser unerfüllten Sehnsucht und mit der Vorstellung der geheimnisvollen Unnahbarkeit solcher Berggipfel verbunden war, in lebendigster Erinnerung. Sobald ich dann selbst den einen oder anderen von ihnen erstiegen und in ernüchternder Nähe gesehen hatte, ging mir der ehrfurchtserweckende Zauber unwiederbringlich verloren. Wie sehr die Welt dadurch ärmer an reinen und großen Gefühlswerten wird, daß an die Stelle der alles erhöhenden, verschönernden und adelnden Phantasie die immer nur mangelhafte und enttäuschende Erfahrung tritt, sollte sich mir dann später noch an den verschiedensten Dingen des Lebens erweisen.[290]

Gumppenbergs angeborene Sensibilität für die metaphysische Welt ist jedoch nicht bloß als der romantische Überschwang eines typischen Heranwachsenden zu sehen. In seinen meist vor Eltern und Freunden geheim gehaltenen,

---

288 HvG: Lebenserinnerungen, S. 101. (bezieht sich auf *Die Könige*)
289 Vgl. HvG: Lebenserinnerungen, 81 f. (bezieht sich auf 1883)
290 HvG: Lebenserinnerungen, TS, S. 35. (Nicht im Buch). Im Nachlass, Münchner Stadtbibliothek/Monacensia [L 5222].

phantastischen Neigungen zeigt sich eine früh ausgeprägte Oppositionshaltung gegenüber dem materialistischen Zeitgeist und den eigenen Eltern.[291] Gumppenberg schwankte zwischen den freieren Anschauungen des Vaters, der unorthodoxen Glaubensfragen gegenüber ebenfalls wenig Argwohn zeigte und dem tiefen Glauben der Großmutter.

Dass Gumppenberg sich schon in jungen Jahren intensiv mit dem Wahrheitsgehalt der biblischen Überlieferung auseinandersetzte, und gleichzeitig eine immer kritischere Haltung zum Materialismus einnahm, beweisen seine Dramen *Die Könige*[292], *Die Spiritisten*[293] und *Der Messias*[294], entstanden 1885 und 1891.

In den *Königen* werden die alttestamentarischen Könige Saul und David einander gegenübergestellt, wobei Saul als Vertreter der alten, dem Untergang geweihten Ordnung, als tragischer Held von Gott zurückgewiesen wird. Die neue Zeit, die trügerische Hoffnung auf eine bessere Zukunft, nimmt in Person Davids die Stelle der alten Welt ein und wird von Gott begünstigt. Wie sehr dem jungen König jedoch zu vertrauen ist, bleibt fraglich. Während Gumppenberg zu dieser Zeit die Herausbildung einer neuen Religion noch fern lag, bringt die Handlung des Dramas vielmehr einen deutlichen Zweifel am positivistischen Fortschrittsglauben des 19. Jahrhunderts zum Ausdruck.

Das Drama *Die Spiritisten* thematisiert das Dilemma, in dem sich ein Mensch befindet, der vom Glauben abgefallen ist, also wie Gumppenberg eine durch Aufklärung beeinflusste Vertreibung aus dem Paradies des kirchlichen Dogmenglaubens erlebt hat, der sich aber gleichzeitig nicht mit den Erklärungen der Wissenschaft begnügen will. Beide Stücke illustrieren überaus deutlich die weltanschauliche Entwicklung des Autors und nehmen Stellung zu aktuellen Fragen der Glaubenskrise.

Das schon eingangs erwähnte Trauerspiel *Der Messias*, das wegen seiner naturalistischen Behandlung des Evangeliums einen Sturm der Entrüstung auslöste, hält sich zunächst nah an der biblischen Überlieferung. Erst im dritten Akt wird die Göttlichkeit Christi als fauler Zauber entlarvt: Die von Jesus zum Leben erweckte Tochter des Jaïrus war gar nicht tot. Christus begeht bewusst einen Schwindel, um von der Menge bejubelt zu werden. Hierauf interpretiert Gumppenberg die Passionsgeschichte auf radikale Weise neu: Nur durch die

---

291 Vgl. Châtellier, S. 117.
292 HvG: Die Könige. Trauerspiel in sieben Aufzügen. Manuskript im Nachlass, Münchner Stadtbibliothek/Monacensia [L 2011].
293 HvG: Die Spiritisten. Schauspiel in drei Aufzügen. Manuskript im Nachlass, Münchner Stadtbibliothek/Monacensia [L 2014].
294 HvG: Der Messias. Trauerspiel in fünf Aufzügen. München 1891.

selbstgewählte Sünde der Lüge und Hochstapelei, beweist der falsche Erlöser seine Menschlichkeit, nur so kann er zum Führer der Massen werden und nur durch die freiwillige Entscheidung zur Sünde kann er von Gott freigesprochen werden. Er belädt sich also freiwillig mit Schuld, um die eigene Erlösung erst möglich zu machen und unterscheidet sich somit nicht mehr von jedem anderen sündhaften Menschen.

Inwieweit sich Gumppenberg, der im selben Jahr sein *Drittes Testament* veröffentlichte, persönlich mit seiner Version eines menschlichen, sündhaften Christus identifizierte, ist schwer zu bestimmen. Zumindest im Nachhinein stilisierte sich der Autor jedoch als Märtyrer, der berufen ist, die Schmach und den Spott auf sich zu nehmen, um die Menschheit in ein neues Zeitalter zu führen.

4.4 Gumppenbergs Glaubenssystem

Es fällt nicht leicht, der Logik des *Dritten Testaments* zu folgen, in den abstrusen Offenbarungen einen über naheliegende psychologische Diagnosen hinausgehenden Sinn zu erkennen. Will man Gumppenbergs Person, seine Denkmuster und seine Weltanschauung jedoch auch über seine spiritistische Phase hinausgehend verstehen, so ist diese Schrift, die den Höhepunkt und Kern von Gumppenbergs spiritueller Selbstfindung darstellt, dennoch überaus aufschlussreich. Sie wird ergänzt durch die im darauffolgenden Jahr erschienene *Kritik des Wirklich-Seienden*[295], in der Gumppenberg seine Theorie auf ein philosophisch solideres Fundament zu stellen versucht, sowie durch seine erst elf Jahre später erschienenen *Grundlagen der wissenschaftlichen Philosophie*[296], in denen er versucht, zentrale Thesen, die er im Wesentlichen beibehält, durch Erkenntnisse der Naturwissenschaft zu belegen.

Die psychologische Authentizität vor allem des *Dritten Testaments* erzählt anschaulich von Hoffnungen und Erwartungen, vom geistigen Zustand nicht nur des Autors, sondern großer Teile des Milieus in dem er lebte. Die Offenherzigkeit, mit der er diese Haltung zur Sprache bringt, ist hier weitaus interessanter als die konkreten religiösen Postulate.

Zunächst verblüfft der Ansatz, Rationales mit Irrationalem zu verknüpfen. Gumppenberg sah offenbar keinen Widerspruch zwischen seinem durch reli-

---

295 HvG: Kritik des Wirklich-Seienden. Grundlagen zu einer Philosophie des Wirklich-Seienden. Berlin 1892.
296 HvG: Grundlagen der wissenschaftlichen Philosophie. München 1903.

giöse Verzückung gespeisten Überzeugungswillen und der behutsamen, streng logischen Beweisführung des Wissenschaftlers. Auch und vor allem im *Dritten Testament* findet sich Gumppenbergs holistische Weltsicht, die vor dem Hintergrund der neu aufgetretenen Widersprüche in der Gesellschaft eine ganzheitliche Welterklärung anstrebt. Es ist wohl auch typisch für den Zeitgeist, dass dieser Versuch, ein alternatives Theoriegebäude zu errichten nicht von der Opposition zu den Systemen ausgeht, die er eigentlich ablösen will, sondern auf der Versöhnung der einzelnen, zueinander widersprüchlichen Elemente beruht: „L'image du monde telle qu'elle se profile à travers le dialogue mené par Gumppenberg avec son esprit tutélaire correspond en effet à une synthèse à laquelle tout concourt, les religions de tous les dogmes, la philosophie, les sciences de la nature."[297] Dogmen, Religion, Philosophie und Wissenschaft sind also nicht in sich als Methoden der Welterklärung fehlerhaft, sondern lediglich in ihrer jeweiligen Gegnerschaft zueinander. Die spiritistische Offenbarung leistet das, was auf rationalem Wege nicht möglich war: Sie beseitigt die Widersprüche und füllt die kulturellen Spaltungen, die sich aufgetan hatten. Während Gumppenberg das tiefe Bedürfnis nach ganzheitlicher Erkenntnis zu befriedigen scheint, indem er eigentlich widersprüchliche Modelle als komplementäre Versatzstücke eines Ganzen begreift, bedient er sich argumentativ sowohl bei der Religion als auch bei der Wissenschaft.

Diese Einheit der Gegensätze ist für Gumppenberg kein Widerspruch, sondern zentraler Baustein seiner Theorie: Die einzig wahre Realität kann zwar nur das Geistige sein. Komplementär dazu steht jedoch das Materielle als andere Daseinsform:

> Gott hat die Materie erschaffen, obwohl er selbst keinen Theil an ihr hatte, weil auch sie, als sein Wesensgegentheil, möglich und damit für die schaffende Liebe nothwendig war. Die Geister genossen so die ganze Freiheit ihrer unvollkommenen Natur. Sie hatten die Wahl, ihrem reingeistigen Ursprung zuzustreben oder seinem Widerpart, der Materie: eine Wahl, die Gott selbst, dem Reingeistigen, naturgemäss versagt ist (da es unmöglich ist, sich selbst zu verneinen).[298]

Gemäß dieses postulierten Primats des Geistigen lehnt Gumppenberg naturwissenschaftliche Methoden und Anfeindungen kategorisch ab und bedient sich in seiner Beweisführung einer rein spekulativen, vorgeblich streng logischen und deshalb scheinbar wissenschaftlichen Beweisführung. Dem liegt

---

297 Châtellier, S. 121.
298 HvG: Das dritte Testament. S. 10 f.

seine naive Überzeugung zugrunde, das Denken sei ohnehin Grundlage jeder menschlichen Erkenntnis, die – solange nur eine strenge Logik eingehalten wird – auch ohne empirische Verifikation völlig ausreicht.

Noch im Alter von 54 Jahren veröffentlicht er die Schrift *Philosophie und Okkultismus* in der er sich mit den angeblich wissenschaftlichen Ansprüchen des Okkultismus beschäftigt und seiner Beweisführung dieselbe rein theoretische Logik zugrunde legt, wie seinem Jugendwerk, dem *Dritten Testament*:

> Den Menschen ist ein streng gesetzmäßig arbeitender Mechanismus der Geistestätigkeit natureigen, dessen Gebrauch zwar beim einzelnen Individuum oder im einzelnen Fall allerlei Hemmungen oder Störungen erfahren kann, der aber nichtsdestoweniger in allen Individuen gleichförmig ist und bei vollentsprechender Anwendung jedem dieselben Ergebnisse liefert. Dieser geistige Mechanismus ist das Denken im Sinne der formalen Logik, das Denken als allgemein-menschliches Erkenntnismittel, als dasjenige, was den jeweiligen Inhalt unseres Bewußtseins oder Selbstbewußtseins begreifend, urteilend und schließend erfaßt, prüft und ordnet. Wäre nicht dieses logische Begreifen, Urteilen und Schließen p o t e n t i e l l, als natürliche Möglichkeit, als entwicklungsfähige Anlage in allen ‚geistig gesunden' Menschen gleichförmig vorhanden, so könnte keine intellektuelle Verständigung irgendwelcher Art unter den menschlichen Individuen erfolgen; überhaupt jeder Gedankenaustausch, jede Belehrung, jede Wissenschaft wäre dann ausgeschlossen.[299]

Die Existenz von Geist und Materie, verschiedener Existenzformen innerhalb einer kosmischen Ganzheit ist für Gumppenberg logisch notwendig, da Gott als reiner Geist in seiner Vollkommenheit gezwungen ist, die Möglichkeit des Materiellen auch zu realisieren. Doch erst im Aufeinandertreffen von Geist und Materie realisiert sich das Leben, das in Gumppenbergs streng hierarchisch organisiertem Modell immer nach der jeweils höherstehenden Daseinsform streben muss.

In diesem Aufwärtsstreben der stetigen Selbstvervollkommnung übernimmt Gumppenberg erstaunlicherweise Teile des Fortschrittsdenkens der Positivisten, zu denen er eigentlich in Opposition stand. Dies ist wiederum typisch für viele paradoxe Zukunftsentwürfe am Beginn der Moderne: Einerseits sah man ein Zeitalter zu Ende gehen und einer düsteren sinnentleerten Zukunft entgegen, gleichzeitig aber war man umso mehr darum bemüht, Hoffnungen auf Besserung der Kultur zu erwecken, indem man gewagte Entwürfe schuf, die sich zwar nicht auf ein Fortschreiten der Tradition stützten, das kommende

---

299 HvG: Philosophie und Okkultismus. München 1921, S. 1 f.

Jahrhundert aber dennoch als abstraktes Versprechen eines besseren und erstrebenswerten Zustands zeichneten.

Gumppenbergs vielschichtiges System, in dem jeder Geist nach dem nächsthöheren Zustand strebt und von diesem bestimmt wird, gleicht einer Pyramide. Das Fundament des Gebäudes bilden die Menschen in ihrer materiellen Körperlichkeit. Sie streben der Spitze entgegen, die der rein geistige Gott ist.

Deutlich erkennbar sind hier die Anleihen beim Darwinismus, gleicht doch der allen Wesen innewohnende Drang zur Perfektionierung dem Modell des damals noch nicht lange entdeckten Evolutionsprinzips, wenn auch Gumppenbergs System sich in seiner teleologischen Ausrichtung wiederum von Darwin unterscheidet. Die Ähnlichkeit der beiden hierarchischen Systeme wird sogar von Geben bestätigt. Das irdische Leben, während dessen der Geist gefangen ist, hat die Bewusstmachung der eigenen Individualität zum Ziel. Dieses schließlich seiner Existenz bewusste Individuum durchläuft anschließend noch weitere sieben Perfektionierungsstufen, die direkt nach dem Tod beginnen. Das Fortschreiten dieses Prozesses wird daran erkennbar, dass das sich vervollkommnende Wesen einen immer luftigeren Zustand annimmt. Diese Unsterblichkeitsphantasie beantwortet die auch für viele Zeitgenossen Gumppenbergs drängende Frage nach einem jenseitigen Leben auf durchaus befriedigende Weise. Wenn nämlich auch der Tod keinen Endpunkt mehr darstellt, sondern nur die unterste von mehreren Stufen ist, die auf dem Weg der Selbstperfektionierung notwendig zu überwinden sind, so fügt sich alles Sein ein in die kosmische Vorstellung einer vereinheitlichten Welt. Bei Leibniz leiht Gumppenberg den Gedanken, dass wir in der besten aller Welten leben, da sich letztlich alles was nach göttlichem Gesetz möglich ist, auch realisieren muss.

Trotz aller spekulativ logischen Gedankenführung begnügt sich Gumppenberg nicht mit dem theoretischen Postulat der Wahrheit seines Systems. Am Ende seines *Dritten Testaments* richtet er ein Gebet an Gott: „Gebet eines Erdenmenschen. Lieber Vater aller Geister! Gib mir Kraft, dass ich täglich mein wahres Wesen reiner erkenne: dass ich freudig den Kampf dieses Lebens überwinde und dereinst dir nahen kann, würdig deiner und meiner selbst! Amen."[300]

In seiner Vorstellung eines einzigen Gottes weicht Gumppenberg in anderer Hinsicht wiederum stark von der christlichen Lehre ab: Die Vorstellung des höchsten Wesens verschmilzt bei Gumppenberg mit der eigenen Person, wenn er die Treue sich selbst gegenüber statt der Treue zu Gott als den einzigen Weg

---

300 HvG: Das dritte Testament, S. 16.

der Reinigung fordert. Die christliche Aufopferungsethik wird so aufgegeben zugunsten eines gesunden Egoismus: „Jeder muß sein eigener Erlöser sein."[301]

In seiner Argumentation war Gumppenberg wie viele andere Künstler und Intellektuelle seiner Zeit erkennbar stark von Spinoza und Schopenhauer beeinflusst, die sich wie er in einer Welt der Anfeindungen empfanden und allein durch einsames Denken der als bedrohlich empfundenen Wissenschaft ein ganzheitliches gedankliches System gegenüberstellten.[302] Die Manifestation der Geister wird bei Gumppenberg als Notwendigkeit präsentiert, um den Skeptizismus der materialistischen Kritik zu entwaffnen. Sie soll der Empirie ein gleichwertiges oder sogar überlegenes System an die Seite stellen und so eine andere Form der Realität beweisen, die bisher nur erahnt werden konnte. Dass eine solche höhere Realität jenseits des Materiellen existiert, wird vorausgesetzt und der Theorie unhinterfragt zugrunde gelegt: „Le spiritisme fonctionne donc ici comme une sorte de catalyseur d'une philosophie de l'avenir, au-delà du matérialisme."[303] Einen Beweis oder zumindest eine kritische Prüfung der okkultistischen Phänomene, die ja als einzige Quelle seiner Philosophie behauptet werden, schließt Gumppenberg mit dem Argument aus, dass sie allein durch gedankliche Schlussfolgerung zu erklären seien, nicht aber durch naturwissenschaftliche Methoden.

Der Wunsch, die empirischen Wissenschaften abzulösen, ist in allen philosophischen Schriften Gumppenbergs deutlich erkennbar. Ja, seine Argumentation scheint direkt auf das eine Ziel gerichtet entworfen zu sein, das die ursächlichen Bedürfnisse des Fragenden befriedigt und die Zweifel des Skeptikers entkräftet: Die uns am nächsten stehende, direkt auf den Tod folgende zweite Lebensperiode bietet dem materiellen Menschen nicht nur eine Hoffnung und einen Entwicklungshorizont, sondern dient gleichzeitig als Erklärung für okkultistische Phänomene, die so als mögliche Kontaktaufnahme mit der nächsthöheren Existenzform definiert werden. Da aber diese zweite Lebensperiode auf der menschlichen Entwicklungsleiter immer noch relativ niedrig angesiedelt ist, zeigt sich dieser Kontakt in unserer Erfahrung oft als derber Spuk. Hinter all diesen abenteuerlichen Argumenten und Ausführungen ist deutlich der Wunsch erkennbar, eine totales System zu errichten, das allen Zweifeln standhält und keine existenzielle Frage mehr offenlässt.

---

301 HvG: Der Prophet Jesus Christus. [im hinteren Teil des dritten Testaments], S. 10.
302 Vgl. Ortrun Schulz: Wille und Intellekt bei Schopenhauer und Spinoza. Frankfurt a. M. 1993, S. 221.
303 Châtellier, S. 123.

Dass durch den Okkultismus eine Neuinterpretation philosophischer und religiöser Tradition stimuliert wurde, ist einerseits Zeichen für eine zunehmend fragil gewordene Selbstauffassung des Menschen in der Gesellschaft. Andererseits drückt sich jedoch auch eine neu gefundene Offenheit gegenüber nie dagewesenen, in die Zukunft gerichteten Denkansätzen aus, die in ihrer Oppositionshaltung sowohl zur Vergangenheit, als auch zur als negativ empfundenen Gegenwart, insgesamt als Wille zur Erneuerung zu verstehen ist.[304] Insofern sind jene Deutungen zu relativieren, die den Okkultismus als Ablehnung der Moderne, als Rückfall in traditionell-spirituelle Praktiken verstehen. Sicher gab es auch Elemente innerhalb der spiritistischen Kreise, die sich als kategorische Gegner der modernen, rationalisierten Welt verstanden. Wenn Priska Pytlik Gumppenbergs *Drittes Testament* in diesem Kontext verortet, tut sie deshalb gerade ihm unrecht: „Überhaupt gibt sich die Schrift in ihrem Bestreben weitgehend regressiv und konservativ, und das trotz (oder gerade wegen) der Aufbruchs- und Umbruchsstimmung am Ende des 19. Jahrhunderts."[305] Gumppenbergs spirituelle Suche ist bei aller Unbeholfenheit und Naivität vielmehr als Versuch zu verstehen, Religion und Wissenschaft, Irrationales mit Rationalem zu versöhnen. Diese Synthese führt zu einem theoretischen System, das sich nicht mehr bloß auf dogmatische Erzählungen beruft, sondern die biblische Mythologie durch eine abstraktere Argumentation ablösen will, indem sie moderne Erkenntnisse wie den Darwinismus integriert.[306]

Auch wenn wesentliche Grundannahmen wie auch Folgerungen in die Irre gehen, ist Gumppenbergs Gedankenwelt doch im Kern als fortschrittliche Zivilisationstheorie konzipiert, die letztlich sowohl die christliche Religion wie auch die Wissenschaft überflüssig machen soll – und damit zukunftsorientiert ist. Wie viele seiner Zeitgenossen gab sich Gumppenberg nicht mit der Aussicht zufrieden, die Religion als Relikt vorwissenschaftlicher Zeiten zurückzulassen, sondern wollte sie im Sinne der Moderne weiterentwickeln bzw. neu konstruieren.

Wie schwer Gumppenberg seine Niederlage getroffen haben muss, und wie stark gleichzeitig sein Wille gewesen sein muss, an seiner Theorie festzuhalten, zeigt ein Kapitel des Schlüsselromans *Prinz Kuckuck*, in dem sein enger Freund Otto Julius Bierbaum als einer der wenigen Anwesenden von der öffentlichen Lesung des *Dritten Testaments* berichtet:

---

304 Vgl. Châtellier, S. 127.
305 Pytlik, S. 306.
306 Vgl. Châtellier, S. 127.

In diesem Augenblicke erschien das zum Propheten aufgeglühte ‚Heimliche Licht' in einer Türe und schritt feierlich, der Gelegenheit entsprechend mit einem schwarzen Gehrock angetan, zum Katheder. Man sah es ihm an, daß es sich geistig mehr zugemutet hatte, als ihm dienlich war. Es sah eingefallen, bleich und mitgenommen aus. Doch fehlte auch nicht der ihm eigene schulmeisterliche Zug von Dünkel und einer gewissen kümmerlichen Entschlossenheit.[307]

Glaubt man dem Bericht im Roman, so hielt Gumppenberg mit feierlichem Ernst dem Gelächter und den spöttischen Zwischenrufen der wenigen Besucher stand, stilisierte sich unbeirrt als Prophet und verlas mit sich steigerndem Pathos die göttliche Offenbarung:
Der Unglückliche wollte Erhabenheit in seinen Ton legen, aber es kam nur ein hohles Dröhnen zustande, und der Erfolg war, daß die Studenten schon zu lachen begannen, als er erklärte, unter dem Zwange eines göttlichen Auftrages zu handeln, und daß mit diesem Momente der Morgenglanz einer neuen Zeit beginne, in dem das dritte Testament Gottes hinausleuchte über die Völker des Erdballes, unsere dunkle, von hundert Gegensätzen und tausend Irrtümern zerfleischte Zeit nach der tiefen Nacht sogenannter Aufklärung zu ruhigem, echtem Lichte aufklärend.[308]

Dass Gumppenberg die fortgesetzten Anfeindungen mit verstärktem Pathos konterte, passt zum entschlossenen Temperament des Berufenen, des Verblendeten:

War das Heimliche Licht, ob auch bleicher und bleicher werdend und zuweilen mit der Stimme überschnappend vor innerer Empörung über den fortgesetzten Hohn, schon immer feierlich prophetenhaft geblieben, so gab es sich zuletzt noch einen besonderen Ruck zum gewaltig Pathetischen, indem es sprach: ‚Die Gottheit hat gesprochen, und tatsächlich ist mit der Verkündung des dritten Testamentes die Zeit des Kirchenkultus vorbei, wenn er auch für die träge, nachschleppende Masse noch sein veraltetes Dasein fortfristen wird.'[309]

Bierbaum berichtet weiter, wie die zunächst ausgelassene Stimmung unter den wenigen Besuchern gegen Ende des Vortrags in Mitleid umschlug und wie

---

307 Otto Julius Bierbaum: Prinz Kuckuck. Leben, Taten, Meinungen und Höllenfahrt eines Wollüstlings. In einem Zeitroman von O. J. Bierbaum. 2. Bd. München 1909, S. 345.
308 Ebd.
309 Ebd., S. 349 f.

man sich schließlich schämte über die eigene primitive Lust, sich an der Hilflosigkeit des Verwirrten zu ergötzen.

Auch wenn an jenem Abend nur wenige das traurige Schauspiel verfolgten, sprach sich die sensationelle Nachricht des neuen Propheten wie ein Lauffeuer herum. Die Wenigen, die ihn ernst nahmen, und die neue Rolle Gumppenbergs nicht für eine Parodie hielten, reagierten mit unverhohlener Kritik. Carl du Prel, einer der beiden prominenten Statthalter des Okkultismus in München verteidigte seine Auffassung gegen den neuen Konkurrenten, und warf ihm vor, „durch mediumistische Erlebnisse aus dem materialistischen Fahrwasser gerissen […] kopfüber in den dogmatischen Spiritismus gestürzt" zu sein. Ihn stört vor allem, wie weit Gumppenberg in seinen Offenbarungen geht, und wie wenig dabei deren Ursprung angezweifelt wird:

> Er [Gumppenberg] ist […] offenbar in der Geschichte des Spiritismus nicht bewandert und weiß nicht, daß dieser – von Nachzüglern abgesehen – die dogmatische Periode längst hinter sich hat, ja durch die skeptische hindurch schon bei der kritischen Periode angelangt ist. Der Kritizismus gebietet uns aber, alle spiritistischen Offenbarungen über das Jenseits so lange für werthlos zu erklären, bis wir untrügliche Mittel besitzen, in jedem einzelnen Falle die Quelle zu bestimmen, aus der sie fließen. Das können wir heute noch nicht; darum will ich wenigstens von solchen Offenbarungen überhaupt nichts wissen, und muß die Herausgabe von solchen als einen Anachronismus, d.h. als einen Rückfall in den dogmatischen Spiritismus erklären.[310]

Oskar Panizza wiederum, Gumppenbergs Schriftstellerkollege bei den Münchner Modernen, stört sich besonders an der synkretistischen Vermischung bekannter Glaubenselemente. Er erklärt detailliert die verschiedenen Anleihen, die Gumppenbergs Theorie enthält:

> Dies vorausgeschickt, stehen wir nicht an zu erklären, daß *von Gumppenberg* alle diese heterogenen, gnostischen, scholastischen, theosophischen Elemente zu einer Gesamtanschauung von einem Guß glücklich umzuschmelzen verstanden hat, und wir verweilen hier um so lieber, als dieser Prozeß, wie uns scheint, *von Gumppenbergs* wesentlichen Anteil an diesem merkwürdigen Schriftchen bedeutet.[311]

---

310 Carl du Prel: Das dritte Testament [Rezension]. Separatabdruck aus den *Münchner Neuesten Nachrichten*. München 1891. Im Bestand der Monacensia, Literaturarchiv der Stadtbibliothek München. Abgedruckt in: Pytlik, S. 342–348, hier: S. 347.

311 Oskar Panizza: „Das dritte Testament. Eine Offenbarung Gottes. Seiner Zeit mitgeteilt von

Panizzas sachkundige Abrechnung endet mit feindseligen Worten: „Hanns von *Gumppenberg* weiß jetzt, was wir von ihm halten. Er ist von seiner Mission überzeugt, kein Zweifel! Er hat gewiß „göttliche Stimmen und Befehle" erhalten."[312]

Erstaunlich und aufschlussreich ist, wie ernst zumindest einige Zeitgenossen Gumppenbergs Versuch nahmen, die Welt von Grund auf neu zu erklären. Es ist eher die größenwahnsinnige Pose, an der die Zeitgenossen Anstoß nahmen, als die eigentlich nicht weniger sonderbare Theorie, die er entworfen hatte. Man kann Gumppenbergs Fanatismus deshalb nicht einfach als psychotische oder zumindest autosuggestive Symptome einer singulären Störung erklären, sondern muss sie im Kontext seines Umfelds sehen, in dem sicherlich auch für ihn eine latente Akzeptanz für derlei Eskapaden spürbar war.[313] Durch diese Bereitschaft der Gesellschaft, sich auf gänzlich neue, *moderne* gedankliche Experimente einzulassen, könnte er sich ermutigt gefühlt haben, seinen Hypothesen nachzugehen. Dass er die Ergebnisse seines zunächst persönlichen Experiments einer breiten Öffentlichkeit zuführen wollte, liegt wohl auch an Gumppenbergs Sensibilität für die Sorgen und Bedürfnisse seiner Generation.

Wenn Zeitgenossen wie etwa August Strindberg, Christian Morgenstern, Rainer Maria Rilke, oder auch Wassily Kandinsky, die sich ebenfalls intensiv mit übersinnlichen Realitäten oder mystischen Fragen beschäftigten, auf weniger Ablehnung stießen, so liegt dies wohl auch an ihrem anderen Umgang mit dem Erlebten: Im Unterschied zu Gumppenberg flossen deren Mutmaßungen zum Großteil relativ unreflektiert und direkt in dichterische oder malerische Produktion. Während Gumppenberg seine Spekulation theoretisch ernsthaft ausformulierte, hatte die ästhetische Verarbeitung ähnlicher Gedanken bei anderen einen revolutionierenden Einfluss auf die Entwicklung der Moderne in der Kunst und Literatur.

Hanns von Gumppenberg." In: Moderne Blätter 1 (1891). Nr. 6. (2. Mai) S. 6–8. Abgedruckt in: Pytlik S. 338-342, hier: S. 340.

312 Ebd., S. 341 f.

313 HvG beschreibt seine psychische Verfassung dieser Zeit in seinen Lebenserinnerungen: „Wohl konnte ich mir sagen, daß ich selbst bei aller Erregbarkeit meiner Phantasie niemals pathologisch gewesen, daß auch jene Extravaganzen meiner jugendlichen Spiritistenzeit, die mir manche Kurzsichtigen und Oberflächlichen als geistigen Defekt ausgelegt hatten nur das folgerichtige Produkt aus meinen tatsächlichen mediumistischen Erlebnissen und einer religiösen Gewissenhaftigkeit war, die mir damals einen dauernden Widerstand gegen den angeblichen höheren Auftrag unmöglich machte. Meinen widerstrebenden Verstand hatte diese Gewissenhaftigkeit keinen Augenblick aufgehoben [...]". (HvG: Lebenserinnerungen. TS, S. 106).

Ludwig Wittgenstein versteht das Mystische als prinzipiell sprachlich nicht fassbar: „Es gibt allerdings Unaussprechliches. Dies *zeigt* sich, es ist das Mystische."[314] Insofern kann man Hanns von Gumppenberg auch in seiner phantastischen Gedankenwelt als durchaus modern beschreiben. Hätte er nicht versucht, seine Theorie in einer tiefernst-pathetischen, theoretischen Sprache zu fixieren, sondern seine Ideen künstlerisch oder zumindest in metaphorisch bildlicher Sprache vermittelt, so hätte er möglicherweise mehr Anklang gefunden in seiner Zeit, die prinzipiell offen war für Experimente dieser Art.

Gumppenberg erweist sich letztlich dennoch als typischer Vertreter einer Strömung, die sich einerseits gegen den dogmatisierten wissenschaftlichen Rationalismus seiner Zeit und gleichzeitig gegen die tradierte Religion wendete. In dieser doppelten Konfrontation bot der Okkultismus eine geeignete Strategie, die sowohl Sinnbedürfnisse als auch reduzierte Rationalitätsansprüche befriedigte.

---

314 Ludwig Wittgenstein: Tractatus logico-philosophicus. London 1922, S. 161, Satz 6.522.

5. Parodie und Pathos als abgeschwächte Formen von Komik und Tragik

> Freund Humor – dich würdigt jedermann,
> Weil so ganz ins Wesen du gedrungen!
> Was kein Tor und auch kein Weiser kann:
> Dir ist's wunderleicht gelungen. [...]³¹⁵

Dass Hanns von Gumppenbergs Auftritt als selbsternannter Prophet eine eher traurige Vorstellung lieferte, lässt ihn in den Augen des heutigen Lesers leicht als allzu ernsthafte, tragische Figur erscheinen. Die humorlose Inbrunst, die er bei seinen Prophezeiungen, seinen weihevoll-epigonalen ernsten Gedichten, wie bei seinen Trauerspielen zeigte, ist nach heutigen Maßstäben nur schwer zu ertragen. Dass man diesen bedeutungsvollen Ernst auch damals schon für eine besonders gekonnte Parodie hielt, weist darauf hin, wie leicht bei Gumppenberg die Extreme umschlagen konnten. Der Umstand, dass sein Werk hauptsächlich in die Lesebücher humoristischer Dichtung einging, dass sein Name damals wie heute vor allem mit Kabarett, Satire und Parodie assoziiert wird, ist ein Zeichen für dieses Kippen der Gegensätze. Heiliger Ernst und schalkhafter Spott stehen in Gumppenbergs Vorstellungswelt so nahe nebeneinander wie die „ernste Geben"³¹⁶ und die Spottgeister, die sich mit ihren bösen Späßen in die Offenbarung des Geistes drängten – oder seiner Vorstellung nach möglicherweise sogar gänzlich Urheber der religiösen Träume waren.

Auch die vielen tatsächlich tragischen Ereignisse in Gumppenbergs Biographie konnten seine Stimmung nicht dauerhaft verdüstern: Seine erste Frau Lotte Donnerstag starb bei der Geburt des ersten Kindes. Zwei seiner fünf Kinder nahmen sich nach längeren psychischen Leiden das Leben. Dass Hanns von Gumppenberg zwar sehr unter diesen Verlusten litt, aber dennoch an seinem Weltbild festhielt, geht aus seinen Lebenserinnerungen hervor. Bei der Sensibilität, die Gumppenberg zweifellos besaß, wäre ein ganz und gar ernsthafter Mensch leicht verzweifelt. Bei ihm mischten sich jedoch ein unerschütterlicher Glaube an die eigene Bestimmung und ein starkes Talent für ins Humorvolle umschlagende Änderungen der Sichtweise. Auch unter seinen Freunden galt

---

315 HvG: „Die Mutter des Humors". In ders.: Schauen und Sinnen. Gedichte von HvG. München 1913, S. 95.
316 HvG: Der Spiritismus und die Kunst, S. 105.

Gumppenberg eher als umgänglicher Mensch, der im Kreis seiner Freunde, in Cafés und Kneipen gern gesehen war[317]. All dies widerspricht vordergründig der Schwere, die er in seinen ernsten Schriften und in seinen Vorträgen an den Tag legte. Allerdings wurde seine Umgänglichkeit auch als mangelnde Leidenschaft für seine Botschaft ausgelegt. Während etwa der Maler und Lebensreformer Karl Wilhelm Diefenbach, der eine esoterische Landkommune gründete, oder der Dichter Stefan George ihre weihevoll-ernste Pose aufrechterhielten und so Kreise begeisterter Jünger um sich scharten, war Gumppenberg zwar subjektiv von seiner Botschaft überzeugt, versagte aber bei deren Vermittlung. Er wurde schnell von übertriebenem Pathos für die eigene Mission erfasst, was ihn als Größenwahnsinnigen entlarvte und in den Augen der Zeitgenossen lächerlich wirkte. In Bierbaums Roman entsteht nach der Lesung des *Dritten Testaments* eine Diskussion unter einigen Zuhörern, ob man nun Mitleid mit dem traurigen Propheten empfinden müsse. Alsbald hebt einer der Teilnehmer die Mittelmäßigkeit und mangelnde Glaubwürdigkeit Gumppenbergs hervor:

> Der Abend war nicht traurig, sondern langweilig. Was haben wir gehört? Die Philosophie und die Phantasien eines Menschen, der zwar einen schönen alten adligen Namen, aber die Seele und das Gehirn eines Flickschneiders hat. Allen diesen heillosen Blödsinn hat der Tölpel seinem Medium in die Tischbeine suggeriert. – Sie sagen, er ist größenwahnsinnig. Ja, du lieber Gott, dann müssen Sie jeden Dilettanten interessant finden. [...] – Ein ordentlicher Megalomane, der sich für den Nachfolger Christi hält, besitzt irgendwie schöpferische, wenn auch verrückt schöpferische Phantasie und mimt den Christus up to date. Dieser nüchterne Dummkopf aber zieht einfach einen Bratenrock an und liest seine Einfältigkeiten wie ein Küster vor, der den Herrn Pfarrer vertreten darf. Dieser Mensch ist in einem so erstaunlichen Maße dumm, daß er nicht einmal die Lächerlichkeit fürchtet.[318]

Dass seine ernsthafte Pose die Menschen nicht erreichte, dass es ihm weitaus leichter fiel, die Menschen zum Lachen zu bringen, war Gumppenberg bewusst und verunsicherte ihn. Er, der seine wichtigste Aufgabe darin sah, eine ernste Botschaft zu vermitteln, die ja zudem im Kern optimistisch war, weigerte sich hartnäckig, dies auf humoristische Weise zu versuchen. Wenn er sich an die Komik heranwagte, so vermied er es hartnäckig, auf diese Weise Inhalte zu vermitteln, die ihm wirklich am Herzen lagen. Wenn man sich eingehender mit

---

317 Vgl. etwa Beda Hafen: Nachruf auf Hanns von Gumppenberg. In: Jugend. Münchner illustrierte Wochenschrift für Kunst und Leben. 33. Jhrg., Nr. 16. München 1928.
318 Bierbaum: Prinz Kuckuck, S. 351 f.

der feierlichen Bedeutungsschwere Gumppenbergs vertraut gemacht hat, ist es umso erstaunlicher, dass er sein *Drittes Testament* und seine Epigonen-Parodie *Deutsche Lyrik von Gestern* im selben Jahr publizierte und öffentlich vortrug. Der Applaus, den er gerade dann erlebte wenn er seine humoristischen Fingerübungen zum Besten gab, konnte ihm so nur als Hohn erscheinen.

5.1 Das wechselvolle Verhältnis von Komik und Tragik in einer ästhetisierten Lebenswelt

Um die Auswirkungen besser verstehen zu können, die der Dualismus von Komik und Tragik auf Gumppenbergs Leben wie auf sein Schreiben nahm, bedarf es einer abstrakteren theoretischen Betrachtung der spezifischen Wirkungsweisen in Bezug auf das Leben und auf die Kunst:

Seit Aristoteles über die Eigenschaften von Tragödie und Komödie schrieb und sie wertend voneinander abgrenzte, wurden Komik und Tragik einander immer wieder als gegensätzliches Begriffspaar gegenübergestellt. Auch wenn Aristoteles' Abhandlung über die Komödie nicht mehr erhalten und nur durch indirekte Quellen[319] teilweise rekonstruierbar ist, so deutet doch ihre Erwähnung in der *Poetik*[320] darauf hin, in welchem Verhältnis zueinander Aristoteles Komik und Tragik einordnete. Indem er Regeln aufstellte, auf welche Teile der Wirklichkeit sich die beiden Formen der Dichtkunst beziehen sollten, unterschied er die Komödie nicht nur formal, sondern auch inhaltlich von der Tragödie.

Inhaltlich teilte er das Komische der negativen, das Tragische der positiven Seite der Realität zu und begründete damit die lange Tradition der künstlerischen Höherwertung der Tragödie.

Trotz dieser Abgrenzung lassen Aristoteles' wenige überlieferte Gedanken zur Komödie aber auch Gemeinsamkeiten erkennen: Sowohl Tragödie als auch Komödie beziehen sich auf die für alle sichtbare Wirklichkeit und ahmen diese nach. Als Unterschiede hebt Aristoteles lediglich zwei wesentliche Aspekte hervor: Er unterscheidet die Komik von der Tragik vor allem durch den Bereich der Wirklichkeit, der nachgeahmt wird und durch das Fehlen von Schmerz. Wenn Aristoteles in der verlorenen Passage zur Komödie, wie viele vermute-

---

319 Z.B. gilt der *Tractatus Coislinianus,* eine mittelalterliche Handschrift, als wichtiger Hinweis auf einige Gedanken des verlorenen 2. Buchs der *Poetik.*
320 Aristoteles: Poetik. Übers. u. hrsg. v. Manfred Fuhrmann. Stuttgart 2002.

ten[321], eine komische Form der Katharsis beschreibt, so ist die Komödie auch in ihrer Wirkung auf das Publikum mit der Tragödie vergleichbar. Ob Aristoteles allerdings die Tragödie als wirklichkeitsnäher einstufte als die Komödie, bleibt offen, obwohl seine Forderung der Schmerzfreiheit von Komik dies nahe legt.

> Gab es für Aristoteles auch eine komische Katharsis? [...] Die komische Erfahrung ist schmerzlos, oder zumindest relativ schmerzlos im Vergleich mit der Tragödie, da sie eine größere Abstraktion von der empirischen Realität des Menschenlebens vornimmt. Aristoteles scheint zu glauben, daß die Komödie deshalb harmloser ist als die Tragödie; wenn er wirklich dieser Ansicht war, täuschte er sich.[322]

Der geforderte Mangel an Schmerz in der Komödie bedeutet jedoch weder zwangsläufig eine größere Distanz zur Wirklichkeit, noch ihre Harmlosigkeit: Durch die künstlerischen Eigenarten der Komödie kann sie schlicht auf das Auslösen anderer Affekte, auf eine andere Wahrnehmung derselben Wirklichkeit abzielen als die Tragödie. Es ist deshalb möglich, dass beide Gattungen verschiedene Aspekte der Realität unterstreichen und andere wiederum verbergen, und so gleichermaßen die reale Vorlage gemäß ihrer Darstellungsform einseitig verfremden. So können sich Komödie wie Tragödie doch auf die gleiche reale Vorlage beziehen, indem sie lediglich Einfluss auf die Wahrnehmung der Wirklichkeit nehmen.

Die antike Unterscheidung zwischen komischen und tragischen Stoffen wurde bis in die Neuzeit hinein eingehalten. Diese Zweiteilung der Wirklichkeit durch das Theater erscheint so einleuchtend wie die scheinbare Gegensätzlichkeit von Lachen und Weinen.

Der schon von Aristoteles daraus abgeleitete Maßstab für die Kunst ist zwar naheliegend, aber nicht unbedingt naturgegeben. Die Form, mit der die Kunst den komischen Seiten des Lebens begegnen sollte, ist eine künstliche Norm, die zwar den immanenten Gesetzmäßigkeiten des Komischen folgt, gleichzeitig aber auch dessen Universalität einschränkt. Der Mensch kann eben nicht nur über harmlose Seiten des Lebens und über schlechtere Menschen lachen. Gerade ernste Angelegenheiten, wie zum Beispiel die Vergänglichkeit des Lebens, gesellschaftliche Tabus, oder kollektive Ängste lassen sich – ebenso wie angesehene Vorbilder, also *bessere Menschen* – auf komische Weise sogar besonders gut thematisieren.

---

321 Vgl. z.B. Umberto Eco: Der Name der Rose. München 1996, S. 57.
322 Peter L. Berger: Erlösendes Lachen. Das Komische in der menschlichen Erfahrung. Berlin 1998, S. 24.

Dass Komik zwar Lachen provoziert, dabei aber weit mehr als ungetrübte Heiterkeit auszulösen vermag, wird gerade dann besonders deutlich, wenn die Wirklichkeit alles Vorstellbare übertreffende Horrorbilder liefert, angesichts derer die künstlerischen Mittel des Tragödientheaters versagen. Seit der Moderne wird das Tragische auf dem Theater kaum noch in Tragödien verhandelt.[323]

In diesem Sinne blieb Hanns von Gumppenberg noch eher der Tradition verbunden, als sich der Moderne zuzuwenden. Obwohl seine Neigung, die Fehler der traditionellen Dichtung durch humoristische Techniken zu dekuvrieren, in seinen Parodien sichtbar wird, behandelte er wirklich ernste Stoffe nie humoristisch. Umgekehrt scheute er sich nicht, Tragödien nach klassischem Vorbild zu verfassen, die wegen ihrer Bedeutungsschwere für ein modernes Publikum kaum ernst zu nehmen waren.

Für eine klarere Differenzierung von Komik und Tragik in der Kunst und Literatur der beginnenden Moderne ist es hilfreich, die trügerische Analogie zum Lachen und Weinen zu hinterfragen. Während die gegenseitige Entsprechung einfach und logisch erscheint, so sind die Begriffe doch nicht austauschbar: Lachen und Weinen sind unmittelbare Reaktionen auf Emotionen bzw. auf Einflüsse unserer Umwelt. Bereits kleine Kinder können manches als komisch und anderes als traurig oder unheilvoll empfinden. Aber schon hier fällt ein signifikanter Bruch der Parallele auf: Ein Kind kann zwar traurig sein – besitzt aber noch nicht unbedingt einen Begriff von Tragik. Während die Traurigkeit eine natürliche Stimmung als Reaktion auf Ereignisse der Lebenswelt ist, so ist das Tragische ein bestimmten Gesetzen folgendes Modell der Kunst, oder zumindest ein von bestimmten festen Bedingungen abhängiges höheres Prinzip. Bezeichnend ist auch, dass die Tragödie nicht selbst wieder Leid hervorruft, sondern nur die Furcht davor und so letztlich kathartisch befreiend wirkt.[324]

Für das Komische gibt es im Deutschen keine vergleichbare begriffliche Differenzierung. Der unter anderem von Étienne Souriau und Hans Robert Jauß unternommene Versuch einer Unterscheidung des Komischen vom Lächerlichen[325] und die damit verbundene völlige Trennung der Bereiche Lebenswelt und Kunst kann hier als Äquivalent nicht genügen. Der Literaturwissenschaftler Karlheinz Stierle betrachtet zwar ebenso eine ästhetisierende Perspektive als

---

323 Haider-Pregler, Hilde: Komik. Ästhetik ; Theorien ; Strategien. In: Maske und Kothurn 51,4. Wien 2006, S. 9.
324 Vgl. Aristoteles, S. 19 f.
325 Vgl. Hans Robert Jauß: „Zum Problem der Grenzziehung zwischen dem Lächerlichen und dem Komischen." In: Preisendanz/Warning, S: 361–372, hier: S. 361.

Grundlage für das Komische, beschränkt diese spezielle Betrachtungsweise der Realität jedoch nicht ausschließlich auf die Kunst, sondern verortet sie ebenso im alltäglichen Leben:

> Ästhetische Einstellung verlangt zu ihrer Erfüllung keinesfalls den Kunstgegenstand. Sie ist eine elementare Leistung des Erfassens, die das Wahrgenommene aus seinem Handlungskontext isoliert und so erst zum ästhetischen Objekt macht. Beim Komischen ist die Ästhetisierung eine spannungsvolle, die zugleich durch die Tendenz zur Konstitution des komisch-ästhetischen Faktums wie zu dessen Aufhebung und damit zur Rückkehr in die Handlungswelt bestimmt ist. Wenn aber die ästhetische Einstellung zum Komischen schon lebensweltlich möglich ist, muß die Differenzierung von Lächerlichem und Komischem als einem Phänomen einmal der Lebenswelt, das andere Mal der Welt der Kunst, wie sie von Souriau vorgeschlagen wird, problematisch werden. [...] Die Abgrenzung von Lächerlichem der Lebenswelt und Komischem der Kunst ist deshalb wenig überzeugend, weil sie der Möglichkeit elementarer Ästhetisierung ohne intentional-ästhetisches Substrat nicht Rechnung trägt.[326]

Stierle sieht die Möglichkeit der für die Wahrnehmung von Komik innerhalb der Lebenswelt notwendigen Ästhetisierung der Realität einzig bedingt durch das Heraustreten aus dem pragmatischen Kontext. Der Betrachter, der auf das „handelnde Eingreifen"[327] verzichtet, hat demnach den „Kommunikationszusammenhang des Handelns"[328] bereits verlassen und gleichzeitig eine ästhetisierende Perspektive eingenommen: „Am Phänomen des Komischen lässt sich exemplarisch ästhetische Einstellung in der Lebenswelt erfassen."[329]

Auch Stierle sieht jedoch einen Unterschied zwischen der Komik der Komödie und derjenigen der Alltagswelt. Auch wenn man nämlich die einseitige Zuordnung des Lächerlichen zur Alltagswelt und des Komischen zur Komödie ablehnt, bleibt die Frage bestehen, was das Wesen des Komischen innerhalb beider Bereiche kennzeichnet und voneinander unterscheidet. Stierle macht das Wesen der Komödie nicht in einer Andersartigkeit der in ihr enthaltenen Komik aus, sondern in einem – im Vergleich zur Alltagskomik – geradezu spiegelbildlich verkehrten Realitätsbezug:

---

326 Karlheinz Stierle: „Komik der Handlung, Komik der Sprachhandlung, Komik der Komödie." In: Preisendanz/Warning, S. 372.
327 Ebd.
328 Ebd.
329 Ebd.

Das Konstruktionsprinzip der Komödie liegt nicht im Komischen selbst, auch nicht im Komischen als ‚Botschaft', sondern in dem Zusammenhang vom Erscheinen des Komischen und seiner Aufhebung. Im Hinblick auf das einzelne komische Element der Komödie wäre zu fragen, ob nicht, wenn das Komische der Lebenswelt sich in ästhetisierender Perspektive darstellt, das Komische der Komödie gerade der ‚realisierenden', als wirklich setzenden Perspektive des Publikums bedarf. Gerade in den Augenblicken, wo die Komödie sich komisch erfüllt, scheint mir der betrachtende Zuschauer der ästhetisch-künstlerischen Vermittlung am wenigsten innezusein, sondern im Gegenteil hingegeben an die Komik der Erscheinung selbst, nicht nur an das Spiel dieser Erscheinung. Wenn die Komödie das Spiel im Spiel sucht, so gerade aus dem Grunde, daß so der Realitätseffekt des im Spiel erscheinenden ‚Nichtspiels' komisch ausgenutzt werden kann.[330]

Auch diese schematische Einteilung ist zu hinterfragen: Wenn nämlich die Komik der Lebenswelt erst durch eine ästhetisch betrachtende Perspektive möglich und sichtbar wird, und die Komik der Komödie nur dann funktioniert, wenn sie durch das Bewusstsein der Zuschauer in ein realitätsnahes Umfeld gerückt wird, dann nähern sich beide Bereiche einander wieder an: Die von Stierle beschriebene komische Ästhetisierung der Lebenswelt mag zwar nicht auf die Ebene der Kunst angewiesen sein, speist sich aber wiederum oft aus deren Fundus an realitätsnahen Vorbildern. Und umgekehrt: Indem das Komische in der Kunst Bezug auf die Alltagswelt nimmt, vermischen sich ästhetisierende und realisierende Bedingungen des Komischen. So entsteht zwangsläufig ein Zirkel. Wenn Komik auf einem Widerspruch beruht, so führt dies wieder zum Ausgangspunkt der meisten Theorien zurück: Ob in der Kunst oder im Alltag, beruht das Komische auf einem Bruch im Wirklichkeitsbild. Es überschreitet somit nicht nur die Grenzen von Realität und Kunst, sondern beansprucht gleichzeitig scheinbar einen eigenen Raum, der in keiner der beiden Sphären eindeutig originär gegeben ist.

Auf dieser theoretischen Grundlage erscheint auch eine analoge Betrachtung der Komik der Komödie und der Tragik der Tragödie vielversprechend. Falls sich die Komik der Komödie nicht substantiell von der Komik der Alltagswelt unterscheidet, so gibt die Kunstform der Komödie zumindest Aufschluss über deren künstlerische Zuspitzung und Überhöhung. Wenn Aristoteles von der Komödie die Darstellung von Handlungen schlechterer Menschen ohne das Hervorrufen von Schmerz forderte, so formulierte er damit die Umkehrung des der Tragödie zugrunde liegenden Musters. Vereinfachend kann man dieses

---

330 Ebd., S. 373.

Schema folgendermaßen zusammenfassen: In der klassischen Komödie wird ein schlechterer Mensch vom Schicksal verschont, während in der Tragödie der edle tugendhafte Mensch trotz seines richtigen Verhaltens bestraft wird und Leid erfährt. Diese in beiden Gattungen umgekehrt wirksame Widersprüchlichkeit lässt beim Betrachter zunächst das Bewusstsein von Kausalität und Rationalität der Lebensführung in sich zusammenstürzen. Beide Systeme zerstören die Logik des Alltags, indem sie dem Publikum die völlige Umkehrung der im Rahmen der Lebenswelt vernünftigen Erwartung vor Augen führen, und verweisen so auf die Grenzen und die Paradoxie der menschlichen Existenz.

Was dem Komischen und Pathetischen zugrunde liegt, ist das Mißverhältnis, der Widerspruch zwischen dem Unendlichen und dem Endlichen, dem Ewigen und dem Werdenden. Deshalb ist ein Pathos, das das Komische ausschließt, ein Mißverständnis, ist gar kein Pathos. Der subjektiv existierende Denker ist daher bifrontisch, wie das Existenz-Verhältnis es ist.[331]

Aber auch Aristoteles' Forderungen zur Schmerzfreiheit der Komödie bzw. zum Leid in der Tragödie verweisen auf eine umgekehrte Analogie: „Das Tragische ist der leidende Widerspruch, das Komische der schmerzlose Widerspruch."[332] Die Tatsache, dass Aristoteles in seinen Betrachtungen keine Differenzierung zwischen Realität und Kunst unternommen hat, wirft Probleme auf. In der Lebenswelt ist das Komische meist tatsächlich nur innerhalb eines gefahrlosen Rahmens möglich. Sobald im Alltag Gefahr droht, wird das komische Potential einer Situation von der Furcht vor schmerzvollen Konsequenzen verdrängt. Wenn überhaupt, ist es meist erst aus der sicheren Distanz der Retrospektive möglich, die komische Seite einer gefährlichen Situation zu erkennen. Erst das Wissen um den positiven Ausgang einer ernsten Lage ermöglicht im Alltag eine komische Perspektive. In der Komödie verhält es sich völlig anders: Die durch die Fiktion gegebene Distanz bietet einen sicheren Raum für gewagtere Variationen der Komik.

Das Komische ist außerdem innerhalb der Kunst besonders wirksam vor dem Hintergrund einer ernsten Situation, aus der die Komik schließlich Erlösung verspricht. Da das Publikum das Muster der Komödie kennt, erlebt und genießt es den Kunstgriff der komischen Befreiung aus einer scheinbar ausweg-

---

331 Søren Kierkegaard: Philosophische Brosamen und Unwissenschaftliche Nachschrift. Unter Mitwirkung von Niels Thulstrup und der Kopenhagener Kierkegaard-Gesellschaft. Hrsg. Hermann Diem und Walter Rest. Köln 1959, S. 219.
332 Ebd., S. 709.

losen Situation. Gerade diese Ausweglosigkeit, die ständig auf die Außenwelt übertragen werden muss, verstärkt hier den Effekt der komischen Erlösung, wenn sie schließlich doch eintritt. Das künstlerische Prinzip der Komödie zeigt sich an seiner Überhöhung und Entschärfung der Außenwelt, an der Lossprechung von der lebensweltlichen Wahrscheinlichkeitsvermutung. Insofern bestätigt sich hier auch die aristotelische Forderung nach Schmerzfreiheit. Gleichzeitig erscheint das künstlerische Modell der Komödie in gewisser Weise tatsächlich als Spiegelbild der Tragödie: Während der tragische Held mit edler moralischer Gesinnung alles aus seiner Sicht Mögliche unternimmt, durchkreuzen die Götter oder das Schicksal diese Pläne und lassen ihn scheitern – und leiden.

In der Komödie begeht ein schlechterer, das heißt moralisch zweifelhafter Mensch Fehler, scheint die Konsequenzen tragen zu müssen, wird aber von den Folgen seines Tuns losgesprochen.

Auch wenn sie keine endgültige Antwort auf die Fragen geben, die Komik besonders unter dem Aspekt ihres Wirklichkeitsbezugs aufwirft, sind die oben unternommenen Überlegungen und Fragestellungen notwendig, wenn man die spezielle Funktion des Komischen in Gumppenbergs komisch-tragisch gespaltener Weltsicht, wie in dessen künstlerischer Verarbeitung verstehen will.

5.2 Der Pinsel Ying's – Komödien für die große Bühne

Die Entwicklung Gumppenbergs zum humorvollen Dichter vollzog sich langsam und ambivalent. Zwar hatte er schon als Page bekannte Dichter parodiert und dabei ein deutliches Talent bewiesen[333], seine erste Komödie schrieb Gumppenberg aber erst 1890: *Apollo*, ein zweiaktiges Stück, erschien in mehreren Ausgaben der Zeitschrift *Münchner Kunst* und kurz darauf auch als Buch[334]. Darin wird typischerweise eine autobiographische Problematik Gumppenbergs verhandelt: Ein Künstler wird von seinem Publikum nicht verstanden. Das Stück enthält jedoch kaum komische Elemente, sondern verliert sich in der Darstellung des Themas. Vielleicht ist es typisch für einen Heranwachsenden, sich zunächst an tragischen Stoffen zu versuchen, doch in Gumppenbergs Fall ist es dennoch bezeichnend, dass sich seine Tragödien bis 1891, also dem Jahr in dem er seine spirituelle Erweckung erfuhr, bemerkenswert häufen und er

---

333 Im Nachlass befinden sich z. B. einige Heine- und Schiller-Parodien dieser Zeit.
334 HvG: Apollo. Eine Komödie in 2 Aufzügen. München 1890.

sich danach nur noch zweimal an tragischen Stoffen versuchte.[335] Diese beiden Stücke, *König Konrad der Erste*[336] und der schon erwähnte *Messias*[337], sind kaum noch als klassische Tragödien zu bezeichnen. Nach 1891, einem wichtigen Umbruchsjahr im Leben Gumppenbergs nahm die Produktion komischer Stoffe deutlich zu. Alle anderen seiner nach 1891 entstandenen ernsten Stücke sind eher Weltanschauungs- oder Ideendramen als Trauerspiele. Ob der frühe Erfolg bei der Lesung seiner *Deutschen Lyrik von Gestern* oder doch seine religiösen Krisenerfahrungen zu diesem Wandel beigetragen haben, lässt sich heute nicht mehr rekonstruieren. Vermutlich waren es die gegensätzlichen Reaktionen auf diese beiden zeitlich nahe beieinanderliegenden Ereignisse, die dem Autor seine konträren Wesenszüge bewusst machten und ihn seine Haltung korrigieren ließen.

In den darauffolgenden Jahren entstand unter anderen Werken die Komödie *Der Drache*[338]. In dem betont einfach gehaltenen Stück, das im 16. Jahrhundert angesiedelt ist und in dem Hans Sachs vorkommt, geht es um einen Ehestreit, der über Schnitzarbeiten an einem Drachen entbrennt. Ein Gespräch wird fälschlich als Teufelspakt interpretiert, was letztlich aufgelöst wird und zur Bestrafung der böswilligen Ankläger führt. Das biedere Stück lehnt sich stark an die Tradition der Fastnachtsspiele an und enthält nicht nur mit Hans Sachs, sondern auch im Schauplatz Nürnberg einen Verweis auf Richard Wagners *Meistersinger von Nürnberg*.[339]

In der *Minnekönigin*[340] wiederum wird die naturalistische Vorliebe für die Darstellung der hässlichen Seite der Realität verspottet: Ein Ritter, in dem auch Wesenszüge des Autors erkennbar sind, bevorzugt die natürliche weibliche Schönheit und verabscheut Schmuck und Toilette. Er heiratet trotzdem eine Königin, die von seiner Vorliebe für Natürlichkeit erfährt und ihm deshalb in absichtlich übertriebener Hässlichkeit begegnet. Daraufhin sieht der überzeugte *Naturalist* ein, dass auch Schönheit zum Leben und damit zur Wirklichkeit gehört. Die *Minnekönigin* war eines von wenigen Stücken Gumppenbergs, die begeistert aufgenommen wurden. Nachdem es im Berliner *Königlichen Schauspielhaus* uraufgeführt worden war, kam es in Breslau, in Nürnberg, am

---

335 Vgl. hierzu auch Wintzingerode-Knorr S. 65.
336 HvG: König Konrad der Erste. Geschichtliches Schauspiel in einem Vorspiel und fünf Akten. München 1904.
337 HvG: Der Messias. Trauerspiel in fünf Aufzügen. München 1891.
338 HvG: Der Drache. Komödie in vier Aufzügen. 1894. Manuskript im Nachlass, Münchner Stadtbibliothek/Monacensia. [L 2024]
339 Vgl. Wintzingerode-Knorr, S. 67.
340 HvG: Die Minnekönigin. Komödie in einem Aufzug. Leipzig 1894.

Münchner Hoftheater, und in einigen anderen Städten zur Aufführung. Die Kritiken waren überwiegend positiv und das Stück erschien schließlich sogar in Reclam's Universal-Bibliothek.

In der 1894 geschriebenen und 1905 erschienenen Tragikomödie *Die Einzige*[341] wird die verächtliche Ungenügsamkeit eines Sultans vorgeführt, der sich für keine Frau entscheiden will, da keine der ihm vorgeführten Damen seine Ansprüche erfüllt. Erst als er ermordet wird, erweist sich die hässlichste unter den Bewerberinnen als die einzige, die wirklich zu ihm steht. Er stirbt in ihren Armen und erkennt, dass er durch seine übertriebenen Ansprüche an Äußerlichkeiten übersehen hatte, wie kostbar die darunter verborgene Eigenschaft der Güte letztlich ist.

Um die humoristische Methode Gumppenbergs näher zu beleuchten, soll im Folgenden Gumppenbergs im Jahr 1909 verfasste und 1914 erschienene Komödie *Der Pinsel Ying's*[342] exemplarisch untersucht werden.

Die Handlung greift auf den missratenen Roman *Der Pinsel Mings*[343], des bayerischen Schriftstellers Hans von Hopfen zurück, der sich wiederum an das gleichnamige Gedicht[344] des Politikers und Philologen Adolf Ellissen anlehnt.

Mit der Entstehung dieses Gedichts hat es eine merkwürdige Bewandtnis: Adolf Ellissen, damals Bibliothekar in Göttingen, hatte sich zwar eingehend mit der chinesischen Literatur beschäftigt, beherrschte die Sprache jedoch nicht ausreichend, um selbst daraus ins Deutsche zu übersetzen. Seine Übersetzungssammlung besteht folglich anscheinend aus Umdichtungen damals schon vorliegender Übersetzungen in europäische Sprachen.[345] Während für die meisten in seiner Übersetzungssammlung abgedruckten Gedichte der Umweg über schon vorher erfolgte Übertragungen nachgewiesen werden konnte, schien *Der Pinsel Ying's* als einziges Gedicht direkt auf eine altchinesische Originalvorlage zurückzugehen. Da Ellissen diese Sprache aber nicht beherrschte, stellte sich bald heraus, dass er die Ballade in imaginiertem chinesischem Stil selbst verfasst und in den Gedichtband hineingeschmuggelt hatte.

---

341 HvG: Die Einzige. Tragikomödie in drei Aufzügen. München 1905.
342 HvG: Der Pinsel Ying's. Komödie in drei Aufzügen. Unter teilweiser Benützung eines Scherzgedichtes von Adolf Ellissen († 1872). München 1914.
343 Hans von Hopfen: Der Pinsel Mings. Eine sehr ergötzliche chinesische Geschichte in Versen. Stuttgart 1868.
344 Adolf Ellissen: „Der Pinsel Ming's". In: Ders. (Hg.): Thee- und Asphodelosblüten. Chinesische und neugriechische Gedichte. Metrisch bearbeitet von Adolf Ellissen. Göttingen 1840, S. 50–54.
345 Vgl. Rose, S. 392.

Ellissens *Der Pinsel Ming's* behandelt satirisch die Dynamik des Ruhms: Scheu-Gung,[346] ein Dichter, der sich zu Unrecht verkannt fühlt, flieht vor der feindseligen Welt in die Höhle Jün. In der Höhle erscheint ihm ein Geist, der Fürst der Dämonen. Dieser berichtet, dass ein anderer Dämon, der Fürst der geflügelten Drachen, ihn seit Jahrhunderten in seinem Rachen gefangen halte. Erst die langweilige Lyrik Scheu-Gungs habe dieses Ungeheuer zum Gähnen gebracht, so dass er habe fliehen können. Nun sei er dem schlechten Dichter zum Dank verpflichtet. Der Dämon schenkt dem Dichter daraufhin den Pinsel Ming's, mit dem dieser unsterbliche Verse schreiben könne. An die Gabe ist jedoch eine Bedingung geknüpft:

,Doch auf zehn Jahre nur leih' ich ihn dir,
Dann bringst du den Pinsel zur Stelle mir:
Dir würde die Säumnis zum Leide!'
Der Dämon, der freundliche, sprach's und verschwand.
Den Pinsel behielt Scheu-Gung in der Hand,
Und schier vergeht er vor Freude.[347]

Nachdem diese zehn Jahre vergangen sind, ist Scheu-Gung zwar berühmt, er will den Pinsel aber nicht mehr zurückgeben und bittet den Dämon, ihn behalten zu dürfen.

Der Dämon entgegnet: „Ein Talisman,
Ein mächtiger, den dir der Pinsel gewann,
Verbleibt dir; du hast einen Namen!
Drum muthig! Und dichte und schreib nur drauf los,
Ob Sinn, ob Unsinn dem Pinsel entfloß,
Dein Siegesflug kann nicht erlahmen.

,Schreib fade – gewiß, Deinen Ruhm zu erhöhn;
Schreib sinnlos Gewäsch – kannst du's nicht verstehn,
Die Kritiker werden's verstehen.
Sie preisen der Welt den Humor, den Witz,
Die Tiefe, des Scharfsinns leuchtenden Blitz.'
– Er schwand, und so ist's geschehen.[348]

---

346 Bei Gumppenberg *Tschu-Fu* genannt.
347 Ellissen, S. 52.
348 Ellissen, S. 54.

Das Gedicht führt vor, wie wenig die Anerkennung eines Dichters, nachdem er einmal zu Berühmtheit gelangt ist, mit der tatsächlichen Qualität seines Werks zu tun hat. Die Ballade lässt allerdings offen, in welche Richtung der magische Pinsel zu deuten ist, so dass auch das zentrale Motiv des Gedichts seltsam mehrdeutig bleibt: Es ist nicht klar, ob der Pinsel den schlechten Dichter befähigt, auf einmal besser zu schreiben, ob also quasi der Pinsel selbst zum Autor der unsterblichen Verse wird, oder ob er im Gegenteil die Leserschaft verzaubert und so die immer noch schlechten Werke nur in den Augen des Publikums als Meisterwerke erscheinen lässt.[349] Dass Hanns von Gumppenberg sich von dieser Thematik angesprochen fühlte, ist unmittelbar einleuchtend. Springen doch die Parallelen zu seinen eigenen Ansichten und vor allem zu seinen eigenen Erlebnissen in der Literaturwelt, wie auch zu seiner Selbstauffassung sofort ins Auge.

In seinen Lebenserinnerungen berichtet Gumppenberg, er habe als Kind zufällig das von Hans von Hopfen zu einem Epos verarbeitete Stück in die Hände genommen, von dem ihm aber nur einige Illustrationen in Erinnerung geblieben waren, „die durch ihre seltsamen bezopften Gestalten" seine „Phantasie beschäftigten"[350]. Als er in späteren Jahren auf das Gedicht Ellissens aufmerksam wurde, sah er in der Geschichte sofort einen guten Stoff für eine Komödie:

> [Es] sahen mir daraus halb ulkig, halb ernsthaft die Möglichkeiten zu einer phantastisch-satirischen Literaturkomödie in meinem eigensten Sinne entgegen, und die dunklen, vielfach wohl schon umgebildeten Kindheitserinnerungen an jene Bilder verwoben sich mit der ersten Konzeption, die vieles Selbsterlebte mit einschloss: Das Verhältnis des Künstlers, insbesondere des Dichters zur Welt und zum Weibe, und demgegenüber das Leben und Treiben der Pseudopoeten: des frivolen Prakticus und des feierlich-ehrgeizigen Spiessers und Dilettanten. Letzterer Typ schien mir in seiner drolligen Grandezza noch von keiner vorhandenen Komödie auf die Beine gestellt, schon diese Aufgabe lockte mich, und so wurde er mir zum negativen Helden der Satire, dem der ursprüngliche Poet Tsching-pang in heiterer Einsicht das Feld räumt;[351]

Der „feierlich-ehrgeizige" Dilettant, für den Gumppenberg sich so besonders interessierte, hat bei böswilliger Betrachtung des Falls von allen Personen des Stücks am meisten Ähnlichkeit mit dem Autor. Es ist nicht davon auszuge-

---

349 Vgl. Rose, S. 393.
350 HvG: Lebenserinnerungen, S. 401.
351 HvG: Lebenserinnerungen, S. 401 f.

hen, dass sich Gumppenberg diese von der äußeren Perspektive wahrnehmbare Parallele bewusst machte. Dass er von der Vision des magischen Pinsels, die den erfolglosen Schriftsteller vor den Augen der anspruchslosen Welt berühmt macht, dennoch fasziniert war, lässt sich jedoch durchaus vermuten. Gumppenberg sah in der künstlerischen Bearbeitung des ihm so nahe liegenden Stoffs wohl die Chance, sich in der Person des „negativen Helden" zu spiegeln, ohne sich in der Karikatur seiner selbst wiedererkennen zu müssen. Er wechselte ja schließlich als Autor des Stücks ins Lager der Anderen, das ihm ebenso vertraut war. So war es ihm mithilfe der humorvollen Distanz möglich, den spöttischen Blick des souveränen Betrachters zu übernehmen und jene andere Seite seiner selbst auf satirische Art von sich zu weisen. Wenn die Leser seines *Dritten Testaments* in dem ernst gemeinten Pamphlet eine Parodie vermutet hatten, so verfolgte er nun den impliziten Rat. Als Komödienautor konnte er sich auf die Seite der belustigten Menge schlagen und fühlte sich nun als bewusster Urheber der Komik unangreifbar und gefeit vor unbeabsichtigter Lächerlichkeit. Erleichtert wurde Gumppenberg der Seitenwechsel durch seine allgemeinere Betrachtung des Literaturbetriebs, sowie der Mechanismen öffentlicher Wahrnehmung, von denen er sich selbst ja auch hintergangen fühlte: „Zudem fand ich noch bei rasch unternommenen chinesischen Sonderstudien die alte Sitte der pomphaften Literaten-Konkurrenz und der Ernennung des Preisgekrönten zum Nationalpoeten, womit das Ganze auch eine kulturhistorische Basis erhalten konnte."[352]

Auch sein missglücktes Debut als Prophet konnte er im Stück integrieren. So konnte er der selbst erlebten Geschichte schließlich sogar noch eine bedeutungsvolle Wendung andichten. Tschu-Fu[353], so heißt der plötzlich zu Ruhm gekommene Dilettant bei Gumppenberg, stellt sich angesichts des übersinnlichen Abenteuers ähnliche Fragen wie schon Gumppenberg Jahre zuvor:

Ein Scherz nur war's von ihm – er sollte nur
Den Mut zurück mir geben, da mich fast schon
Verzagen ließ der Mißerfolg! Und was denn
Ließ da mich scheitern? Nur ein Kobold, sagten
Die Weisen alle!! Oh, nun seh' ich klar!
Nur eig'nes Können schuf mir das Gedicht,
Das mich zum Kwang-yüen gemacht! Nur daß ich

---

352 HvG: Lebenserinnerungen, S. 401.
353 *Tschu-Fu* ist wohl an den Namen des berühmten chinesischen Lyrikers Du Fu (712–770) angelehnt.

> Nicht an mir selbst, an meiner eig'nen Kraft
> Verzweifeln sollte, gab der gute Ying
> Den Pinsel mir – und daß mich jetzt nicht länger
> Der Wahn verwirrte, nahm er ihn zurück . .
> Das ist ja sonnenklar! Sonst glaubt' ich ja
> Noch weiter, daß nur fremde Zauberkraft
> So stark mich mache, wie ich selber bin![354]

In Gumppenbergs Stück wird die Quelle des Spuks, wie auch in seinem eigenen Fall, in übersinnlichen Sphären vermutet: In beiden Fällen sind es störende Geister, die ihren Schabernack treiben. Doch wird im Stück die therapeutische Absicht betont, der wohlmeinende Sinn, der hinter dem Spuk steht. Der eigentliche Fehler lag schon vorher in der Selbstunterschätzung Tschu-Fus. Es ist nicht überliefert, wie Gumppenberg zur Entstehungszeit des Stücks über den Okkultismus dachte, doch deutet die autobiographische Einfärbung der Handlung darauf hin, dass ihn die Frage nach der Herkunft wie die Frage nach dem Sinn der Phänomene noch immer nicht los ließ.

Letztlich kann man aber auch die Thematik des Künstlers, der kritisch auf sein Werk blickt, der zwischen Größenwahn und übertriebener Selbstkritik schwankt, aus der Komödie herauslesen. Gumppenberg, der sich von der heftigen Kritik, die ihm von allen Seiten entgegenschlug eher zu übertriebener Selbstüberhöhung herausgefordert sah, ergriff hier die Chance, die andere Seite der Macht jeglicher Publikumsmeinung bloßzustellen: Wenn er sein Selbstwertgefühl gegen ihm immer als ungerecht erscheinende Anfeindungen verteidigen musste, so konnten die erfolgsverwöhnten Dichtergrößen ihren Schmeichlern ohne weiteres Glauben schenken. Dass die Kritik dieser Dynamik natürlich auf viele seiner Zeitgenossen zutraf, muss nicht betont werden. Tschu-Fu zweifelt zwar zunächst noch an der Qualität seiner eigenen, durch eigene Inspiration geschaffenen Werke, lässt sich aber in seiner Eitelkeit allzu schnell von seinem eigenen kreativen Potenzial überzeugen, das, so glaubt er nun, immer schon Quelle seines Schaffens gewesen sei.

> Noch immer scheint es mir so wirres Stückwerk
> Wie gestern, da ich dies und jenes jäh
> Mir aufgerafft, ganz ohne Wahl und Ziel . .
> Allein sie sagen doch, es stehe höher
> Als alles, was ich sonst gemacht! So muß

---

354 HvG: Der Pinsel Ying's, S. 115.

Gerade darin, was mit Mangel dünkte,
Der wahre, große Vorzug liegen, kann
Auch mein Verstand ihn jetzt noch nicht erkennen!
Und was denn soll Verstand auch bei der Kunst,
Die nach dem Zeugnis aller Weisen immer
Nur unbewußt ihr Letztes gibt? Ja ja –
Zuviel vertraut' ich dem Verstand bisher ...
Und streift' ich endlich seine Fesseln ab,
Geschah es nur zum Heil! So fessellos
Muß ich auch weiter schreiben das Gedicht –
Ganz frei, ganz unbekümmert, wie mich's treibt,
Wie ein's um's and're ganz von selbst sich aufdrängt,
Und nie dabei 'was denken – nur nicht denken!
Zusammenhang ist überall, nur darf
Man ihn nicht wissen wollen, wenn man dichtet,
Sonst bleibt man allzu seicht und dringt nicht ein
In jene Tiefen, wo die Götter auch
Das Widersprechendste zur Harmonie
Verknüpfen!– Frisch an's Werk! Wo blieb ich steh'n?[355]

Nachdem Tschu-Fu, der Dichterkönig, sein Talent verloren hat und er für seine wieder schlecht gewordene Lyrik genauso gefeiert wird wie vorher, glaubt er schließlich selbst an sein Können. Das Stück endet mit einer Szene, in der er vom begeisterten Volk gefeiert wird. Auch Gumppenberg ist zufrieden mit seiner Komödie, die allerdings nur an der Weimarer Hofbühne zur Aufführung kommt. Trotzdem versucht er jahrelang vergeblich, seine Komödie unterzubringen und erarbeitet auch nach Erscheinen des Buches noch Ergänzungen. Im Nachlass finden sich genaue Instruktionen und Regieanweisungen:

> Die Inszenierung darf weder allzurealistisch-nüchtern, noch rein-märchenhaft sein, sondern muss in Dekorationen, Kostümen und Requisiten in das phantastische alte China versetzen, so wie man es aus den bildlichen Darstellungen des altchinesischen Kunstgewerbes kennt, damit die Brücke zwischen den realistisch-historischen Elementen des Stücks (Kwang-yüen-Kultus u.s.w.) und seinen phantastischen Elementen (der an der Handlung beteiligte Dämon) überzeugend geschlagen wird.[356]

---

355 Ebd., S. 116.
356 HvG: Einfügungen und Regieanweisungen zu Der Pinsel Ying's. Typoskript mit handschrift-

Die Ansiedlung der Handlung im exotischen, fiktiv-historischen Kontext erfüllte mehrere Ziele gleichzeitig: Zum einen sollte das öffentliche Bedürfnis nach exotischen Stoffen durch die größtmögliche Prachtentfaltung ohne störende historische Überprüfbarkeit befriedigt werden. Es kamen damals viele ethnologisch inspirierte Stücke, die eine bunte Dekoration ermöglichten, zur Aufführung. Klabunds *Kreidekreis* zum Beispiel war jedoch ungleich erfolgreicher als Gumppenbergs *Pinsel Ying's*. Zum anderen suggerierte der historische Rahmen der Handlung bei gleichzeitiger Aktualität des Themas eine überzeitliche Relevanz. Mit diesem Kunstgriff versuchte Gumppenberg, ein Problem, das gerade zu Beginn der Moderne in aller Munde war, in einen größeren zeitlichen Kontext zu rücken: Die Frage, ob man die Qualität von Kunst nach bestimmten Maßstäben beurteilen könne, war zwar nicht neu, wurde aber bei einer zunehmend experimentellen Produktion um die Jahrhundertwende, als neue Formen gegen die *Lyrik von Gestern* antraten, besonders heftig diskutiert. So bot das Stück dem Autor auch Gelegenheit, in den Gedichten, die er Tschu-Fu in den Mund legte, moderne wie auch altbackene Lyrik zu parodieren.[357]

Auch über die Bühnengestaltung machte sich Gumppenberg Gedanken:

> Die Hauptdekoration – der Platz vor dem Kaiserpalast – muss die äusserst-mögliche Bühnenbreite und Bühnentiefe in Anspruch nehmen, damit <u>der Platz so weit als nur möglich</u> [handschriftliche Unterstreichung] erscheint. Dies ist schon deshalb notwendig, weil zwischen der (unerlässlichen und notwendigerweise recht geräumigen) Tribüne auf der Bühne rechts (vom Zuschauer) und den Volksgruppen ganz links ein entsprechend grosser Abstand bleiben muss [...] (die feierliche Pompentfaltung des Kaiserhofs darf nicht in die komisch kleinen Verhältnisse eines Kindermärchens zusammenschrumpfen [...]).[358]

Im Buch sind Bühnenskizzen enthalten, die Gumppenbergs Interesse an einer wirkungsvollen Umsetzung seiner Dichtung illustrieren.

Auch seinen Zeitgenossen blieben die engen Parallelen zu Hanns von Gumppenbergs eigenen Erfahrungen als Dichter nicht verborgen. Paul Wittko, der in Hanns von Gumppenberg eine wahre humoristische Begabung erkannte, beschrieb etwa in seinem Nachruf durchaus mitfühlend die Ernüchterung, die

---

lichen Korrekturen. Ohne Datum. Im Nachlass, Münchner Stadtbibliothek/Monacensia [HvG M 8].
357 Tschu-Fu trägt z.B. als expressionistisch erkennbare Verse vor. Vgl. hierzu auch: Rose, S. 394.
358 HvG: Einfügungen und Regieanweisungen zu Der Pinsel Ying's.

jenen nach all der Zurückweisung befiel und hob den *Pinsel Ying's* lobend hervor:

> Als ihm aber keine dieser Dichtungen einen dauerhaften Platz auf der Dichterhöhe eintrug, da griff, ergrimmt über die auf Kosten wahrer Dichtergröße landläufige Lobpreisung der Modegötzen und selbst ihrer stumpfsinnigsten Stümpereien nach dem Erscheinen eines einzigen Schlagers, der sich verkannt fühlende berufene Satiriker aller Literaturauswüchse zum „Pinsel Yings". So heißt sein bestes satirisches Lustspiel, das heute wie eine Verspottung neuester Zeiterscheinungen in aller Welt anmutet.[359]

Der *Pinsel Ying's* beruht zwar gleich auf mehreren Vorlagen und enthält parodistische Elemente, ist jedoch ein für Gumppenbergs Verhältnisse relativ eigenständiges Werk, das viele komische Elemente, aber auch ein ernstes Anliegen enthält. Es wäre sicherlich falsch, darin eine kategorische Ablehnung des Siegeszugs der Moderne zu erkennen. Stattdessen wollte Hanns von Gumppenberg der modernen Dichtung jenseits der Mode wieder zu seriöserem Ansehen verhelfen. Die Komödie ist deshalb nicht einfach als eifersüchtige, boshafte Abrechnung mit dem zeitgenössischen Literaturbetrieb zu verstehen. Im *Pinsel Ying's* drückt sich vielmehr der Appell an die Dichterkollegen wie auch an die Leserschaft aus, innerhalb neuer Formen wieder nach Qualität zu streben, sich von Ruhm und Rezeption unabhängig zu machen, um der Literatur im zwanzigsten Jahrhundert – innerhalb des modernen Rahmens – wieder zu Größe zu verhelfen.

5.3 Die Lyrikparodien

Den größten und bleibendsten Erfolg hatte Hanns von Gumppenberg mit seinen Lyrikparodien. Diese bis in die Gegenwart immer wieder in Parodiensammlungen auftauchenden Gedichte sind wohl auch – zumindest in technischer Hinsicht – die eindrücklichsten Beweise für das dichterische Talent, das Gumppenberg ohne Zweifel besaß. Wie wenig Beachtung er selbst seinen parodistischen Dichtungen schenkt, zeigt der Umstand, dass er *Das teutsche Dichterroß*, seinen größten Erfolg, noch 1903 in einem autobiographischen Artikel[360] der im *litterarischen Echo* erscheint, mit keinem Wort erwähnt, während dort nahezu alle anderen veröffentlichten Werke sorgfältig aufgezählt werden.

---

359 Paul Wittko: „Hanns von Gumppenberg". In: Der Türmer. Monatsschrift für Gemüt und Geist. 30. Jahrgang. Juni 1928. Heft 9. Berlin 1928, S. 217.
360 HvG: „Im Spiegel. Autobiographische Skizzen". In: Das litterarische Echo. Halbmonats-

Da Gumppenbergs Lyrikparodien aufgrund ihrer Bekanntheit schon des Öfteren Eingang in wissenschaftliche Literatur gefunden haben, sollen hier nur einige wenige Betrachtungen zu diesem Genre angestellt und beispielhaft zwei Parodien Gumppenbergs vorgestellt werden.

Dass das *Teutsche Dichterroß* überhaupt zur Veröffentlichung kam, lag daran, dass die Parodien zuvor bei den Elf Scharfrichtern „ihre Wirksamkeit bewährt hatten".[361]

Nachdem Otto Julius Bierbaum vergeblich versucht hatte, das *Teutsche Dichterroß* dem Berliner Verlag *Schuster & Löffler* anzubieten, brachte Marc Henry, der Direktor der Elf Scharfrichter das Buch im Verlag seiner *Deutsch-französischen Rundschau* unter.

In der Gedichtsammlung, die sofort erfolgreich aufgenommen wurde, finden sich Parodien auf viele bekannte Dichter, vorwiegend des 19. Jahrhunderts. Viele der Parodierten gehören heute nicht mehr zu den Bekanntesten, oder sind beinahe vergessen. Zu den berühmtesten der parodierten Vorbilder zählen etwa Theodor Fontane, Gustav Schwab, Rainer Maria Rilke, Hugo von Hofmannsthal, Heinrich Heine, Else Lasker-Schüler oder Joseph von Eichendorff. Auffallend ist, dass im Verhältnis erstaunlich wenige Lyriker des 20. Jahrhunderts vertreten sind. Wintzingerode-Knorr macht außerdem zu Recht auf den Umstand aufmerksam, dass sich keine Parodien zu Annette von Droste-Hülshoff, Eduard Mörike, Gottfried Keller oder Conrad Ferdinand Meyer finden. Er kommt zu dem Schluss, dass Gumppenberg aus Sympathie kein Interesse daran gehabt habe, sie zu parodieren: „Die Werke dieser Dichter sind auch von den Literatur-Revolutionären der Jahrhundertwende voll anerkannt worden."[362] Dem ist entgegenzuhalten, dass Hanns von Gumppenberg gerade die Dichter auswählte, die ihm besonders nahe waren und wohl gerade in der Beliebtheit der Genannten eher einen Grund für deren Aufnahme gesehen hätte. Zudem weist Josef Hofmiller, der Gumppenberg persönlich kannte, darauf hin, dass dieser kein Interesse daran hatte, Dichter zu parodieren, von denen er persönlich nichts hielt: „Wo die unfreiwillige Komik ein gewisses Maß überschreite, pflegte er [Gumppenberg] zu sagen, da müsse die freiwillige taktvoll zurücktreten."[363]

---

schrift für Litteraturfreunde. Hrsg. v. Dr. Josef Ettlinger. Sechster Jg. Okt. 1903–Okt. 1904. Berlin 1903/1904, S. 11–14.
361 HvG: Lebenserinnerungen, S. 294.
362 Wintzingerode-Knorr, S. 126.
363 Josef Hofmiller: „Hanns von Gumppenberg". Einleitung zur 15. Auflage. In: HvG: Das Teutsche Dichterroß. In allen Gangarten vorgeritten. München 1966, S. 11.

Zum Beispiel ist in seiner bekannten Parodie auf die Lyrik seines langjährigen Weggefährten Otto Julius Bierbaum keinerlei Missbilligung zu erkennen:

Sommermädchenküssetauschelächelbeichte

An der Murmelrieselplauderplätscherquelle
Saß ich sehnsuchtstränentröpfeltrauerbang:
Trat herzu ein Augenblinzeljunggeselle
In verweg'nem Hüfteschwingeschlendergang,
Zog mit Schäkerehrfurchtsbittegrußverbeugung
Seinen Federbaumelriesenkrämpenhut –
Gleich verspürt' ich Liebeszauberkeimeneigung,
War ihm zitterjubelschauderherzensgut!

Nahm er Platz mit Spitzbubglücketückekichern,
Schlang um mich den Eisenklammermuskelarm:
Vor dem Griff, dem grausegruselsiegesichern,
Wurde mir so zappelseligsiedewarm!
Und er rief: „Mein Zuckerschnuckelputzelkindchen,
Welch ein Schmiegeschwatzeschwelgehochgenuß!"
Gab mir auf mein Schmachteschmollerosenmündchen
Einen Schnurrbartstachelkitzelkosekuß.

Da durchfuhr mich Wonneloderflackerfeuer –
Ach, das war so überwinderwundervoll . .
Küßt' ich selbst das Stachelkitzelungeheuer,
Sommersonnenrauschverwirrungsrasetoll!
Schilt nicht, Hüstelkeifewackeltrampeltante,
Wenn dein Nichtchen jetzt nicht knickeknirschekniet,
Denn der Plauderplätscherquellenunbekannte
Küßte wirklich wetterbombenexquisit!!

Nach O. J. Bierbaum und anderen Wortkopplern[364]

Die einfache Übertreibung der typischen Eigenart Bierbaums, Wörter miteinander zu verbinden, wirkt in Gumppenbergs Version fast wie eine freundliche

---

364 HvG: Das Teutsche Dichterross. 1906, S. 62.

Hommage an den eigenwilligen Stil des Freundes und adelt diesen damit zu einem, der genug Eigenes besaß um in der Parodie wiedererkannt zu werden.

Etwas anders verhält es sich in Gumppenbergs Persiflage des mystisch bedeutungsvollen Stils Stefan Georges. Hinter der parodistischen Technik der Kombination von wichtigtuerischer Pose nach Art Georges mit banalem Inhalt meint man erkennen zu können, was Gumppenberg wohl von solchen lyrischen Übertreibungen halten mochte:

letzter besuch

ob noch ein trost entquille jetzt uns beiden
ich hofft es wohl ich kam zum lampenmahle
doch da ich heißer dürste tief im leiden
dich trinken will entziehst du mir die schale

ich berge schweigend mich im beigemache
die unentschloßnen qualen zu verschonen
denn einsam fahle liebe, töricht schwache
sie kann nicht meine träume mehr bewohnen

und glimmt noch jetzt durch leere nacht der zunder
in bitternis dich an mir festzulegen
so will ich deines grams geheimes wunder
mit sanftem saft mit meinen lippen pflegen

Nach Stefan George[365]

Wenn Karl-Wilhelm von Wintzingerode-Knorr am Beispiel von Gumppenbergs George-Parodien zu dem Schluss kommt, „daß eine Parodie auch von den Qualitäten ihrer Vorlage zu profitieren vermag, wenn sie sie unverzerrt einbezieht"[366], so scheint er die Verzerrung ausschließlich im rein technischen Bereich zu suchen. In dieser Hinsicht hat Gumppenberg die Vorlage Bierbaums natürlich weit mehr verzerrt, als den Stil Georges. Dass aus technisch kaum verzerrten Parodie durch die motivische Verschiebung aber umso mehr unverhohlene ironische Kritik sprechen kann, beweist sein *letzter besuch* umso deutlicher. Parodistisches Sprachspiel kann also viel mehr beinhalten, als philo-

---

365   Ebd., S. 74.
366   Wintzingerode-Knorr, S. 144.

logisches Engagement. Es initiiert über die Bewusstmachung der zeitlich geprägten Sprache, die Lyrik in besonderem Maße immer ist, eine Bewusstmachung dieser Kontextabhängigkeit.

[...] Offenbar nimmt die Parodie in einer verspielten Ecke die eigengesetzliche Literaturentwicklung vorweg, sie macht sprachbewußter und suggeriert: die Wortprägungen von heute sind keine bare Münze mehr. So scheint uns Gumppenberg unter der Hand auf die zwanziger Jahre vorzubereiten, obgleich er zunächst nur das Olympier-Fußvolk des vorigen Jahrhunderts übermäßig charakterisieren will. [...] fernöstlich verstockt oder sonstwie verfremdet, reicht manche Zeile weit in die deutsche Gegenwartsliteratur hinein – also Erinnerung ans Alte und Erholung vom Neuen, der erstaunlichste Beitrag eines Hundertjährigen zur deutschen Literatur von 1966.[367]

Dass Gumppenberg, anders als bei seinen ernsten Dichtungen, seine experimentelle Sprachkritik fast ausschließlich im humoristischen Bereich erprobte, ist auch als Zeichen für seine Ambivalenz gegenüber der Sprache als solcher zu werten. Zu wertvoll schien sie ihm offenbar im ernsten Rahmen zu sein, als dass er darin allzu sehr von seinen Vorbildern abweichen konnte. Allein der komische Rahmen scheint ihm erlaubt zu haben, durchaus dekonstruktive Experimente anzustellen: „Auf dem Wege über die Parodie gelangt Gumppenberg zum völligen Unsinn. Morgenstern, Paul Scheerbart, Expressionismus und Dadaismus erreichten den Sprachunsinn, die Zerstörung der Sprache auf dem direkten Wege."[368] Gerade die Schwächen der Sprache, die er in den Werken anderer erkannte, gestatteten es ihm, seiner Dekonstruktion eine korrigierende Komponente zu geben. Die Parodie kann so als komischer Filter angesehen werden, der Gumppenberg vom Verdacht befreite, an der Zerstörung oder am Verfall der Sprache mitgewirkt zu haben.

---

367 Armin Eichholz: Vorwort zur 15. Auflage. In: Hanns von Gumppenberg: Das Teutsche Dichterroß. In allen Gangarten vorgeritten. München 1966. S. 5 f.
368 Wintzingerode-Knorr, S. 101.

6. Kabarett

Als mittlerweile alleinerziehender Vater – seine erste Frau Lotte war bei der Entbindung der Tochter gestorben – kam es für Gumppenberg gerade recht, dass nun eine neue Idee in der Luft lag bzw. aus Frankreich importiert wurde: Das künstlerisch oder politisch ambitionierte Kabarett versprach einen humorvollen Ausweg aus der Krise der Künste.

Die Geburtsstunde des Kabaretts lag noch nicht lange zurück: Am 18. November 1881 hatte im Pariser Montmartre das *Chat Noir* eröffnet.

Über den Export dieser Erfindung nach Deutschland war schon seit einiger Zeit diskutiert worden. Zum Beispiel regte Otto Julius Bierbaum 1897 mit seinem Roman *Stilpe* die Gründung eines deutschen Kabaretts maßgeblich an. Die gleichnamige Hauptfigur gibt das Programm vor:

> Die Renaissance aller Künste und des ganzen Lebens kommt vom Tingeltangel her! […] Zu uns, ins Tingeltangel, werden alle kommen, die Theater und Museen ebenso fliehen wie die Kirche. Und bei uns werden sie […] das finden, was ihnen allen fehlt: den heiteren Geist, das Leben zu verklären, die Kunst des Tanzes in Worten, Tönen, Farben, Linien, Bewegungen. Die nackte Lust am Schönen, der Humor, der die Welt am Ohr nimmt, die Phantasie, die mit den Sternen jongliert und auf des Weltgeists Schnurrbartenden Seil tanzt! […] Wir werden eine neue Kultur herbeitanzen! Wir werden den Übermenschen auf dem Brettl gebären! Wir werden diese alberne Welt umschmeißen![369]

Auch ein weniger buntes, aber künstlerisch umso engagierteres Ziel wurde formuliert: „[…] wie die *Freien Bühnen* es dahin gebracht haben, daß der Geschmack des Theaterpublikums ein höheres Niveau erhalten hat, so wird es, denken wir, möglich sein, durch künstlerische Varietébühnen verbessernd auch auf den Geschmack der größeren Menge zu wirken."[370]

---

369 Otto Julius Bierbaum: Stilpe, Ein Roman aus der Froschperspektive. Berlin 1909, S. 357 ff.
370 Otto Julius Bierbaum. Zit. nach: Heinz Greul: Bretter, die die Zeit bedeuten. Die Kulturgeschichte des Kabaretts. Köln 1967, S. 84.

6.1 Die Elf Scharfrichter

Das Rennen um das erste deutsche Kabarett machte Ernst Freiherr von Wolzogen, der am 18. Januar 1901 in Berlin sein *Buntes Theater* gründete. Kurz darauf folgten Max Reinhardt mit dem *Schall und Rauch* – und in München, am 13. April 1901 die *Elf Scharfrichter* unter der Federführung von Otto Falckenberg und dem gebürtigen Pariser Marc Henry. Bald stieß Frank Wedekind hinzu, und – wie zu erwarten – auch Hanns von Gumppenberg. Seine Erfolge als parodistischer Dichter ließen ihm die Idee attraktiv erscheinen, auch wenn er zu dieser Zeit eher ernsthafte Ziele verfolgte. Die Zahl der anfänglich elf Gründungsmitglieder ließ sich nicht lange halten, und so wurden die neu hinzugekommenen kurzerhand zu Henkersknechten ernannt.

Als Spielort diente ihnen eine eigens errichtete Bühne im Rückgebäude des heute nicht mehr existierenden Gasthofs *Zum goldenen Hirschen* in der Türkenstraße. Der Raum hatte vorher als Paukboden gedient.

Das Pariser Vorbild war auch entscheidend, was die Gestaltung der Bühne und des Zuschauerraums anging. In einer Selbstdarstellung der Scharfrichter, die in der Zeitschrift *Bühne und Brettl* erschien, wird erzählt, wie genau Marc Henrys an die eigenen Pariser Kabaretterfahrungen angelehnten Vorstellungen waren:

> Er [Marc Henry] wies vor allem darauf hin, dass den Aufführungen der Charakter des Zwanglosen, Improvisierten gewahrt bleiben müsse, dass jeder der ‚Elf' dem Publikum nur das geben dürfe, was er Eigenes zu sagen habe, und dass eine fortwährende **enge Fühlung** zwischen Darbietenden und Zuhörern die unerlässliche Voraussetzung für glückliches Gelingen sei. Nur kein Theater mit numerirtem Parquet, Rängen und Galerie, keine Bühne, die von dem Zuschauerraum getrennt ist, wie eine fremde Welt […]. Ein kleiner Raum, launenhaft ausgestaltet wie ein Atelier oder eine Künstlerkneipe, darin ein **Podium**, ein ‚Brettl' […]. Die Zuhörer sitzen gemüthlich bei ihrem Glase Bier, und sollte es Einem von ihnen einfallen, auf's ‚Brettl' hinaufzusteigen und sich etwas vom Herzen zu singen oder zu mimen, so ist ihm das ohne jegliche Censur gestattet, denn der strengste künstlerische Richter ist das Publikum, zu dem er ja selber gehört.[371]

Die exakten Vorstellungen und die Wirkungsabsichten, die dahinter stehen, lassen Rückschlüsse auf die Selbstauffassung der Kabarettisten der ersten

---

371 [Ohne Autor]: Selbstdarstellung der Scharfrichter. In: Bühne und Brettl. Jg. III/1903, H. 4, S. 3. [Hervorhebungen im Original]

Stunde zu: Man wollte den großen etablierten Theatern einen „launenhaft ausgestalteten Raum" gegenüberstellen. In dieser genauen Darstellung der Absichten des Kabaretts wirken die Anweisungen wie ein Spiegelbild der großen Bühne. Im großen Theater, wo man eben nicht „gemüthlich" bei einem „Glase Bier" sitzen konnte, war die „enge Fühlung zwischen Darbietenden und Zuhörern" nicht gewünscht. Abgetrennt durch die *vierte Wand* konnte es einem dort nicht einfallen, „auf's ‚Brettl' hinaufzusteigen und sich etwas vom Herzen zu singen". Diese beabsichtigte Verschmelzung von Künstler, Publikum und „strengste[m] künstlerische[n] Richter" ist Zeichen des modernen Reformstrebens im Kabarett.

Die Bühne der Scharfrichter war klein, nur wenig erhöht und kaum vom Zuschauerraum abgetrennt. Gerade dieser experimentelle Charakter kam aber nicht nur dem Anspruch der Avantgarde, Kunst und Lebenspraxis einander wieder anzunähern[372] entgegen: Als Gegenmodell zur Institution des Theaters war das Kabarett, im intimen Rahmen und entschärft durch das Vorzeichen der humorvollen Unterhaltung ideal geeignet, als Experimentierbühne für durchaus ernst gemeinte künstlerisch innovative Versuche zu dienen. So kam hier etwa Frank Wedekinds *Erdgeist* zur Aufführung. Aber auch einige für die Elf Scharfrichter geschriebene Kurzdramen Hanns von Gumppenbergs haben erkennbar einen Anspruch, der über den der bloßen Unterhaltung hinausgeht. Zugleich wurde im Kabarett die Abwendung vom Theater des Naturalismus besonders deutlich betont. Hier konnte kaum noch eine Theaterillusion existieren. Gerade aus dem Fehlen einer naturalistischen Guckkastenbühne, aus der engen Anbindung ans Publikum bezog das Kabarett seinen Reiz. Der dekorierte Zuschauerraum vermittelte das Gefühl, in gewisser Weise Teil der Vorstellung zu sein. Das Leben sollte zur Kunst werden und die Kunst wiederum wurde als alternative Lebensform vorgeführt.

Der längliche Raum fasste kaum mehr als 100 Besucher. Aber auch diese Zahl musste bald aus feuerpolizeilichen Gründen reduziert werden. Die geringe Größe, das Improvisierte, Intime kam dem Programm des Unternehmens aber durchaus entgegen, entsprach der Raum doch viel eher einem Brettl als Wolzogens Projekt in Berlin, das in einem richtigen Theater mit professionellen Schauspielern stattfand.

An den Wänden hing Kunst, Bilder namhafter Jugendstilkünstler, französische Plakate. In einer Ecke stand das Wahrzeichen der Elf Scharfrichter: ein sogenannter Schandpfahl, auf dem ein Totenkopf mit Perücke lag, in dem ein

---

372 Vgl. Peter Bürger: Theorie der Avantgarde, Frankfurt a. M. 1974, S. 72 f.

Henkerbeil steckte. An diesem Schandpfahl wurden Äußerungen der politischen Gegner ausgestellt.

Es lässt sich vermuten, dass scheinbar paradoxerweise die geringe Größe auch ein Geheimnis des Erfolgs der Elf Scharfrichter war. Die Bohème saß hier gemischt mit den Bürgern an runden Tischen. Standesunterschiede waren weniger sichtbar als im Theater. Man trank Bier während der Vorstellung und aß Leberknödelsuppe, wie Hans Carossa berichtet.[373] Mit dem Gefühl des Dazugehörens, der Teilnahme im Milieu der Bohème lockte das Kabarett, das sich so oppositionell gab, viele Touristen und Bürger an, mit dem Versprechen, aus ihrem Leben ausbrechen zu können und einen Abend lang Anteil am wilden Schwabinger Leben zu haben. Und tatsächlich kann man an den detaillierten Polizeiberichten jener Zeit erkennen, dass das Publikum sich zu einem großen Teil aus wohlhabenden Bürgern, Anwälten, Ärzten etc. zusammensetzte.

Die Elf Scharfrichter waren bald in aller Munde und wurden so selbst bald zu einer kulturellen Institution Münchens. Die überregionale Berühmtheit des Kabaretts erkennt man auch daran, dass die Elf Scharfrichter ein beliebtes Motiv auf Postkarten waren.

Es fällt schwer, das Programm der Abende zusammenzufassen. Die Uneinheitlichkeit gehörte zum Konzept und ist schon in der amtlich eingetragenen Vereinssatzung erkennbar:

Statuten des Vereins ‚Die elf Scharfrichter.'
§ 1. Name, Sitz und Zweck des Vereins.
Der Verein ‚Die elf Scharfrichter' hat seinen Sitz in München und bezweckt, ähnlich wie das Kunstgewerbe die bildenden Künste dem praktischen Leben dienstbar gemacht hat, alle Kunstgattungen zugleich in den Dienst der leichten Unterhaltung zu stellen. Es gilt für diese Art theatralischer Unterhaltung einen eigenen, der Gegenwart organisch entwachsenden Stil zu schaffen, ähnlich dem der Pariser „cabarets" und dennoch unabhängig in deutschem Boden wurzelnd. Diese Aufgabe gedenkt der Verein durch Gründung einer diesen Zwecken angepaßten intimen Bühne zu lösen, aus welcher u.a. das künstlerische Schattenspiel, die litterarische Parodie, die moderne Pantomime, das psychologische Couplet (chanson rosse), die Revue, die plastische Karricatur, der Farbentanz, der Volksgesang gepflegt werden soll.[374]

Auch wenn nicht alle der hier aufgezählten Künste Eingang ins Programm der Elf Scharfrichter fanden, waren die Abende doch äußerst gemischt. Eine

---

373 Vgl. Hans Carossa: Reise zu den Elf Scharfrichtern, Frankfurt a. M. 1953, S. 16.
374 Aus: Pol/Dir. 2057, Hauptstaatsarchiv München.

einheitliche Form des Kabaretts war noch nicht gefunden sodass der Vergleich mit heutigem Kabarett oder gar Comedy nicht weit führt. Zu den am häufigsten aufgeführten Texten gehörten erstaunlicherweise sogar Volkslieder aus des Knaben Wunderhorn. Der Gesamteindruck war frech und blutig. Nachdem die Elf zur Eröffnung des Abends mit dem eigens komponierten Scharfrichtermarsch auf die Bühne gezogen waren, übernahm der gebürtige Franzose Marc Henry die Führung durch den Abend.

Ein bedeutendes Mitspracherecht bei der Programmgestaltung beanspruchte jedoch bald die Zensur für sich. Vieles wurde schon vor der ersten Aufführung gestrichen und musste kurzfristig durch harmlosere Texte ersetzt werden. Zwar versuchten die Elf Scharfrichter raffiniert durch ein Mitgliedschaftssystem die künstlerische Freiheit im geschlossenen Rahmen zu wahren, doch erkannten die Gesetzeshüter bald, dass die Privatheit des Unternehmens nur vorgetäuscht und die Mitgliedschaft leicht etwa an der Garderobe zu erwerben war. Das Spiel mit der Zensur prägte die Geschichte des Kabarettunternehmens und Otto Julius Bierbaum notierte im November 1902:

> Soll ich auch jeder großen Stadt die ‚Elf Scharfrichter' wünschen? Es kostet nichts, wenn ich es tue, aber es hilft auch nichts. Denn sie sind bloß in München möglich. In Berlin ist das Ueberbrettl als ein Witz entstanden und zugrunde gegangen, wie der Witz abgestanden war. Jeder Versuch, die ihm zugrundeliegende gute Idee eines lyrischen Theaters mit Varietécharakter ernsthaft auszuführen, mußte dort fehlschlagen, weil der Begriff des höheren literarischen Ulkes allzu eng mit ihr verknüpft war. In München fand sie ihre Verwirklichung durch Künstler, die von vornherein den gröberen sowohl wie den feineren Ulk, das Zugmittel für die Massen und Uebersatten, ablehnten und aufs Eigentliche des Gedankens eines Künstlerbrettls gingen. So war ihrem Unternehmen Dauer und reeller Erfolg beschieden in dem Augenblick, wo zu den guten künstlerischen Qualitäten eine ordentliche geschäftliche Leitung hinzukam. Freilich erfreuen sie sich dabei eines Vorteils, den in Deutschland nur München bietet: einer gar nicht engherzigen, vielmehr recht freien und gescheiten Zensur. Was hier Frank Wedekind singen darf, wäre in keiner anderen deutschen Stadt möglich.[375]

Bierbaum hat mit dieser Einschätzung nur zum Teil recht. Grund für den Boom der Kabarettszene in Deutschland und für den Erfolg der Elf Scharfrichter im Besonderen war sicher nicht nur das französische Vorbild, sondern

---

375 Otto Julius Bierbaum: „Eine kleine Herbstreise im Automobil". In: Ders.: Die Yankeedoodle-Fahrt und andere Reisegeschichten. Neue Beiträge zur Kunst des Reisens. München 1910, S. 449–482, hier: S. 456 f.

auch das Erstarken der Zensur. Die mächtige Gegnerschaft machte erst den Reiz einer Darstellung im halb Verborgenen, an der Grenze oder jenseits der Legalität aus. Trotzdem hat die strenge Zensur auch den späteren Untergang der Elf Scharfrichter zu verantworten. 1900, ein Jahr vor der Gründung, war die sogenannte *Lex Heinze* verabschiedet worden. Das Gesetz verbot in einem sogenannten *Kunst- und Schaufensterparagraphen* pauschal alle Bilder und Texte, die „ohne unzüchtig zu sein"[376], das Schamgefühl verletzten. Ein spezieller *Theaterparagraph* drohte jedem mit Gefängnis, „der öffentlich theatralische Vorstellungen, Singspiele, Gesangs- oder deklamatorische Vorträge, Schaustellungen von Personen oder ähnliche Aufführungen veranstaltet oder leitet, welche durch gröbliche Verletzung des Scham- und Sittlichkeitsgefühls Ärgernis zu erregen geeignet sind"[377].

In diesem Kontext ist der Begriff *Scharfrichter* zu sehen, der gleich zu Beginn eine aggressive Haltung sowohl gegen das saturierte Bürgertum, als auch gegen all jene verrät, die sich einer freien Entfaltung der Künste entgegenstellten. Hanns von Gumppenberg war, wie auch seine Kollegen, ein erklärter Gegner der Zensur:

> Was die Frage der Theaterzensur anlangt, so hat die Erfahrung gezeigt, dass sie zu gleichmässiger Gerechtigkeit nicht imstande ist, und dass ihre Verbote das gerade Gegenteil ihres Zwecks erreichen; schon aus diesen beiden Gründen halte ich sie für eine durchaus verfehlte Einrichtung. Ihre Abschaffung ist aber auch deshalb wünschenswert, weil sie eine unberechtigte geistige Bevormundung zurechnungsfähiger Erwachsener darstellt.[378]

Zivilbeamte der Zensurbehörde saßen im Publikum und notierten den Ablauf des Abends genau. Diese Polizeiberichte, die heute oft als einzige Dokumente genauen Aufschluss über Programm und Ablauf der Abende geben, sind meist sachlich, doch nicht unbedingt immer ohne Wohlwollen, wie zum Beispiel der Bericht zum 12. Mai 1901 beweist:

---

376 § 184a StGB, zit. nach: Meyer, Michael: Theaterzensur in München, 1900–1918, Geschichte und Entwicklung der polizeilichen Zensur und des Theaterzensurbeirates unter besonderer Berücksichtigung Frank Wedekinds, München 1982, S. 16.
377 § 184b StGB, zit. nach: Mast, Peter, Um Freiheit für Kunst und Wissenschaft, der Streit im Deutschen Reich 1890–1901, Rheinfelden 1994, S. 142.
378 HvG: Stellungnahme zur Umfrage „Die Zukunft der deutschen Bühne" in: Die Zukunft der deutschen Bühne, Fünf Vorträge und eine Umfrage, hg. v. Schutzverband deutscher Schriftsteller, Berlin 1917, S. 94–95, hier: S. 95.

> Unsittliches, oder auch nur direkt Anstoß erregendes wurde weder dargestellt, noch gesungen, vorgetragen oder sonst zur Schau geboten. Die einzelnen Texte entbehren ja wohl in den meisten Fällen nicht eines sinnlichen Hintergrundes, doch glaube ich kaum, daß hierin – und zwar auch nicht von Nörglern – thatsächlich eine auffällige Verletzung der guten Sitten und des Anstandes erblickt werden kann.[379]

Nachdem die Elf Scharfrichter ab 1902 von der Polizei für öffentlich erklärt worden waren, wurden sie einer strengen Vorzensur unterstellt. Jeder Text musste vorab dem Zensor vorgelegt werden, was zum Verbot vieler Stücke führte. Die Künstler reagierten mit Verbitterung wie auch mit Humor – wie etwa bei einem Faschingsfest am 19. Februar 1903 über das die Münchner Stadtchronik folgendes berichtet:

> ‚Durchs dunkelste Deutschland', diesen Titel, den der ‚Simplizissimus' aufgebracht hat, haben die ‚Elf Scharfrichter' dem satirischen Karnevalsfest als Schlagwort gegeben, welches dieselben heute in den Saallokalitäten der Schwabingerbrauerei veranstalteten. [...] Gleich beim Eintritt in den Saal präsentierte sich den Besuchern ein Plakat mit der Aufschrift ‚Hier ist überhaupt alles verboten' und auf Maueranschlägen stand zu lesen ‚Maul halten! Der Magistrat'. 2 Gendarmen kommandierten unablässig: ‚Rechts gehen!'[380]

Bei allem Übermut im ironisch-karnevalesken Rahmen des Überbrettls kann kein Zweifel aufkommen am reformatorischen Anspruch der Mitwirkenden. Gleichzeitig war es aber scheinbar gerade die komische Gegenwelt des Kabaretts, die es erlaubte, der Welt lachend einen Spiegel vorzuhalten. Der Humor zähmte jeden noch so scharfen Angriff, jede noch so frivole Anspielung und rückte sie in ein heiteres Licht. Dieser Effekt erlaubte den Scharfrichter-Künstlern zwar ein relativ freizügiges Ausleben ihrer künstlerischen Vorstellungen, schränkte ihre Wirkung jedoch möglicherweise auch ein. Was im komischen Experimentierfeld an Innovativem, Avantgardistischem gezeigt wurde, wurde belacht, aber unter künstlerischen Aspekten meist nur wenig ernst genommen.

---

379 Aus: Pol/Dir. 2057, Hauptstaatsarchiv München.
380 Eintrag der Münchener Stadtchronik zum 19.2.1903, [Ch 1903 I 419 f.]

6.2 Die Überdramen: „Der Nachbar", „Bella"

Hanns von Gumppenberg schrieb für die Elf Scharfrichter etliche sogenannte *Überdramen*. In diesen Kurzdramen bediente er sich verschiedener Stoffe und Techniken aus naturalistischen oder symbolistischen Stücken und führte diese virtuos parodistisch ad absurdum. Was in satirischer Anlehnung an die einst von ihm bewunderten Meister wie Ibsen, Strindberg oder Maeterlinck entstand, besitzt jedoch eine erstaunliche Eigenständigkeit. Diese besondere Autonomie gegenüber den Vorlagen erreichen Gumppenbergs Parodien durch ihren Mangel an eindeutiger Referenzialität[381]: Durch die Überfülle an oft diffusen Anspielungen auf verschiedene Autoren.

Liest man also Gumppenbergs Überdramen, ohne auf intertextuelle Bezüge zu achten – was aus den genannten Gründen meist leicht fällt, so erscheinen sie wie ernsthafte avantgardistische Versuche – manchmal sogar wie vorweggenommenes absurdes Theater.

Auffällig ist, dass Gumppenberg in jedem einzelnen Überdrama andere humoristische Techniken anwendet, die fast immer auch einen Bezug zu ihrem literarischen Vorbild haben. Dem Titel folgen meist Wortneuschöpfungen wie z.B. *Mystodrama*, *Etepetetodrama*, oder *Spiritistodrama*, die die verwendete Technik andeuten. Gemeinsam ist Gumppenbergs einzelnen Kabarettstücken nur, dass sie sich meist um die Themen Liebe, Sexualität, Verbrechen, oder Mord drehen.

Gumppenbergs Überdrama *Der Nachbar* ist ein *Monodrama in einem Satz*, welcher nur aus ca. 500 Wörtern besteht. Das kurze Stück wurde im Sommer 1901 uraufgeführt. Es handelt von einer Familie, die friedlich beisammen sitzt, als plötzlich die einzige sprechende Person des Stücks, ein ungebetener Gast auftritt. Dieser beginnt „in trockenem, gemessenem, leidenschaftslosem Ton, mehr vor sich hinsprechend, ohne eine der anwesenden Personen anzublicken"[382] seinen einzigen langen Satz:

> Wiewohl ich, Ihnen guten Abend wünschend, als bloßer Nachbar, ruhiger Beamter, auch in schwierigen Lebenslagen erprobtermaßen harmlos verträglicher Mensch und beschaulich, ich möchte sagen: philosophisch angelegte Natur hier eigentlich persönlich nichts Wesentliches zu schaffen habe und sozusagen als ungebetener Gast, ja als

---

381 Vgl. hierzu auch: Roßbach, S. 290 ff.
382 HvG: „Der Nachbar. Monodrama in einem Satz." [Regieanweisung]. In: Ders.; Willy Rath (Hgg.): Die Elf Scharfrichter. Münchner Künstlerbrettl. 1. Bd. Dramatisches. Berlin 1901, S. 113–128, hier: S. 118.

wenig willkommener Friedensstörer, wenngleich einem unwiderstehlichen Drange folgend, den ich mir wohl richtig als die heilige Stimme des korrekten Gewissens deute, an dem, bildlich gesprochen, mit trügerischen Blüten, deren Wurzeln zerstörendes Gift gesogen, anscheinend ehrbar verkleideten Abgrund einer vielfältigen, unerhörten Verderbtheit mit würdiger Fassung und christlicher Milde, aber [...]"[383]

Durch diesen einen Satz beschuldigt er jedes einzelne der sieben zuhörenden Familienmitglieder eines jeweils unterschiedlichen Verbrechens. Da keine der anderen Personen zu Wort kommt, vollzieht sich die Handlung pantomimisch: Während der Nachbar spricht, bringen sich alle Familienmitglieder nacheinander gegenseitig oder selbst um, bis nur noch der sprechende Nachbar am Leben ist, der nun endlich seinen unheilbringenden Satz beendet: „[...] eine allgemeinere Entrüstung schließlich in der Nachbarschaft Platz greifen mußte, wie sie auch mich jetzt veranlaßte, Ihnen diese Dinge endlich einmal energisch zu sagen, womit ich Ihnen allen in herzlichem Bedauern gute Nacht wünsche."[384]

Der Text und Nebentext des Stücks sind in zwei parallelen Spalten abgedruckt, die zum jeweiligen Inhalt des Satzes synchrone stumme Handlungen ermöglichen.

Das Überdrama *Der Nachbar* ist sowohl eine Parodie auf die beschauliche Atmosphäre der zu dieser Zeit beliebten Familiendramen. Gleichzeitig „parodiert es die bemerkenswert früh erkannte analytische Technik Ibsens. Die jahrelange Vorgeschichte des Stückes wird aber nicht in dialogischer, durch verschiedene Momente kunstvoll verzögerter Enthüllung eingebracht [...], sondern in einem durchlaufenden Monolog [...]."[385] Sowohl die Technik Ibsens wird so satirisch übertrieben, wie das für den Norweger typische Motiv der folgenreichen moralischen Enthüllung ad absurdum geführt. *Der Nachbar* hat keine einzelne Vorlage, sondern bezieht sich gleich auf eine ganze Gruppe von Vorlagen. Die schon beim *Veterinärarzt* angesprochene Verselbständigung des eigentlich metatheatralen Textes stimuliert so eine eigene Dynamik: „Der minimale Grad an Wahrscheinlichkeit, den auch die Karikatur braucht, geht in der Hyperbolik des Schreckens verloren. Die satirische Karikatur schlägt in die Groteske um, die kritische Parodie wird fast zum selbständigen Artefakt."[386] Diese experimentelle Struktur weist in die Vergangenheit, wendet sich aber

---

383 Ebd., S. 118 f.
384 Ebd., S. 127.
385 Rotermund, S. 154 f.
386 Ebd., S. 155.

gleichzeitig durch Übertreibung wieder von dieser ab und weist durch die so erlangte Eigenständigkeit in die Zukunft des Theaters.

Sicher ist es neben dem hohen Unterhaltungswert auch dieser komplexen innovativen Technik zu verdanken, dass *Der Nachbar* einer der erfolgreichsten Texte des frühen Kabaretts wurde. Neben den zahlreichen Wiederholungen bei den Elf Scharfrichtern wurde das Stück in vielen weiteren Städten übernommen. Auch in Ernst von Wolzogens *Überbrettl* in Berlin wurde *Der Nachbar* über 300 Male gespielt.[387]

Ein weiterer wichtiger Grund für den Erfolg der Überdramen ist ganz profaner Natur: Als literarische Parodien boten sie Schutz vor der Zensur. Sie wurden sogar manchmal erst dann ins Programm aufgenommen, wenn andere, nichtparodistische Stücke oder Lieder verboten worden waren. So wurden sie bei zunehmend strenger Kontrolle der Zensoren bald zum wesentlichen Bestandteil des Spielplans der Elf Scharfrichter.[388] Aber auch hier gab es Ausnahmen.

Ein interessanter Fall ist das bald nach der ersten Aufführung verbotene „soziale Stenodrama"[389] *Bella*, dessen Untertitel dem Inhalt des Stücks wohl kaum gerecht wird. Vielmehr war der Grund für die schnelle Entscheidung der Zensur wohl eher der obszöne Inhalt des Überdramas. Interessant ist *Bella* auch, weil es eines der wenigen Überdramen ist, die nicht erhalten sind. Nur durch Kritiken, das Programmheft[390] und die Lebenserinnerungen Gumppenbergs kann man Teile der Handlung sowie die Wirkung rekonstruieren. In dem Fünf-Minuten-Drama, das trotzdem aus fünf Akten bestand, wird das „Vonstufezustufesinken einer ‚Tochter aus guter Familie'"[391] gezeigt, die schließlich in London dem Serienmörder Jack the Ripper zum Opfer fällt. Da sie dabei offenbar nur wenige Sätze zu sprechen hatte, die dadurch umso mehr Bedeutung erlangten, war die Darstellung wohl auf mehr oder weniger obszöne Gesten beschränkt. Die Kritik der Presse fiel, wie bei fast allen Überdramen Gumppenbergs, überaus positiv aus:

Als das einzig vergnügliche Moment des Abends vertrat wieder Hanns v. Gumppenberg, hier ‚Scharfrichter Jodok', die literarische Parodie. Sein ‚soziales Stenodrama'

---
387 Ebd.
388 Vgl. Barbara Schuster, S. 97.
389 Abschrift einer Kritik (Handschrift HvG). Frankfurter Zeitung, Nr. 156, II. Morgenbl. v. 7. Juni 1901, im Nachlass, Münchner Stadtbibliothek/Monacensia.
390 Vgl. 2. Programmheft der Elf Scharfrichter. Juni 1901.
391 Abschrift einer Kritik (Handschrift HvG). Frankfurter Zeitung, Nr. 156, II. Morgenbl. v. 7. Juni 1901. Im Nachlass, Münchner Stadtbibliothek/Monacensia.

‚Bella', von ‚gehetzten Menschen' tempo furiosissimo gespielt, erregte als eine vortreffliche Persiflage auf Wedekinds ‚Erdgeist' Lulu lauten Beifall. Im letzten ‚Aufzug' gab's sogar die Sensation eines leibhaftigen ‚Jack the ripper' bei der Arbeit.[392]

Offenbar war es die Komik des Stücks, die den unsittlichen Inhalt für den Geschmack der Zeit zumutbar machte – wenn auch nicht für die Zensur, so doch zumindest für die anwesenden Kritiker:

> Unser brillanter Parodist Jodok (H. v. Gumppenberg) schenkte uns ein ‚Stenodrama', es heißt: Bella. Fünf Akte in fünf Minuten, das ist ein Rekord. Das Stück ist die traurige Geschichte eines Mädchens, das unter die Räder der Unmoral kommt. Es ist viel Humor in der Satire, und das versöhnt uns mit den vielleicht etwas gar zu kraß gewählten Effekten. Ein öfteres Spielen der Burleske, die an die Darsteller äußerst hohe Anforderungen stellt, wird wohl dahin führen, daß uns jedes Wort (es sind eben nicht viele im Stück!), jede Miene, jede Handbewegung etwas sagt. Dann wird der Zuschauer auch all' das verstehen, was Jodok zwischen den Zeilen gelesen wissen will. Dabei werden Dichter und Publikum gleich gewinnen. Jedenfalls darf Herr v. Gumppenberg mit dem Erfolge seiner originellen Arbeit zufrieden sein.[393]

Hanns von Gumppenberg erzählt in den Lebenserinnerungen eine interessante Anekdote, die das Kurzdrama in die Nähe von Wedekinds Büchse der Pandora rückt:

> Wedekind, der sich sonst nur um seine eigenen Nummern zu kümmern pflegte und meine ‚Neuheit' noch nicht kannte, war da zufällig anwesend und sah sich, neben mir in dem Miniaturparkett sitzend, das Spiel an. Er zeigte dabei von Akt zu Akt mehr stumme Betroffenheit, ja Geknicktheit, und als ich schliesslich nach der Ursache frug, erklärte er mir, dass es ja ganz das nämliche Stück sei, das er eben selber geschrieben, und das ich, ahnungslos und doch ahnungsvoll, im voraus parodiert hatte. Die Uebereinstimmungen mit der ‚Büchse der Pandora' konnten, wie sich dann später zeigte, in der Tat verblüffend wirken, erstreckten sie sich doch auch auf den wechselnden Schauplatz in Paris und London.[394]

---

392 Ebd.
393 Zeitungsausschnitt (Münchner Neueste Nachrichten, ohne weitere Angaben, wahrscheinlich Juni 1901). Im Nachlass, Münchner Stadtbibliothek / Monacensia [„Kritiken über HvG"].
394 HvG: Lebenserinnerungen, S. 288.

Der Fall Bella beweist, dass es eine Hauptaufgabe der Komik war, als Feigenblatt eines radikalen, gesellschaftskritischen Anspruchs zu fungieren, der von Anfang an zum Programm des Kabaretts gehörte. Man muss aber davon ausgehen, dass beide Seiten, Künstler wie Publikum das Spiel meist durchschauten, dass das Komische nur ein Alibi für gewagte künstlerische Versuche war. Offenbar war auch die Zensur zumindest eine Zeit lang amüsiert und gewillt, nur die komische Seite des Kabaretts zu erblicken und das subversive Element, das sich dahinter verbergen mochte, im Lachen aufgehen zu lassen. Doch gelegentlich wurde die ins Groteske reichende schwarze Symbolik der blutrünstig auftretenden Scharfrichter, bei gleichzeitig nur äußerlich vorgeschobenem Humor sogar der Presse zu viel, wie ein im Nachlass Gumppenbergs erhaltener Zeitungsausschnitt belegt:

> Die Elf Scharfrichter haben ihren Beruf denn doch etwas zu tragisch genommen. Es wird im neuen Programm viel, sehr viel von der bête humaine gesungen und gesagt; fast zu viel, möchte man sagen, denn diese Bestie ist nicht komisch oder grotesk – sie schreitet in ernst gemessenem Schritte über die dicht verhangene Bühne. Zu viel der Tragik, der bitteren Satire und des galligen Humors – zu wenig zum Lachen. Das in diesem Rahmen Gebotene war nichts destoweniger interessant und originell.[395]

Gerade Gumppenbergs Überdramen wagen sich oft an die Grenze des gerade noch – oder eben nicht mehr Komischen. Mit seinen Stücken scheint er genau diese Grenze der Toleranz erprobt zu haben, bedeuteten ihm die Kabarettstücke doch je mehr, desto größer ihr ernst gemeinter Anspruch war.[396]

Einige Einakter Gumppenbergs sind beinahe nur noch durch die Aufführungssituation als Parodien erkennbar und können – zumindest aus heutiger Sicht auch als avantgardistisch gemeintes Theater verstanden werden. Ihre kaum nachzeichenbare Referenzialität zu meist naturalistischen oder symbolistischen Vorlagen rückt sie in den Grenzbereich zwischen harmlos affirmativer Unterhaltung des Bürgertums und selbstbewusst auftretender Avantgarde. So verhindert letztlich nur der komische Rahmen des Kabaretts den ernsthaften Gestus und die Sprengkraft avantgardistisch provokativer Affektion. An Gumppenbergs Beispiel wird die entschärfende Funktion einer Komik deutlich, die eine ernsthafte Rezeption der Stücke verhinderte und den Autor später

---

395 Zeitungsausschnitt (Münchner Neueste Nachrichten, ohne weitere Angaben, wahrscheinlich Juni 1901). Im Nachlass, Münchner Stadtbibliothek / Monacensia [„Kritiken über HvG"].
396 Vgl. HvG: Lebenserinnerungen, S. 292 f.

selbst veranlasste, seine wahrscheinlich wichtigsten Leistungen als „Gelegenheitsscherze"[397] abzutun.

---

397 Ebd., S. 289.

Abb. 1: Hanns von Gumppenberg.

Abb. 2: *Die Verdammten*. Münchener Schauspielhaus 1901.

Abb. 3: *Die Verdammten:* Verkündigung der Verdammnis.

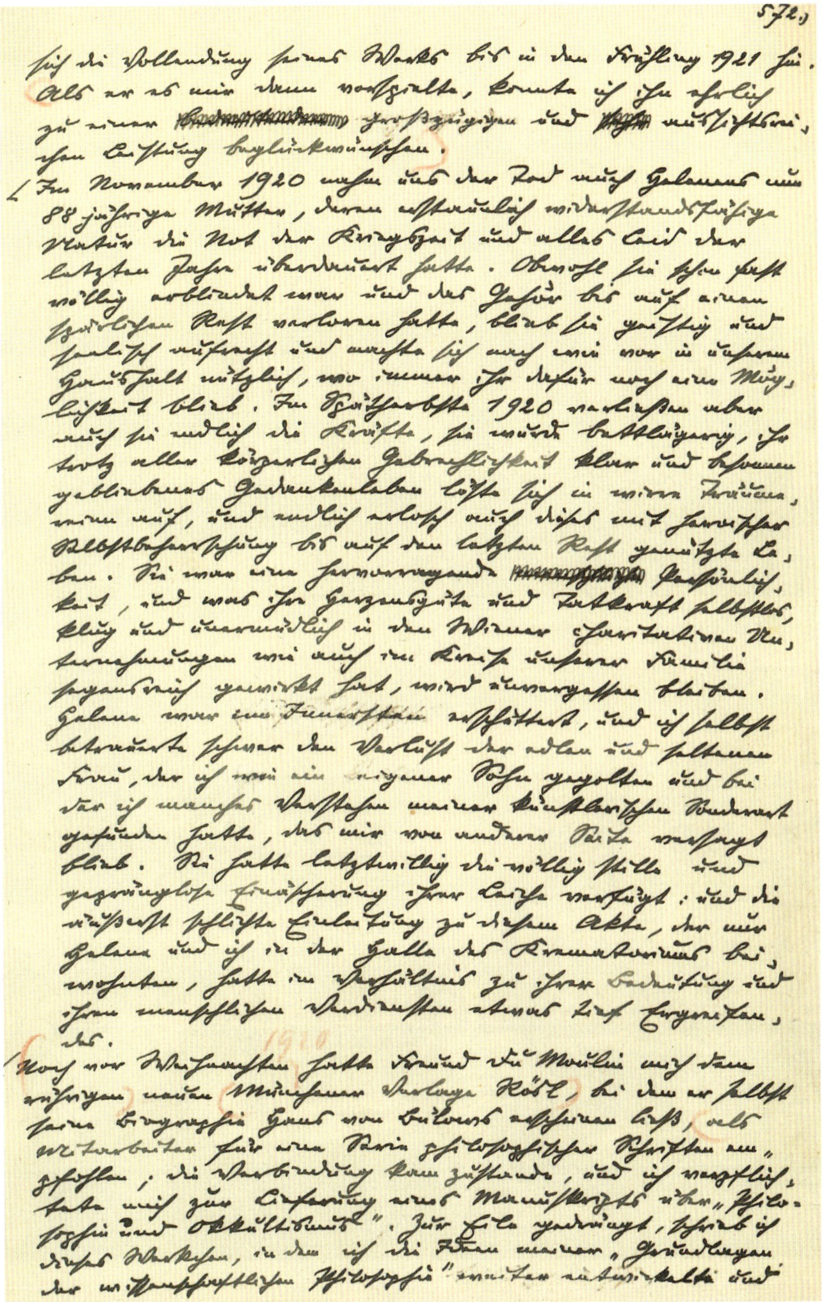

Abb. 4: Manuskriptseite der Lebenserinnerungen.

Abb. 5: Einfache Häuser in München, um 1900.

Abb. 6: Villa und Ateliertrakt Franz von Lenbachs, um 1900.

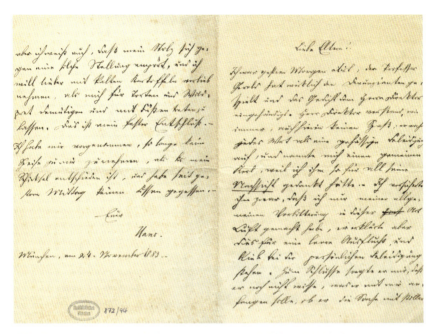

Abb. 7: Ein verzweifelter Brief des Schülers Gumppenberg an die Eltern, 24.11.1883.

Abb. 8: Die *Gesellschaft für modernes Leben* in Max Halbes Garten: Otto Julius Bierbaum, Georg Schaumberg, Michael Georg Conrad, Hanns v. Gumppenberg, Julius Schaumberger (v. l. n. r.).

Abb. 9: Hanns von Gumppenberg, um 1903.

Abb. 10: „‚Beim Salvator'. Eine Münchener literarische Erinnerung": Otto Julius Bierbaum, Julius Schaumberger, Michael Georg Conrad, Hanns v. Gumppenberg, Georg Schaumberg, Detlev v. Liliencron (v. l. n. r.).

Abb. 11: Das Café Stefanie in der Amalienstraße 14 (heute 25), 1905.

Abb. 12: *Der fünfte Prophet*: Titelseite.

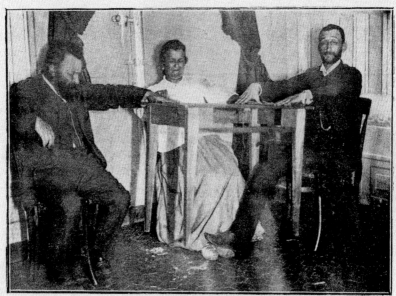

Abb. 13: Spiritistische Sitzung, 1894.

Abb. 14: „Der Spiritismus und die Kunst" – Gumppenbergs Beitrag in *Amsler & Ruthardt's Wochenberichten*, 10.11.1894.

Erste Stufe.
Judas Ischarioth.

Zweite Stufe.
König Xerxes. Marat. Kaiser Wilhelm I. Richard III. von England. Maria Theresia. Robespierre. Marianne, die schwarze Frau. Margarethe Gottfried (die Mörderin.)

Dritte Stufe.
Jean Paul Richter. Heilige Afra. König Darius. Zwingli. Marius. Danton. Apostel Petrus. Ludwig II. von Bayern. Hebbel. Professor Nussbaum. Ravaillac. Kaiser Caligula. Klytämnestra. Rüthling. Löwe. Hugo Schenk (der Mörder). Die Gräfin von Orlamünde (weisse Frau).

Vierte Stufe.
König David. Rudolph von Habsburg. Perikles. Paracelsus. Savonarola. Milton. Tschang tsien Tschung. Tschingiskahn. Zoroaster. Sulla. Euripides. Sebastian Bach. Goethe. Julius Cäsar. Jesus Christus. Petrarka. Königin Elisabeth von England. Kaiser Friedrich III. Charlotte Corday. Jungfrau von Orleans. Archimedes. Katharina von Medicis. Mohamed. Katharina II. von Russland. König Herodes Antipas.

Fünfte Stufe.
Thomas Moore. König Belsazar. Aristophanes. Solon. Calvin. Xenophon. Grabbe. Kepler. Thomas Münzer. Aeschylus. Herodot. Plato. Händel. Napoleon I. Papst Pius IX. Apostel Jakobus. Abraham. Virgil. Lord Byron. Wallenstein. Maria Stuart. Marie Antoinette. Columbus. Berlioz. Wieland. Königin Luise. Karl der Grosse. Attila. Buddha. Esslair. Garrick. Dawison. Karl IX. von Frankreich. Paganini. Räuberhauptmann Gänswürger. Schiller. Geben. Shakespeare.

Abb. 15: „Gegenwärtige nachirdische Stufenhöhe geschichtlich bekannter Personen" im Anhang des Dritten Testaments.

Sechste Stufe.

Prophet Daniel. Kaiser Otto III. Kaiser Joseph II. Lenau. Christoph Marlowe. Messalina. Agrippina. Caracalla. Ludwig XI. von Frankreich. Kaiser Otto I. der Grosse. Rhamses der Grosse Hegel. Professor Johannes Huber. Gluck. Mendelssohn. Hebel. Alexander der Grosse Nero. Döllinger. Ludwig I. von Baiern. Canova. Tasso. Dante. Voltaire. Ludwig XIV. Lachner. Friedrich Barbarossa. Pontius Pilatus. Hannibal. Dessoir. König Salomon. Moses. Schopenhauer. Grillparzer.

Siebente Stufe.

Lykurg. Prophet Elias, Jeremias und Jesaias. Huss. Chopin. Liszt. König Saul. Walther von der Vogelweide. Lord Bacon. Galilei. Kopernikus. Kaiser Augustus. Der grosse Kurfürst. Cesare Borgia. Cromwell. Johann von Leyden. Ovid. Sophokles. Richard Wagner. Kant. Schelling. Sokrates. Beethoven. Mozart. Schubert. Schumann. Palestrina. Haydn. Peter der Grosse. Apostel Johannes. Apostel Paulus. Luther. Leopold von Ranke. Makart. Rubens. Raphael. Tizian. Coreggio. Schwanthaler. Homer. Heine. Rückert. Friedrich der Grosse. Cicero. Demosthenes. Professor Hamberger (der Münchener Theologe.) Alexander von Humboldt. Lessing.

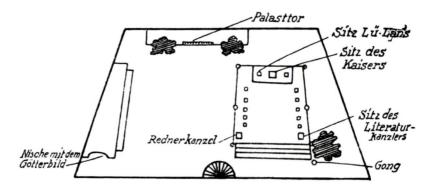

Abb. 16: *Der Pinsel Yings:* Mitabgedruckte Bühnenskizzen geben Aufschluss über Gumppenbergs genaue Vorstellungen der Inszenierungsweise.

Abb. 17: *Das Teutsche Dichterroß*: Umschlagbild der 5. Auflage von Victor Frisch.

Abb. 18: Das Plakat von Th. Th. Heine wurde auch als Umschlag der *Elf Scharfrichter*-Nummer von *Bühne und Brettl* verwendet. 1903.

Abb. 19: Der Gasthof zum goldenen Hirschen, Türkenstraße 28: Das Gebäude, in dem sich das Theater der *Elf Scharfrichter* befand, existiert heute nicht mehr.

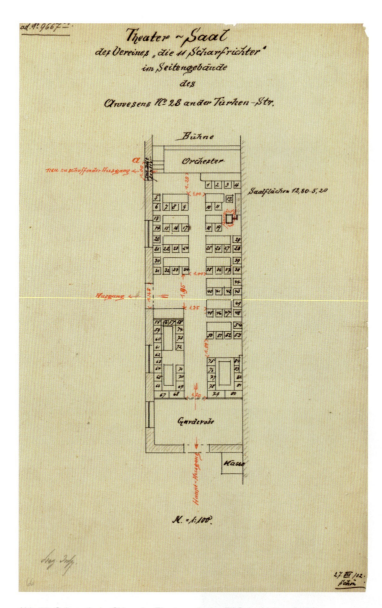

Abb. 20: Schematische Skizze des Theatersaals der *Elf Scharfrichter*: Aus den Polizeiakten. 25.09.1902.

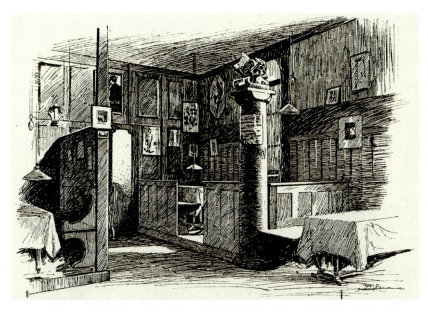

Abb. 21: „Die gemüthliche Ecke mit dem Schandpfahl": Das Wahrzeichen der *Elf Scharfrichter* diente dem Protest gegen die Zensurbehörde.

Abb. 22: Die überregionale Popularität der *Elf Scharfrichter* machte das Kabarett zum beliebten Postkartenmotiv.

Abb. 23: Einige Mitglieder der *Elf Scharfrichter* posieren mit Michael Georg Conrad vor dem Gasthof zum goldenen Hirschen (Gumppenberg hinten rechts).

Abb. 24: Eintrittskarte der *Elf Scharfrichter*. Eine Garderobengebühr sollte den Vereinsstatus unterstreichen.

Abb. 25: Im Zuschauerraum der *Elf Scharfrichter* sitzen auf dieser Aufnahme einige bekannte Mitglieder.

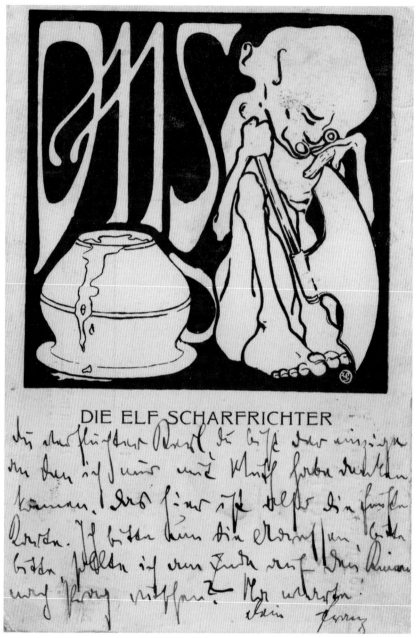

Abb. 26: *Scharfrichter*-Ansichtskarte von Franz Kafka an Paul Kisch. Der Text hat nichts mit dem Kabarett zu tun: „Du verfluchter Kerl, du bist der einzige an den ich nur mit Wuth habe denken können. Das hier ist also die fünfte Karte. Ich bitte um die Adressen, bitte bitte, sollte ich am Ende auf den Knien nach Prag rutschen? Na warte! Dein Franz".

Abb. 27: Abbildung der Titelfigur im „Monodrama" *Der Nachbar*.

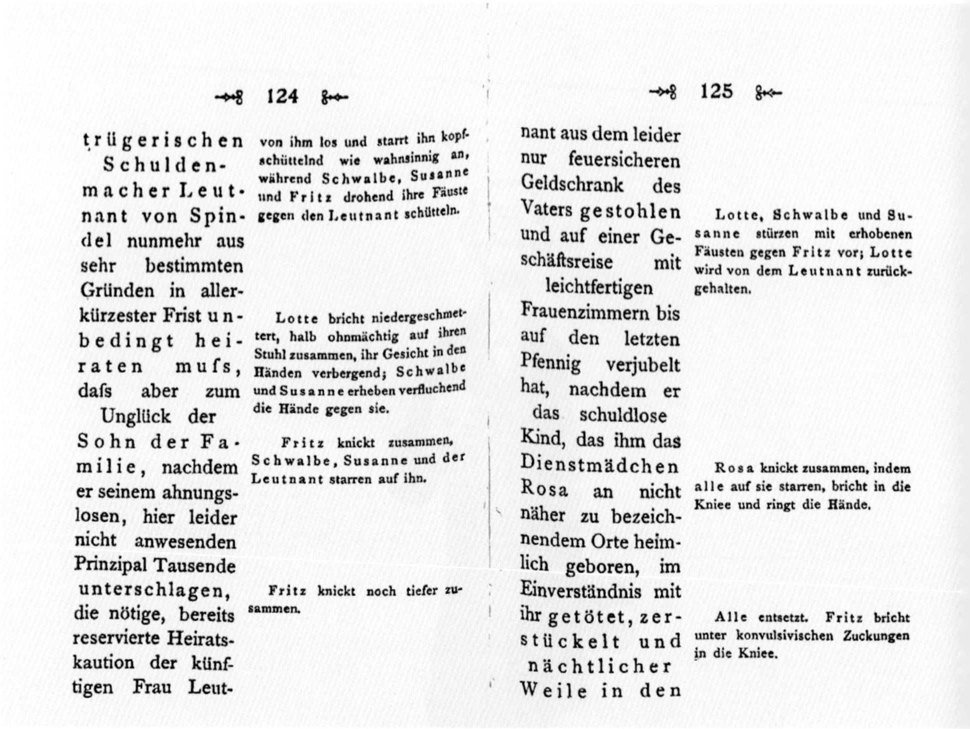

trügerischen Schuldenmacher Leutnant von Spindel nunmehr aus sehr bestimmten Gründen in allerkürzester Frist **unbedingt heiraten muſs**, daſs aber zum Unglück der Sohn der Familie, nachdem er seinem ahnungslosen, hier leider nicht anwesenden Prinzipal Tausende unterschlagen, die nötige, bereits reservierte Heiratskaution der künftigen Frau Leutnant aus dem leider nur feuersicheren Geldschrank des Vaters gestohlen und auf einer Geschäftsreise mit leichtfertigen Frauenzimmern bis auf den letzten Pfennig verjubelt hat, nachdem er das schuldlose Kind, das ihm das Dienstmädchen Rosa an nicht näher zu bezeichnendem Orte heimlich geboren, im Einverständnis mit ihr getötet, zerstückelt und nächtlicher Weile in den

von ihm los und starrt ihn kopfschüttelnd wie wahnsinnig an, während Schwalbe, Susanne und Fritz drohend ihre Fäuste gegen den Leutnant schütteln.

Lotte bricht niedergeschmettert, halb ohnmächtig auf ihren Stuhl zusammen, ihr Gesicht in den Händen verbergend; Schwalbe und Susanne erheben verfluchend die Hände gegen sie.

Fritz knickt zusammen, Schwalbe, Susanne und der Leutnant starren auf ihn.

Fritz knickt noch tiefer zusammen.

Lotte, Schwalbe und Susanne stürzen mit erhobenen Fäusten gegen Fritz vor; Lotte wird von dem Leutnant zurückgehalten.

Rosa knickt zusammen, indem alle auf sie starren, bricht in die Kniee und ringt die Hände.

Alle entsetzt. Fritz bricht unter konvulsivischen Zuckungen in die Kniee.

Abb. 28: Anordnung von Text und Regieanweisungen in *Der Nachbar*.

SCENISCHE ANORDNUNG.

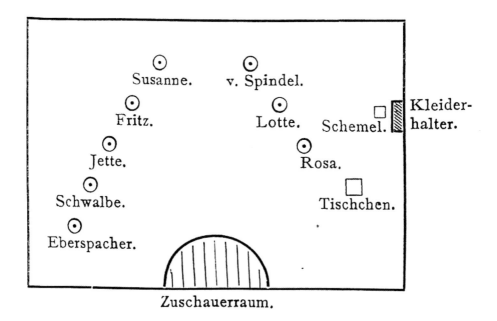

Abb. 29: Skizze „Scenische Anordnung" in *Der Nachbar*.

Abb. 30: Postkartenmotiv der *Elf Scharfrichter*.

Abb. 31: Innenhof der *Elf Scharfrichter* mit dem Bühneneingang.

Abb. 32: Karikatur einiger Mitglieder der *Elf Scharfrichter* von Ernst Stern (Gumppenberg stehend mit Leier).

Abb. 33: Hanns v. Gumppenberg. Schattenriss von Erich Wilke.

Abb. 34: Scharfrichtername „Jodok" – Abbildung Gumppenbergs aus der Elf Scharfrichter-Nummer von Bühne und Brettl. 1903.

7. Der Kritiker Hanns von Gumppenberg

<u>Letzter Stoßseufzer eines Journalisten</u>
Die für jeden Quark der Zeiten
Meinen Kopf ihr habt missbraucht,
Bis in lauter Nichtigkeiten
All sein Inhalt war verraucht:

Hirnvampyre, zeigt euch edel!
Füllt euch wenigstens mit Wein
Diesen leergesognen Schädel –
Und vom besten laßt es sein!

Daß doch als fidele Bowle
In der Fülle goldnem Wahn
Sich mein Schädel noch erhole
Davon, was ihr ihm angetan ...[1]

Ob Hanns von Gumppenberg die besten Voraussetzungen zum Kritiker hatte, ist fraglich. Zweifellos besaß er eine umfassende literarische Bildung, kannte viele Künstler, wusste als Dramatiker in Fragen des Theaters Bescheid, wie er sich auch als Schriftsteller und Parodist mit den Techniken und Schwierigkeiten der Literaturproduktion auskannte. Nachdem er schon früh mit dem Komponieren begonnen hatte, war er sogar musikalisch einigermaßen bewandert. Seine große Allgemeinbildung ging wohl auf seine Schulzeit in der königlichen Pagerie zurück.

Außerdem hat er sich schon seit seiner Kindheit leicht begeistern können, hat aber dabei, verbunden mit seiner notorischen Selbstüberschätzung, immer schon eine überaus kritische Haltung bewiesen. Es fiel ihm nie schwer, sich in seinem Urteil über andere zu erheben – auch wenn diese größer waren als er. Immer hat er sich jedoch bisher auf das sichere Terrain des ironischen Bewunderers zurückziehen können. Aber auch schon die wohlmeinende parodistische Kritik stieß manchmal auf zu empfindliche Gemüter. Wenig Humor zeigte etwa Paul Heyse, nachdem er sich durch Gumppenbergs Parodie bei der Le-

---

1 HvG: Schauen und Sinnen, S. 106.

sung der *Deutschen Lyrik von Gestern* verspottet gefühlt hatte, und antwortete mit einem lyrischen Gegenangriff:

> Die Dichter von gestern
> hatten Musen als Schwestern
> und tranken vom kastalischen Quell.
> Die Dichter von heute
> haben Kellnerinnen als Bräute
> und bezechen sich im Bordell.[2]

Gumppenberg besaß sicherlich ein besonders strenges Urteil, das ihm bei seinen Parodien zugute kam. Mit seinen Zeitungskritiken handelte er sich jedoch einigen Ärger ein, der sowohl seinem Ansehen als Mensch, als auch als Schriftsteller schadete.

Der strenge Blick des Kritikers zeigte sich denn auch im Bereich des Humors gänzlich anders als im ernsten Fach des Feuilletons. Hier musste er Ansprüche geltend machen, zu denen er sich durch den hohen Beruf des Kunstrichters verpflichtet sah. Durch die öffentliche Position des Kritikers fühlte sich Gumppenberg mitverantwortlich und verstand seinen Beruf als Aufgabe, den öffentlichen Geschmack zumindest mit zu bilden. Hier kam ihm sein Sinn und seine Vorliebe für überzeitliche Qualität in der Kunst entgegen: Als Kritiker strebte er an, Normen zu prägen, Werte zu definieren, die verbindlich sein sollten für die Kunst der Gegenwart wie der Zukunft. In seinem Essay *Ichkunst und Menschheitskunst* versuchte er Maßstäbe zu finden, die die große Menschheitskunst von der oft erfolgreicheren, aber minderwertigen Ichkunst unterscheiden. Menschheitskünstler zeichneten sich demzufolge durch „[...] einen durch natürliche Veranlagung gegebenen Sinn für <u>allgemeine</u> Werte, Intelligenz und Bildungsreichtum, männlichen Ernst der Lebensauffassung, Charakterstärke und menschliche Güte [...]"[3] aus.

Dass diese Kriterien auch für seine eigenen Werke galten, verstand sich von selbst. Nachdem zumindest seine ernsthaften Stücke aber vielleicht gerade an diesem zu hohen Anspruch gescheitert waren, an ihrer von Anfang an überdeutlich artikulierten Bedeutung für die Menschheit, legte Gumppenberg nun in sein Urteilen über andere umso entschlossenere Strenge.

---

2   Paul Heyse. Zit. in: Hofmiller 1999, S. 7.
3   HvG: „Ichkunst und Menschheitskunst". Manuskript im Nachlass, Münchner Stadtbibliothek/Monacensia [L 2033]

7.1 Parodie als Sonderform der Literatur- und Kulturkritik

Das humoristische Werk Gumppenbergs, seine Lyrik- und Dramenparodien sind auch bei aller Eigenständigkeit, bei manchmal nur schwer auszumachenden Bezügen immer auch als Kritik zu verstehen. Gumppenberg hatte einen Weg gefunden, die Werke der Vorgänger und Zeitgenossen mit dem Blick des modernen Betrachters neu zu lesen, ihre Fehler und Schwächen aufzudecken, indem er sie dem schützenden historischen Rahmen entnahm. Durch relativ unabhängige neue Schöpfungen verzerrte er die Vorlagen zwar, doch lieferte er dadurch gerade ihre zeitabhängigen Mängel einem unvoreingenommenen Urteil aus.

Er, dem eine ewige, über jeden Modegeschmack erhabene, zeitlose Dichtung vorschwebte, korrigierte auf diese Weise die Literatur, die ihm am Herzen lag, auf durchaus respektvolle Weise. Ohne sich als unangreifbarer Kritiker über das Objekt seiner Belustigung zu erheben, begab er sich vielmehr auf Augenhöhe und konnte sich gleichzeitig seiner eigenen Virtuosität versichern. Die parodistische Kritik stellt deshalb eine besonders elegante Spielart der modernen Erneuerung dar: Während die ernsthafte Literatur in der Polarität zwischen Altem und Neuem befangen ist, sich zwischen restaurativ-affirmativer Weiterführung der alten Muster und radikaler moderner Antithese entscheiden muss, wählte Gumppenberg einen schillernden Zwischenweg, der beides bedeuten konnte. In seinen Parodien verschwimmen ernstgemeinte Bewunderung für die Dichter von Gestern und kritisch selbstbewusster Aufbruch zu neuen Formen.

Diese Synthese gegensätzlicher Haltungen ist nur im Rahmen der Komik denkbar. In ihrer mehrdeutigen Dynamik von direkter affektiver Teilnahme und ironischer Distanzierung wird das im ernsten Rahmen bipolare Paradox der Moderne teilweise aufgehoben. Das Oszillieren der Perspektiven zwischen Rückschau und Vorausblick bricht sich in der komischen Situation des Kabaretts und erfüllt so gleichzeitig eines der wesentlichen Kennzeichen jeder modernen Haltung: Erst das Heraustreten aus dem historischen Bezugssystem, die distanzierte Haltung macht die Selbstverortung und Selbstspiegelung in der Gegenwart möglich und befähigt so die moderne Literatur zur Selbstkritik innerhalb der Kunst. Auf Karl Marx bezugnehmend beschreibt Peter Bürger diesen Vorgang der modernen „Selbstkritik der Kunst" als gegensätzlich zur vormodernen Form der „systemimmanenten Kritik"[4]:

---

[4] Bürger, S. 28.

> Davon [von systemimmanenter Kritik] zu unterscheiden ist ein Typus von Kritik, der
> die Institution Kunst als ganzes betrifft: die Selbstkritik der Kunst. Die methodo-
> logische Bedeutung der Kategorie Selbstkritik besteht darin, daß sie auch für Teil-
> systeme der Gesellschaft die Bedingung der Möglichkeit ‚objektiven Verständnisses'
> vergangener Entwicklungsstadien anzeigt. Angewendet auf die Kunst bedeutet das:
> Erst wenn die Kunst in das Stadium der Selbstkritik eintritt, ist das ‚objektive Ver-
> ständnis' vergangener Epochen der Kunst möglich.[5]

Gumppenbergs Überdramen stellen sich nun als Sonderfall von Selbstkritik der Kunst dar: Einerseits ermöglicht der Rahmen des Kabaretts, zumindest solange man dessen Status als Experimentierbühne anerkennt, verstärkt durch die enge Fühlung zum Publikum ein Heraustreten aus dem angestammten Bereich des institutionalisierten Theaters und erfüllt so gleichzeitig die moderne Forderung nach einer Rückführung der Kunst in Lebenspraxis. Andererseits bleibt durch die zumindest teilweise immer noch vorhandene Referenzialität der Parodien ein Teil des alten Systems erhalten. Hier ist es also allein die Komik, die den modernen Charakter der Kabarettspiele überhaupt erst generiert. Das heißt, es wird hier gleichzeitig auf einzelne literarische Vorlagen Bezug genommen, wie auch auf die Institution des Theaters als solche. Wenn Bürger schließlich die Möglichkeit der Unterscheidung der „Institution Kunst" vom „Gehalt der Einzelwerke"[6] als konstitutiv für die moderne Haltung in der Kunst betrach-tet, so beschreibt er damit auch einen wesentlichen Teil der Funktionsweise des literarischen Kabaretts: „Erst diese Unterscheidung erlaubt nämlich, die Geschichte der Kunst in der bürgerlichen Gesellschaft als Geschichte der Auf-hebung der Divergenz zwischen Institution und Gehalt zu begreifen."[7] Dass Gumppenberg in seinen Überdramen mithilfe der komischen Spaltung der Re-zeptionshaltungen sowohl eine systemimmanente Kritik der Einzelwerke, als auch eine metatheatrale, externe Kritik der Institution Kunst ermöglicht, macht seine parodistischen Werke gleichwohl nicht weniger modern.

Wenn Gumppenbergs Parodien den Anspruch haben, sich in irgendeiner Weise auf die literarischen Vorlagen zu beziehen, so sind sie zumindest indi-rekt von den Strukturen dieser Prätexte abhängig, aber gleichermaßen auch von deren zum Teil falschen ästhetischen Annahmen. Die Parodie benötigt zwar eine gewisse Distanz zum Objekt ihrer Belustigung, da bei zu großer Nähe die Gefahr besteht, dass sich die komischen alternativen Sichtweisen nicht gegen

---

5   Ebd.
6   Ebd., S. 31.
7   Ebd., S. 31.

die Dominanz des Realen behaupten könnten. Gleichzeitig ist wiederum auch ein zu großer Abstand problematisch, da jede Parodie so nicht nur ihre referentielle Relevanz, sondern auch ihre Schlagkraft einbüßen würde: „Komische Gegenwelten sind Parasiten. Sie leben von der Norm, die sie verletzen und der sie gleichwohl gehorchen."[8]

Gumppenbergs Parodien beziehen sich aber nie nur auf literarische Vorbilder, sondern spiegeln diese immer auch vor dem Hintergrund der gegenwärtigen Realität, der Lebenswelt, die im Kabarett gewünscht und zulässig war. Hier wird der moderne Mensch vor der Kulisse des weltoffenen Schwabing, während er isst und trinkt mit der hohen Kunst der Vergangenheit konfrontiert. Durch diesen Bruch der Grenze zwischen der autonom gedachten Kunst der Vergangenheit und der im Kabarettlokal immer präsenten Lebenspraxis entsteht ein vielschichtigeres Bezugssystem als die bloße Bezugnahme der Parodie auf ihr Vorbild.

Diese Integration der Außenwelt in den sonst oft hermetisch abgeschirmten Bereich der Kunst – oder umgekehrt, die Hereinnahme von Bestandteilen banaler Alltagswirklichkeit in den Rahmen der Kunst ist aber auch ein wesentliches Merkmal von Komik. Diese speist sich nämlich meistens, und gerade im Theater ist dies besonders effektiv, aus der gegenseitigen Bezugnahme, aus der fiktionalen Spiegelung der lebensweltlichen Wirklichkeit im Kunstwerk.

Auch der hier vorausgesetzte elementare Akt der Bezugnahme auf die Wirklichkeit wurde in Teilen angezweifelt. Rainer Warning etwa geht davon aus, dass die Komödie zwar bestimmte Elemente der Außenwelt entlehnt, diese aber in einem vollkommen isolierten Rahmen fortentwickelt, ohne weiterhin metasemiotisch auf Äußeres zu verweisen. Diese komisch *deformierten* Elemente sind für Warning als völlig unabhängig von der Außenwelt zu verstehen:

> Zum Lachen sind Clowns wie Komödianten gerade dadurch, daß sie Normen nur über deren spezifisch komische Deformation einbringen. Diese Deformationen, die komischen Gegensinnigkeiten also, konstituieren komödiantische Fiktion. Innerhalb dieser Fiktion wird nicht auf die Normen gezeigt, deren Deformation sich das Komische verdankt, sondern gezeigt wird auf die Fiktion selbst, die sich hierdurch zunächst einmal aus der Wirklichkeit ausgrenzt, statt referentiell auf sie bezogen zu sein.[9]

---

8   Warning, S. 333.
9   Ebd., S. 330 f.

Warning ergänzt einen Gedanken Helmuth Plessners, wenn er behauptet, der komische Widerspruch innerhalb der Komödie bedürfe keiner Referenz auf ein externes, reales Vorbild, ja könne eine solche gar nicht leisten, da sonst die Gegensinnigkeit des komischen Sinnsystems zur Außenwelt nicht mehr gegeben sei. Da die Komödie als Gegenentwurf zum Sinnzusammenhang der äußeren Realität sich als „Einheit [...] darstellt und hingenommen werden will, kann sie nicht auf das Sinnsystem zeigen, über das sie selbst faktisch hinaus ist."[10]

Warning folgt weiter, dass die durch Komik etablierte Distanz zur Lebenswelt auch nicht durch eine reflexive Referenzleistung des Publikums wieder verringert werden könne, sondern in ihrer Widersprüchlichkeit bestehen bleibe. Die Aufrechterhaltung einer durch Komik vollzogenen Kontrastierung sieht er sogar als notwendige Bedingung für die komische Wirkung an: „In dem Maße, wie sich eine komische Handlung als metasemiotische Referenz begreifen wollte, würde sie sich als komische aufheben."[11] Auch das Publikum ist seiner Ansicht nach nicht aktiv an der Auflösung eines komischen Konflikts beteiligt, sondern beziehe sein Vergnügen aus der Aufrechterhaltung des komischen Kontrasts:

> Die Reflexivität des Zuschauerlachens [...], die Erwartung der überraschenden Erwartungsverletzung also, hat gerade darin ihre Besonderheit und zugleich auch ihre Grenze, daß sie oszilliert zwischen der Einstellung auf das Komische und der Einstellung auf die Norm, die sich im Komischen als ausgrenzend erweist.[12]

Warnings Position ist insoweit zutreffend, als natürlich jeder komische Effekt auf der Bühne zunächst über einen Widerspruch generiert wird. Es gibt auch eine Reihe von Komödien, deren komische Effekte sich nicht aus einer Bezugnahme auf die Außenwelt herleiten, sondern die ausschließlich innerhalb des von der Realität abgesetzten Sinnsystems funktionieren, ohne die Einheit dieser Gegenwelt durch einen metasemiotischen Verweis auf die externe Wirklichkeit zu gefährden.

Es mag sein, dass es diese geschlossenen Bereiche des Komischen gibt, und dass es sie für ein Erschaffen eines komischen Fiktionsraums geben muss. Das heißt jedoch nicht, dass diese zunächst von der Außenwelt unabhängigen Sinnbezirke nicht in einer zusätzlichen kognitiven Bezugsleistung des Zuschauers

---

10 Ebd., S. 331.
11 Ebd., S. 331.
12 Ebd.

auch in einen größeren realen Zusammenhang übertragen werden können. Dies widerspricht keineswegs den Prinzipien der Komödie, wenn ihre isolierten Isotopien – wie im Falle der Literaturparodie – durch zusätzliche, reale Kohärenzebenen ergänzt werden. Der komische Widerspruch, der im begrenzten Bereich der Fiktion gegeben ist, kann – muss dabei jedoch nicht unbedingt – erhalten bleiben.

Warning nimmt ein umgekehrt proportionales Abhängigkeitsverhältnis zwischen komischem „Sich-Zeigen," das also durch die Abkehr von realen Kausalitätserwartungen definiert ist, und paradigmatischer Bezugsleistung an:

> Immer dann, wenn bei reduzierter Paradigmatik und bei entsprechend reduziertem Sich-Zeigen komödiantischen Spiels die dargestellte Handlung an Bedeutsamkeit gewinnt, nähert sich die Komödie dieser ihrer Grenze als Komödie.[13]

Auch hier hat er insoweit recht, als ein komischer Effekt zunächst natürlich einen Bruch erzeugen *muss*. Diese allgemeine Eigenschaft des Komischen bedeutet jedoch wiederum nicht, dass eine Komödie im Ganzen zwangsläufig in ihrer komisch-widersprüchlichen Form verharren muss. Eine komische Handlung „hebt" sich eben nicht „als komische auf", wenn ihre gegenweltliche Einheit von paradigmatischen oder metasemiotischen Bezügen zur Außenwelt aufgehoben oder unterbrochen wird.

Im Gegenteil: Solange einzelne komische Effekte den Forderungen Warnings entsprechen, können zusätzliche Brüche und Inkongruenzen, die durch die Kontrastierung mit einer nicht deformierten, realistisch einbezogenen Außenwelt entstehen, die einzelnen komischen Effekte sogar verstärken und vertiefen.

Hanns von Gumppenberg machte sich diese Methode zunutze und kombinierte in seinen Parodien die scheinbar unvereinbaren Bereiche der Außenwelt, der ernsthaften literarischen Vorlage und der komischen Fiktion auf raffinierte Weise miteinander. Die komische Perspektive in den oft grotesk anmutenden Überdramen wird immer wieder gezielt gebrochen, oder bewusst konterkariert: Gerade wenn der Zuschauer sich auf eine komisch-distanzierte Sichtweise eingelassen hat, werden ihm unangenehme realistische Details vorgesetzt, die ihrerseits zwar die komische Wirkung unterbrechen, aber umso mehr auf die Plausibilität der komischen Ebene hinweisen, indem sie die verlorene Nähe zur Außenwelt plötzlich wiederherstellen.

---

13 Ebd., S. 332.

Eine solche direkte Gegenüberstellung birgt jedoch ein Problem: Es konnte nämlich passieren, dass nicht nur die Komik durch die ernsten Bilder aufgehoben wurde, sondern auch der Ernst durch die Komik. Die allem Komischen eigene Widersprüchlichkeit könnte durch die doppelte Negation zu einer vollständigen Nivellierung der Gegensätze führen, die keine Erkenntnisbereicherung mehr darstellen, sondern einer Aufkündigung der Interpretationsbereitschaft des Zuschauers gleichkommen würde.

Wolfgang Iser erklärt Komik als Kipp-Phänomen. Ein komischer Widerspruch sei demnach nicht als statisch zu verstehen, sondern verspreche durch die alternierende Infragestellung der Gegensätze einen Erkenntnisgewinn auf beiden Seiten – der komischen wie der ernsten.

> Wechselseitige Negation heißt dann nicht mehr, daß die eine Position bestritten und die andere zur Orientierung der entstandenen Strittigkeit wird, sondern heißt, daß die gekippte Position nun etwas an der anderen zu sehen erlaubt, durch das die scheinbar triumphierende ebenfalls zum Kippen gebracht wird.[14]

Obwohl auch Iser eine direkte Referenz des Komischen auf die Außenwelt als auslösendes Moment des Lachens für fragwürdig hält[15], baut seine Theorie im Gegensatz zu derjenigen Warnings auf der Annahme auf, dass eine wie auch immer geartete Bezugnahme des komischen Gegensinns auf sein reales Pendant für die Wirkung von Komik elementar sei. Auch wenn für ihn das Kippen einer Situation, „das Hereinholen des Ausgegrenzten als Bedingung einer sich entwickelnden Mehrsinnigkeit [...] paradigmatisch für die Vielfalt von Definitionen"[16] des Komischen steht, räumt auch Wolfgang Iser ein, dass ein sich immer weiter steigerndes Kippen, das also im Lachen nicht aufgelöst werden kann, einer Begrenzung nicht nur des Erkenntniswerts von Komik, sondern auch des komischen Effekts selbst gleichkomme:

> Was aber geschieht dann, wenn wir dieses Resultat wiederum zum Kippen bringen müssen, und das heißt, wenn der endlich gefundene Unernst als Möglichkeit der Befreiung just in dem Augenblick, in dem wir ihn als solchen erkannt zu haben glauben, in Ernsthaftigkeit kippt? Unser Lachen beginnt zu erstarren.[17]

---

14 Iser, S. 399 f.
15 Ebd.
16 Ebd., S. 398.
17 Ebd., S. 402.

Genau dieser Effekt scheint jedoch Ziel der parodistischen Kritik Gumppenbergs zu sein. Dieser Autor, der seine erfolgreichsten Effekte sowohl in der Literatur, als auch auf der Bühne, im Bereich des Komischen erzielen konnte, erkannte das kritische und gleichzeitig kreative Potential, das ihm die Kabarettbühne bot wohl nicht ausreichend, um dieser relativ neuen Form des Theaters zu noch umfassenderer Eigenständigkeit zu verhelfen. Seine Lebenserinnerungen geben gleichwohl Aufschluss darüber, dass er mit seinen für die kleine Bühne verfassten Parodien von Beginn an Großes vorhatte:

> Am schmerzlichsten war mir dabei, dass ich diesen melancholischen Vergänglichkeitseindruck auch für die satirische Groteskdramatik gewann, der ich mich als Mitwirkender vor allem gewidmet hatte, und für deren allmähliche Steigerung ins künstlerisch Wertvolle ich im ersten Optimismus des Gelingens schon feste praktische Grundlagen gewonnen glaubte. Seit das geistig und seelisch Befreiende der phantastischen Satire mir klar geworden war, schien mir das Erstehen von Heimstätten für eine derartige Bühnenkunst geradezu ein Kulturbedürfnis.[18]

Ironischerweise war es gerade der große Erfolg der Elf Scharfrichter, der sein Misstrauen weckte:

> So dankbar das Publikum und auch die Tageskritik alle diese bald derberen, bald feineren Ausgeburten meiner Spottlust begrüßte, für mich selber bedeuteten sie nur Gelegenheitsscherze, die ich künstlerisch wenig ernst nahm, wenn ich sie auch in mehr als einem Betracht nützlich empfand: vor allem als Mittel zur eigenen Aufheiterung, deren ich so sehr bedurfte.[19]

Gumppenberg wollte als ernster Dramatiker wahrgenommen werden. Unablässig schrieb er Theaterliteratur des „grossen Stils"[20], historische Ideen- und Königsdramen, die er immer wieder und meist vergeblich den großen Theatern anbot. Trotz etlicher Misserfolge zweifelte er selten an seiner Berufung als Retter und seriöser Erneuerer der Dichtkunst.

---

18   HvG: Lebenserinnerungen, S. 292 f.
19   Ebd., S. 289.
20   Ebd., S. 350.

7.2 Gumppenberg als Zeitungskritiker

Als die Elf Scharfrichter immer stärker von der Zensur reglementiert wurden, kam es Hanns von Gumppenberg gerade recht, als er im Juni 1901 das Angebot erhielt, bei den *Münchner Neuesten Nachrichten* als Schauspielkritiker anzufangen. Vorgänger in diesem Amt war Gumppenbergs Scharfrichterkollege Willy Rath. Nachdem dieser sowohl die Zeitung, als auch die Scharfrichter verlassen hatte, um ein eigenes „lyrisches Theater"[21] zu gründen, erinnerte man sich in der Redaktion der liberalen Münchner Tageszeitung an Gumppenberg. Dieser hatte sich dort schon zuvor nach vakanten Stellen erkundigt, war aber, so vermutet er zumindest in den Lebenserinnerungen, erst durch den Erfolg der *Verdammten* und durch das *Teutsche Dichterroß* für die Zeitung interessant geworden.[22]

Das Angebot, als Theaterkritiker bei den *Münchner Neuesten Nachrichten* zu arbeiten, nahm er gern an. Seiner kompromisslosen Natur entsprechend distanzierte sich Gumppenberg bald von den meisten seiner Freunde. Auf keinen Fall wollte er in Verdacht geraten, in seinem kritischen Urteilen durch freundschaftliche Verpflichtungen kompromittiert zu werden. Er mied die Gesellschaft soweit dies möglich war. Einige Freundschaften gingen zu Bruch.

Dass die Bedenken Gumppenbergs, eines aktiven Schriftstellers, der gleichzeitig andere kritisierte, zum großen Teil gerechtfertigt waren, beweisen seine Erinnerungen an einen Konflikt mit der Chefredaktion der *Münchner Neuesten Nachrichten*:

> Als [...] das Hofschauspielhaus die Wiederaufnahme der ‚Verdammten' öffentlich ankündigte, besann sich der Verlag der ‚Neuesten Nachrichten' plötzlich auf eine Bemerkung [...] in der ‚Allgemeinen Zeitung', dass es vom Uebel sei, wenn ein Schauspielkritiker die Aufführung eines eigenen Stückes in der Stadt seines Wirkens durchsetzte: vom Uebel namentlich deshalb, weil die Oeffentlichkeit in solchen Fällen anzunehmen pflege, der Referent habe seinen Einfluss missbraucht.[23]

Das Problem, das Gumppenberg hier lediglich auf mögliche Unterstellungen böswilliger Beobachter beschränkt sehen will, wog aber tatsächlich schwerer, unterschätzte er doch die institutionelle Macht, die das Amt des Kritikers mit sich brachte. Gerade die Theater waren darauf angewiesen, sich mit den Kri-

---

21   Ebd., S. 296.
22   Ebd., S. 297.
23   Ebd., S. 301.

tikern gut zu stellen. Sein radikaler Rückzug aus den Kreisen seiner Freunde beweist zudem, wie ernst er die Verantwortung der Neutralität oder zumindest Unvoreingenommenheit als Kritiker nahm. So klingt die Begründung für seine Einschätzung der Wiederaufnahme seiner *Verdammten* wie eine beschwichtigende Rechtfertigung:

> Mein Fall lag natürlich ganz anders, handelte es sich doch bei mir nicht um die Frage einer Uraufführung oder Erstaufführung, sondern nur um die selbstverständlichen und ehrlich verdienten Wiederholungen eines bereits erprobten Werks; die ‚Verdammten' hatten ja ihren durchschlagenden Erfolg im Residenztheater erzielt, ehe ich oder sonst jemand ahnte und ahnen konnte, dass ich Referent eines Münchener Blattes werden sollte [...]24

Bei der Milde, die er im Urteil anderer selbst gerne empfangen hätte, erstaunt die Härte, die er sich selbst bei seinem Rückzug aus den Schriftstellerkreisen auferlegte. Etwas mehr Kompromissbereitschaft wäre ihm wahrscheinlich auch in seiner Funktion als Kritiker nützlich gewesen. Durch die von vielen als Feindseligkeit empfundene Distanz aber lag die Vermutung nahe, dass sich die Verbitterung über den eigenen Misserfolg als Dichter in sein Urteil mischte, wenn er die neuesten Veröffentlichungen seiner Zeitgenossen teilweise erbarmungslos hart kritisierte.

Bezeichnend sind einige Versuche der verärgerten Schriftsteller, seinen Einfluss auf die Entwicklung der Kunst zu mindern.[25]

Gumppenberg hatte als Kritiker erheblichen Einfluss auf die Entwicklung des Münchner Theater- und Kunstwesens. So sorgte etwa sein viel diskutierter Artikel *Aufraffung oder Niedergang*[26] für eine lang anhaltende öffentliche Debatte, die schließlich zum Rücktritt des Generalintendanten der Münchener Hofbühnen, Ernst von Possart führte.[27] In diesem Text, der den um Hans Rosenhagens Artikel *Münchens Niedergang als Kunststadt*[28] entbrannten Diskurs wieder aufgriff, beklagt Gumppenberg den Verfall künstlerischer Normen

---

24 Ebd.
25 Vgl. etwa Hans Brandenburg: Hanns von Gumppenberg muss entfernt werden. München 1907.
26 HvG: „Aufraffung oder Niedergang". In: Münchner Neueste Nachrichten, 57. Jg., Nr. 39, München 25.1.1904 [bzw. 26.1. – Vorabendblatt], S. 1.
27 Vgl. hierzu auch Helmut Hess: Richard Stury. Erster Held und Liebhaber. Leipzig 2006, 109 ff.
28 Hans Rosenhagen: „Münchens Niedergang als Kunststadt. [I. u. II.]". In: Der Tag, Nr. 143 u. 145. Berlin 13. u. 14.4.1901, jeweils S. 1–3.

auf den großen Bühnen. Der Artikel beginnt mit mahnenden Worten: „Es ist ernst geworden. Nicht tadelsüchtige Nörgelei, auch nicht verstiegener Idealismus, der das Praktisch-Mögliche aus den Augen verlöre, nein: augenfälligste und ohne Frage verbesserungsfähige Mißstände zwingen zu öffentlicher Mahnung."[29] Doch Gumppenberg lässt noch weit besorgtere, herausfordernde Worte folgen:

> Die Münchner Hofbühne steht auf dem Punkte aus der Reihe jener deutschen Schauspielbühnen zu verschwinden, die Anspruch auf Kulturbedeutung erheben können. Vor einiger Zeit sprach man von dem Niedergang Münchens als einer Zentrale der bildenden Kunst: das war nicht gar so ernst zu nehmen. Dies andere aber liegt leider blutig ernst. [...] Um das Schauspiel unseres bayerischen Hof- und Nationaltheaters steht es so schlimm wie möglich. Noch vor kaum zwei Jahrzehnten stand es gut, jedenfalls weit besser. [...] Von Unternehmungslust auf dem Gebiete des Schauspiels ist so gut wie nichts zu spüren, vielmehr hat man den Eindruck, daß die Intendanz und ihre Berater ängstlich auch den meisten Anstandsleistungen eines Hoftheater-Repertoires ausweichen.[30]

Als Gründe für seine niederschmetternde Meinung über den Zustand des Hoftheaters führt Gumppenberg im Folgenden hauptsächlich die Aufnahme moderner Stücke an, die seinem Urteil nicht standhalten. Wenn er auch an keiner Stelle fordert, dass das Theater gänzlich auf aktuelle Dramen verzichten solle, so legt er doch zumindest für das Hoftheater besonders strenge Qualitätsmaßstäbe an:

> Und wovon erzählt das Register im übrigen? Von halbdilettantischen Arbeiten, die bei Publikum und Presse verdiente Ablehnung erfuhren; [...] von gutangeschriebenen Lokalautoren, deren Stücke überallhin eher gehört hätten als just auf die Hofbühne; von einem der allerschlechtesten Stücke Björnsons und von dem phrasen- und spaßhaften Machwerk einer Geschäftsproduktion, die nur dem schlechtesten Durchschnittsgeschmacke schmeichelt! [31]

Außerdem kommen die Klassiker für Gumppenbergs Geschmack auf der Hofbühne eindeutig zu kurz. Während er einige der aufgeführten klassischen Stü-

---

29 HvG: „Auffraffung oder Niedergang", S. 1
30 Ebd.
31 Ebd.

cke für überflüssig hält, zählt er eine Reihe anderer Dramen auf, die im Spielplan fehlten. Auch einige neuere finden sich darunter:

> Oder soll man es als ideale Pflege der Klassiker preisen, daß die Hofbühne – und das Prinz-Regenten-Theater – seit geraumer Zeit eine sehr beschränkte Zahl von Werken Schillers, Goethes, Lessings und Shakespeares mit quälender Einförmigkeit immer wieder zur Aufführung bringt: darunter manches, das eine derartige Bevorzugung heute durchaus nicht mehr verdient? Wo blieben dagegen Schillers ‚Don Carlos' und ‚Demetrius', Goethes ‚Egmont', Lessings ‚Nathan', Shakespeares ‚Julius Caesar', ‚Koriolan', ‚Thimon von Athen', ‚Antonius und Kleopatra', ‚Cymbeline', ‚Sturm' und die sämtlichen Shakespeareschen Lustspiele? Wo blieben Kleists ‚Prinz von Homburg', ‚Käthchen von Heilbronn', ‚Hermannsschlacht' und ‚Penthesilea'? wo das prachtvolle Fragment seines ‚Robert Guiscard', mit dem andere Bühnen neuerdings einen so glücklichen Versuch machten? Wo blieb Grillparzers ‚Jüdin von Toledo', ‚Bruderzwist in Habsburg', ‚Ottokar' und ‚Esther'? wo Hebbels ‚Nibelungen', ‚Gyges', ‚Herodes und Marianne', wo Otto Ludwigs ‚Makkabäer' und ‚Fräulein von Scuderi'? Gleiche Vernachlässigung erfuhren die anerkannten Bühnenwerke der neueren Zeit, Ibsen beispielsweise, der doch ein besonderes historisches Anrecht auf unserer Hofbühne besitzt. [...] Warum wurden alle diese Pflichten oder doch möglichen Verdienste auch nicht einmal in Erwägung gezogen? Ja, warum? Weil die Intendanz offenbar, zufrieden mit den Erfolgen auf musikalischem Gebiete, das Schauspiel als quantité negligeable [sic] betrachtet.[32]

Gumppenbergs wütender Artikel schließt mit den Worten:

> Werden nicht schleunigst energische Anstrengungen und hinreichende Mittel auf eine durchaus würdige Ergänzung des Personals und auf eine entsprechende Bereicherung des Spielplans verwandt, so ist die Deklassierung des Münchner Hofschauspiels beschlossen und besiegelt. Aber man darf wohl von dem künstlerischen und patriotischen Pflichtgefühl des Intendanten erwarten, daß er die warnenden Stimmen nicht überhört und wenigstens jetzt mit voller Tatkraft ans Rettungswerk geht. Es ist höchste Zeit.[33]

Erklärtes Ziel von Gumppenbergs scharf formuliertem Angriff war natürlich der Generaldirektor und Intendant der Münchner Hofbühnen, Ernst von Possart, der als Opernliebhaber das Schauspiel darüber tatsächlich vernachlässigte.

---

32   Ebd.
33   Ebd.

Mit Possart hatte Gumppenberg schon einige Jahre zuvor negative Erfahrungen gemacht. Possart hatte das Stück *Der erste Hofnarr*[34] trotz kurzfristigen Ausfalls des Hauptdarstellers Ferdinand Suske gegen die Bedenken Gumppenbergs zur Aufführung gebracht und miserable Kritiken geerntet.[35] Im schon erwähnten Streit um die Wiederaufnahme der *Verdammten* hatte sich Possart zunächst dafür entschieden, das Stück gegen den Protest der *Münchner Neuesten Nachrichten* zu bringen, hat sich jedoch zuletzt doch umstimmen lassen, dass wohl die Aufführung des Werks eines der wichtigsten Kritiker auch für das Theater nicht vorteilhaft wäre.[36]

Es ist durchaus möglich, dass auch diese beiden negativen Erfahrungen den nachtragenden Gumppenberg dazu bewegten, den Spielplan des Hoftheaters nun in seinem Artikel besonders kritisch zu bewerten. Nachdem Gumppenbergs *Aufraffung oder Niedergang* weite Beachtung gefunden hatte und schließlich sogar die Klassikerinszenierungen immer weniger Zuschauer anlocken konnten, „wurde auch von staatlicher Seite die Qualität der künstlerischen Leitung allmählich in Zweifel gezogen."[37] Am 1. Oktober 1905, eineinhalb Jahre nach Gumppenbergs Artikel, trat Ernst von Possart schließlich als Intendant des Hoftheaters zurück. Wie groß Gumppenbergs Einfluss als Kritiker auf diesen folgenreichen Wechsel in der Theatergeschichte war, zeigen seine Lebenserinnerungen:

> Possart selbst scheint zunächst alles, was sich bedrohlich gegen ihn erhoben hatte, irrtümlicherweise mir allein zugerechnet zu haben, während ich doch nur einer ganz allgemeinen Misstimmung [sic!] Ausdruck gab; ja er soll mich dritten Personen gegenüber als seinen ‚Mörder' bezeichnet haben.[38]

Doch Gumppenbergs Machtstellung als Kritiker und sein gnadenloses Urteil wurde schon bald darauf auch für andere zum Ärgernis. 1907 veröffentlichte der erst 22-jährige Schriftsteller Hans Brandenburg die gehässige Broschüre mit dem Titel *Hanns von Gumppenberg muß entfernt werden*. Diese hatte kein anderes Ziel, als Hanns von Gumppenberg in seiner Kritikerwürde zu diskreditieren. Der Text beginnt mit entschlossenen Worten: „Ich habe noch niemals eine Kritik von Hanns von Gumppenberg gelesen, ohne es als eine dringende

---

34 HvG: Der erste Hofnarr. Großenhain 1899; im Nachlass, Münchner Stadtbibliothek/Monacensia [L 2002]
35 Vgl. HvG: Lebenserinnerungen, S. 271 ff.
36 Vgl. Ebd., S. 300 ff.
37 Helmut Hess, S. 110.
38 HvG: Lebenserinnerungen, S. 325.

Notwendigkeit zu empfinden, daß dieser Mann entfernt wird."[39] Ausgehend von dem Vorwurf, selbst das allseits beliebte *Frühlings Erwachen* seines Freundes Frank Wedekind niedergemacht zu haben, beschreibt Brandenburg, wie sehr die Meinung Gumppenbergs derjenigen des Publikums widerspreche. Bevor er schließlich einen Appell an Georg Hirth, den Leiter der *Münchner Neuesten Nachrichten* richtet, Gumppenberg abzusetzen, behauptet er, die öffentliche Meinung stehe hinter seinen Worten und eindeutig gegen Gumppenberg:

> Ich stehe mit meiner Ansicht, daß Hanns von Gumppenberg in München unmöglich geworden ist, wahrlich nicht alleine da. Ich kenne Niemanden, der einer anderen Ansicht ist. Dieser Mann wird allgemein als ein Uebel empfunden, genau wie früher die Trambahnlokomotiven auf dem Odeonsplatz, als ein Uebel, das nicht viel länger mehr geduldet werden kann. Wir können uns nicht gegen das Wort vom Niedergang der Kunststadt München wehren, so lange Gumppenberg hier kritisch wirtschaftet. Denn bedeutet es nicht ein gewaltsames Hemmen der frischen Entwicklung, wenn dieser Mann auf jedem jungen Keim herumtrampelt? Gewiß, Hanns von Gumppenberg ist persönlich herzlich unbedeutend, aber er schreibt hier in unserer größten Zeitung, daher kann es leider sein Intelligenzmangel nicht verhindern, daß er einflußreich ist.[40]

Als respektierter Kritiker sah Gumppenberg den Angriff des erbosten Jungschriftstellers freilich ganz anders. Er war zunächst erzürnt und wollte sogar Anzeige erstatten, ließ sich aber bald beruhigen:

> Es war der 22-jährige B., der sich das Verdienst erwerben wollte, den Münchener Parnass von mir greulichem Lindwurm zu befreien. [...] Bei aller grünen Jugend des Verfassers enthielt es soviel Beschimpfungen und Wahrheitsverdrehungen, dass ein gelassen lächelndes Ignorieren mir nicht möglich erschien. Ich teilte daher der Redaktion meine Absicht mit, Klage zu stellen. Ich traf aber auf entschiedenen Widerstand. Der sonst so kampflustige Feuilleton-Redakteur Grimm erwiderte mir namens der Schriftleitung, die ‚Neuesten Nachrichten' könnten sich nicht auf Auseinandersetzungen mit einem rabiaten jungen Menschen einlassen, der kaum der Schulbank entronnen sei, und man erwarte auch von mir den Verzicht auf ein ge-

---

39 Hans Brandenburg: Hanns von Gumppenberg muß entfernt werden, S. 5. (Es soll nicht unerwähnt bleiben, dass sich Hans Brandenburg Jahrzehnte später nicht nur in Theaterfragen stark für den Nationalsozialismus engagierte.)
40 Ebd., S. 13.

richtliches Breittreten der Anpöbelei, überhaupt nähme ich den ganzen Zwischenfall zu ernst.[41]

Hans Brandenburg erinnerte sich Jahrzehnte später in seinen Jugenderinnerungen mit Freude an den zweifelhaften Ruhm, den ihm sein streitbares Pamphlet beschert hatte. Offenbar hatte es doch einige gegeben, denen diese Abrechnung mit dem strengen Kritiker aus der Seele sprach:

> Dieser Gumppenberg war ein armer Teufel und galliger Idealist, Verfasser unaufgeführter Oberlehrerstücke und von den ‚Elf Scharfrichtern' her als bemerkenswertes Talent witziger Überdramen und witziger Parodien bekannt. In seinen Kritiken verriet er nichts von Witz und Geist, sondern nur schulmeisterlich-schwerblütige, gründlich-grämliche Absprechung. [...] Wedekind schrieb später in seinem ‚Glossarium für Schauspieler', mein Titel sei falsch gewesen, er hätte lauten müssen: ‚X. Y. muss besser bezahlt werden'. Jedoch im ‚Kunstwart' geißelte Leopold Weber mein ‚literarisches Pfaffentum', und wenn im Anschluß daran eine Zeitung meinte, ich müsse mein Spiel ausgespielt haben, falls es einen Korpsgeist der Presse gäbe, so unterschätzte sie doch diesen Korpsgeist ein wenig. Denn bald machte, ausdrücklich als Quittung für meine Gumppenbergbroschüre, ein gehässiger Korrespondenzartikel die Runde ‚Ein Autor, der sich selbst plagiiert'. [...] Mir war, wie ich hier [nach dem Kegeln bei Kathi Kobus] als Neuling eintrat, mein umstrittener Ruf vorausgegangen. Als ich aber meine Gumppenberg-Broschüre veröffentlicht hatte, war ich Liebkind, besonders bei den Leuten des Schrifttums und des Theaters, Rößler lachte am meisten darüber, daß ich schrieb, die öffentlichen Lokale müssten jenem Skribenten verboten werden, wenn er dort nach dem Theater seine üblen Nachtkritiken verfassen wolle, er malte aus, wie etwa der Cafétier Heck den Baron Gumppenberg hinausbefördere, sobald dieser Papier und Tintenstift zücke, und Halbe verlieh mir den Titel des ‚Gumppenbergstechers'.[42]

Doch auch für Hanns von Gumppenberg hatte die Presseschlacht schwerwiegende Folgen. Nachdem seine Befähigung als Kritiker öffentlich angezweifelt worden war, formierte sich das Lager der Gegner. Er sah sich nicht imstande, den Anfeindungen dauerhaft zu trotzen und verließ schließlich die *Münchner Neuesten Nachrichten*:

---

41 HvG: Lebenserinnerungen, S. 350 f.
42 Hans Brandenburg: München leuchtete. Jugenderinnerungen. München 1953, S. 137 ff.

Dass ich mein Referententum gegenüber den vielseitigen Anfeindungen nicht mehr lange würde behaupten können, war mir klar. Selbst wenn ich Zugeständnisse hätte machen wollen, hätte das auf die Dauer nicht mehr gefruchtet bei der Erbitterung meiner Gegner. Ohne Hoffnung auf einen Endsieg, erfüllte ich lediglich die Pflicht gegen meine Familie, auf meinem Posten auszuharren, mochte er sich auch noch so unerfreulich gestaltet haben. Die Spielzeit 1908 – 1909 neigte sich bereits zum Ende, ohne dass es weiter zu Auseinandersetzungen gekommen wäre.[43]

In den Lebenserinnerungen blickt Hanns von Gumppenberg dann auch ohne Freude auf seine Jahre als Kritiker zurück:

Im übrigen waren meine Reflexionen melancholisch genug. Acht Jahre angestrengter Arbeit, die besten meines Lebens, in denen mir unter glücklicheren Umständen wohl eine Reihe dichterischer Werke gereift wäre, hatte ich dem Moloch Tageskritik in den Rachen werfen müssen, nur um die Existenz fristen zu können, und nun war ich in derselben Lage wie zuvor, nein, in einer weit schlimmeren, denn damals hatte ich mir wenigstens noch keine Feinde gemacht.

Nachdem Gumppenberg bei den *Münchner Neuesten Nachrichten* ausgeschieden war, dauerte es nicht mehr lange, bis auch die Prinzregentenzeit ihr Ende fand. In der *Torggelstube* nahe des Hofbräuhauses, die Gumppenberg als Stammlokal gewählt hatte, näherte er sich auch mit vielen während seiner Kritikerzeit vergraulten Schriftstellern wieder an – unter ihnen Max Halbe und Frank Wedekind. Außerdem war ihm noch das Amt als ständiger Mitarbeiter der Zeitschrift *Jugend* geblieben.

Auch seine Korrespondententätigkeit für den *Berliner Börsen Courier* und den *Kunstwart* betrieb Gumppenberg noch weiter. Sein nächstes Projekt war es aber, eine eigene Zeitschrift zu konzipieren.

7.3 Licht und Schatten und letzte Jahre

Mit *Licht und Schatten*[44] gründete Gumppenberg schließlich, auf das Angebot des Hannoveraner Druckereibesitzers Josef Molling hin, eine Zeitschrift, die gleichzeitig hohen literarischen wie auch graphischen Ansprüchen genügen

---

43 HvG: Lebenserinnerungen, S. 365.
44 Licht und Schatten. Monatsschrift für Schwarz-Weiß-Kunst und Dichtung. München/Berlin 1910–1916.

sollte. Die Gründungsidee war geschickt: Schon vor dem ersten Erscheinen des Blattes wurde ein Preisausschreiben veranstaltet. Der Wettbewerb, an dessen Jury neben Gumppenberg auch Thomas Mann beteiligt war, erregte großes Aufsehen in der Literaturszene. So waren von Anfang an bedeutende Autoren wie etwa Thomas und Heinrich Mann, Stefan Zweig, Hermann Hesse oder Vicki Baum mit Beiträgen vertreten. Die Graphiken und Illustrationen waren nicht weniger hochkarätig und stammten u.a. von Max Liebermann, Käthe Kollwitz, Alfred Kubin und Lyonel Feininger. Die Zeitschrift war „in der Art des ‚Simplizissimus' geplant, doch ohne farbige Bilder, und es soll[t]e zugleich einer besonderen Pflege der Schwarzweisskunst dienen."[45] Einige Jahre lang konnte sich Gumppenberg als Chefredakteur und Herausgeber damit von den Strapazen der zurückliegenden Zeit erholen:

> Trotzdem bedeuteten die Jahre von ‚Licht und Schatten' einen Höhepunkt in meinem Leben. Die journalistische Brotarbeit, zu der mich die Teilnahmslosigkeit der Welt nun einmal verurteilt hatte, trug da einen edleren, künstlerischen und unabhängigeren Charakter als sonst; in Verwertung persönlichster Fähigkeiten konnte ich da Schönes gestalten helfen, das anderen Menschen Freude machte, ich konnte Begabungen entdecken und fördern und gewann jene Fühlung mit der Allgemeinheit, die mir als Dramatiker bei den herrschenden Theaterzuständen so selten vergönnt war; zudem war meine materielle Lebenslage gesichert, ja sie liess auch noch einigen Spielraum zu kleinen Behaglichkeiten.[46]

Doch der so lang ersehnte Erfolg war nicht von Dauer. Wehmütig beschreibt Gumppenberg in den Lebenserinnerungen den Zerfall der Zeitschrift. Nachdem die Abonnentenzahl nicht so stark wie erhofft angewachsen war, verlangte der Geldgeber Molling eine radikale Kursänderung weg vom „künstlerisch-würdigen"[47] hin zu einer „„amüsanteren" Aufmachung".[48] Wie zu erwarten, war dies natürlich nicht mit den hohen Qualitätsansprüchen Gumppenbergs vereinbar. So verabschiedeten sich die Redaktionskollegen im Frühjahr 1913 in „ungetrübter Einigkeit und Herzlichkeit, doch unter dem melancholischen Druck des Gedankens, dass unser ganzer dreijähriger Aufwand von Arbeit und Hingabe so völlig verloren war."[49] Die Zeitschrift erscheint zwar

---

45 HvG: Lebenserinnerungen, S. 369.
46 Ebd., S. 393.
47 HvG: Lebenserinnerungen, S. 399.
48 Ebd., S. 400.
49 HvG: Lebenserinnerungen, S. 400.

unter neuer Redaktion und mit einem neuen, auf den Massenmarkt zielenden Konzept noch weitere drei Jahre – dass dies dem Unternehmen aber auch keinen bleibenden Erfolg beschert hat, bemerkt Gumppenberg in den Lebenserinnerungen nicht ohne Schadenfreude.[50]

In den Jahren des Weltkriegs und den darauffolgenden trat Gumppenberg kaum noch öffentlich in Erscheinung. Er beschäftigte sich mit Übersetzungen hauptsächlich aus dem Norwegischen, Englischen und Französischen[51] und verfasste eigene kleinere Schriften. Viel Mühe verwendete er auf die Vorbereitung einer Gesamtausgabe seiner Werke, an der er bis an sein Lebensende arbeitete, die aber nie verwirklicht werden konnte.[52] Nachdem sich seine Töchter Lotte und Irmgard 1917 und 1922 das Leben genommen hatten, zog sich Gumppenberg fast vollständig zurück. Besonders der Verlust seiner dichterisch ambitionierten Tochter Irmgard, die sich im Ammersee ertränkt hatte, traf ihn sehr und „ließ [ihn] in seinen letzten Lebensjahren still und verschlossen werden."[53]

Nur wenige Dokumente geben Auskunft über die letzten Jahre des Schriftstellers. Das letzte Blatt seiner Lebenserinnerungen hat er wohl auch im für ihn so verhängnisvollen Jahr 1922 geschrieben.[54] Es lässt große Verzweiflung und Erschöpfung erkennen: „Hier, an der Grenze traurigster Vergangenheit und dicht verschleierter Zukunft, will ich die Aufzeichnungen über mein Leben schliessen. Ob mir noch hellere Tage kommen werden, oder gar noch Tage einer späten Erfüllung dessen, was die Träume meiner Jugend mir versprachen?"[55] Aber auch und gerade im Zustand der Hoffnungslosigkeit fand Hanns von Gumppenberg Trost in der Beschwörung der eigenen Bedeutung. Mit gewohntem Pathos endet seine Autobiographie in einem Schwelgen in der eigenen überzeitlichen Größe:

[E]iner einzelnen Zeit wollte und konnte mein Wirken niemals dienen. Mag auch manches, was ich hervorbrachte, sein Ziel nicht erreicht haben: ein guter Teil dessen, was mir gelang, dürfte sich doch nicht unwert erweisen, den bleibenden geistigen Besitz zu mehren. Und so darf wohl einst auch meine Stimme mitklingen in jener

---

50 Vgl. HvG: Lebenserinnerungen, S. 400.
51 U.a. Paul Verlaine und Arthur Stuart-Menteth Hutchinson.
52 Siehe Nachlass. Münchner Stadtbibliothek/Monacensia [HvG M 7].
53 Edgar Krausen: Gumppenberg, Hanns Theodor Karl Wilhelm. In: Neue Deutsche Biographie . Band 7, Berlin 1966, S 311.
54 Vgl. HvG: Lebenserinnerungen, S. 415.
55 HvG: Lebenserinnerungen, S. 413.

grossen Symphonie der Menschheit, die den Lebenden vernehmbar wird, wenn sie es wieder einmal müde sind, nur auf den wirren Lärm des Tages zu hören.[56]

Geschwächt von seinem sich verschlimmernden Herzleiden verbrachte Hanns von Gumppenberg seine letzten Jahre weitgehend zurückgezogen von der Außenwelt. Obwohl sein Ende sich schon seit 1926 abzeichnete[57], blieb er im Verborgenen tätig. Bis zuletzt arbeitete er weiter an seinen alten Stücken, war für die Redaktion der *Jugend* tätig und befasste sich mit zahlentheoretischen Problemen. Der so sehr ersehnte öffentliche Erfolg war ihm jedoch bei keinem seiner letzten Projekte mehr vergönnt.

„Dem Arzt, der ihm abends eine Injektion machte und einiges zur Erleichterung riet, sagte er lächelnd als letztes Wort: ‚Was anderen hilft, passt vielleicht nicht für mich'. In dieser Nacht auf den 28. März 1928 trat der Tod ein."[58]

---

56 HvG: Lebenserinnerungen, S. 414.
57 Vgl. HvG: Lebenserinnerungen, S. 415.
58 Anm. d. Herausgebers. In: HvG: Lebenserinnerungen, S. 415.

8. Zusammenfassung

Wer in der Moderne gerade zu ihrem Beginn nur das Vorwärtsstreben erkennen und zulassen will, der wird diesem überaus komplexen und widersprüchlichen Phänomen nicht gerecht. Moderne bedeutet immer auch den Blick zurück, das Streben nach vorne *und* die Kritik am Neuen. Wenn Hanns von Gumppenberg die Reflexion als den „innerste[n] Geist der neuesten Zeit"[59] definiert, so meint er vor allem seine eigene Haltung. Gleichzeitig trifft er damit – mit seiner Haltung als mitwirkendem Beobachter und mit seiner Definition – das Wesentliche auf den Punkt. Gumppenberg, dessen Leben die entscheidenden Jahre des Umbruchs umspannte, kann zwar zunächst nur unter Vorbehalten als eindeutig modern bezeichnet werden, da er auch immer wieder den Blick in die Vergangenheit wagte. Diese Spannung in seinem Wesen, seine Bereitschaft, an vielen der modernen Strömungen vorbehaltlos teilzunehmen, sich Urteile zu bilden, die er immer wieder korrigierte, seine vielen Richtungsänderungen und Widersprüche – und nicht zuletzt seine Aufrichtigkeit darüber zu berichten, machen ihn dennoch zum idealen Fallbeispiel eines modernen Menschen. Altes und Neues in sich tragend erlebte er die Spannungen der Zeit, die viele nur kreativ oder theoretisch reflektierten, in seinem tiefsten Inneren und richtete sein Leben danach aus. Gumppenbergs Kompromisslosigkeit, seine konsequente Verinnerlichung der teils radikalen Ideen, denen er von Anfang an Geltungsanspruch zutraute, führten ihn des Öfteren auf absonderliche Seitenwege. Doch gerade diese Richtungswechsel, die Abweichungen vom scheinbar so geradlinigen Weg ins 20. Jahrhundert sind bezeichnend für diese Zeit, die ihre Richtung vielleicht schon gefunden, aber noch nicht ausformuliert hatte.

Dass man in ihm nur unter gewissen Vorbehalten und nicht sogleich einen *Modernen* erkennen will, hat zwei maßgebliche Gründe, die auf geradezu spiegelbildliche Weise miteinander zusammenhängen:

Als Künstler, besonders in seinen humoristischen Werken, kommt Gumppenbergs moderne Seite besonders deutlich zum Vorschein. Der Autor, der sich von überkommenen Vorbildern demonstrativ abwendet, um sich gleichzeitig experimentell der Suche nach Rezepten für die Zukunft der Literatur widmen zu können, weist des Öfteren weit über seine Zeit hinaus und nimmt Elemente späterer Strömungen der Literaturgeschichte vorweg, die damals nur wenige erahnten. Wenn Züge des Expressionismus, des Dadaismus oder sogar des ab-

---

59 HvG: Gedanken über das moderne Drama.

surden Theaters in Gumppenbergs Parodien durchscheinen, so ist dies sicher auch seinem feinen Gespür für das Vorwärtsdrängen seiner Zeit, wie auch seinem unbedingten Willen zur Mitgestaltung der ungewissen Zukunft geschuldet. Dass er diese teilweise visionären Resultate seines Experimentierens, seine oft virtuose Modernität allerdings nicht zu einem Programm verdichten konnte, wie das etwa die Dadaisten später umso energischer unternahmen, ist sicherlich ein Hauptgrund dafür, dass man seine Schriften nur vorsichtig im Kontext der Moderne verorten will.

Dem gegenüber stehen Gumppenbergs theoretische Schriften, bei denen er sozusagen den diametral umgekehrten Fehler beging:

Zurückgewiesen werden muss zunächst der Vorwurf der Rückwärtsgewandtheit bei seinen okkultistischen Versuchen, da diese gedanklichen Abenteuer trotz einiger Widersprüchlichkeiten mittlerweile zum festen Inventar des frühmodernen Denkens gezählt werden können. Was Gumppenberg von den eindeutig als modern zu bezeichnenden Künstlern, die mit ähnlichen Ideen liebäugelten, unterscheidet, ist sein der Aufklärung verpflichteter Erkenntnisanspruch.

Während diverse andere moderne Künstler den Widerspruch, den das Okkulte im modernen Kontext aufwarf, bestehen ließen und gar nicht versuchten, ihre metaphysische Spekulation theoretisch bis zum Letzten zu hinterfragen oder aufzuklären, sondern sie auf produktive Weise in ihre Kunst einfließen ließen, versuchte Gumppenberg das Umgekehrte: Er verzichtete weitgehend darauf, das Übersinnliche abzubilden und so das Irrationale als direkte Quelle für die Neuausrichtung der Kunst zu erschließen. In seinen theoretischen Schriften, aber auch in seinen Gedichten, Dramen und Prosatexten zum Thema strebte er vielmehr an, diese erlebten Welten – und damit sich selbst als Erlebenden – gleichsam von außen zu beleuchten, um den Spiritismus vom Sensationellen zu reinigen. Dabei war es sein Ziel, eigentlich unerklärbare, weil irrationale Phänomene aufzuklären und der Öffentlichkeit als Möglichkeit der Erweiterung des modernen Denkens anzubieten.

Hätte er die Modernität, die im Keim sein *gesamtes* Denken und Schreiben prägte, in umgekehrter Form zum Ausdruck gebracht, also seine modernen Ansätze in der Kunst zusätzlich theoretisch gebündelt – und demgegenüber seine okkultistischen Erfahrungen abstrakt und unhinterfragt in sein Schreiben einfließen lassen, so wäre Hanns von Gumppenberg möglicherweise als lupenreiner Vertreter der klassischen Moderne in die Geschichtsbücher eingegangen.

Seine problematische Haltung, seine gescheiterte Suche nach Definitionen des Neuen, bietet aber umso genauere Einblicke in die Vorstellungswelt eines modern fühlenden und dies in extremer Offenheit artikulierenden Künstlers und Menschen. Gerade Gumppenbergs beharrliches Ringen um alternative Wege der Moderne gibt möglicherweise mehr Aufschluss über den Moment des Umbruchs und die dazugehörigen Unsicherheiten als ein kompakt gebündeltes Werk, das man in eine moderne Form gießen und einfach etikettieren kann.

Der Fall Hanns von Gumppenberg bestätigt so schließlich zusätzlich eine Theorie, die hier nur angedeutet werden kann: Begreift man die Moderne in ihrer Entwicklung als vielschichtigen, als ambivalenten Zustand zwischen Vergangenheit und Zukunft, der gleichzeitig in Dekonstruktion und in Konstruktion begriffen war, der teilweise paradoxe Antinomien in sich aufnahm und nur teilweise überwand, so ähnelt diese frühe Moderne in mancher Hinsicht stark den Kennzeichen, die später erst der Postmoderne zugeschrieben wurden. Wenn Wolfgang Welsch die Postmoderne als „[…] exoterische Einlösungsform der einst esoterischen Moderne"[60] beschreibt, so erscheint Hanns von Gumppenberg als ideales Beispiel einer ganzheitlich aufgefassten Moderne, die in ihrer Widersprüchlichkeit Merkmale der Postmoderne vorwegnahm, oder zumindest vorzeichnete. In seiner Differenzierung von *esoterischer* Moderne und *exoterischer* Postmoderne hebt Welsch schließlich eine Eigenschaft der Moderne hervor, die auch in dieser Arbeit als grundlegendes Charakteristikum Gumppenbergs betont wurde: „Die Inkommensurabilität – die Botschaft der Moderne – ist in der Postmoderne zur Wirklichkeit geworden"[61]

Wenn man Welschs Argumentation so weit folgt, in der Inkommensurabilität die „Botschaft der Moderne" zu erkennen, so rückt man Hanns von Gumppenberg damit endgültig in ein modernes Licht. Auf ihn übertragen, regt Wolfgang Welschs Gedanke zu weiteren Mutmaßungen über Hanns von Gumppenberg an:

So könnte man behaupten, er habe an der Hoffnung festgehalten, dass diese Inkommensurabilität, an der die moderne Welt krankte – und die sein Wesen bestimmte – durch eine neue Weltanschauung abgelöst werde. Oder anders formuliert: Er hat den Gedanken der Moderne gelebt, aber nicht wahrhaben wollen – und ist an diesem Widerspruch gescheitert.

Unzweifelhaft ist, dass Gumppenberg eine unbändige Energie in Kombination mit einer großen Neugier für alles Neue besaß. Seine verschiedenartigen Versuche setzte er vielleicht mit nicht ideal geeigneten Mitteln um, trotzdem war sein Blick weit nach vorne gerichtet. Wenn er sich dennoch oft zu den

---

60 Wolfgang Welsch: Unsere Postmoderne Moderne. Berlin 2008, S. 6.
61 Ebd., S. 195.

Größen der Vergangenheit umwandte, so tat er das, um dieses Neue an alten Vorbildern zu messen, oder um es von diesen abzusetzen.

Neben einigen zwischenzeitlichen Erfolgen – Max Halbe etwa sieht ihn in seiner Bedeutung als komischer Autor neben Wedekind[62] – erfuhr Gumppenberg nie wirkliche Anerkennung – zumindest nicht die, die er selbst für sich beanspruchte. Im Nachlass verrät ein detailliert ausgearbeiteter Plan zu einer vielbändigen Gesamtausgabe seiner Werke[63] das bis zuletzt nicht nachlassende Streben des Autors nach Ruhm und Bedeutung.

Der Schriftsteller und Redakteur Beda Hafen beschreibt in einem Nachruf, der kurz nach Gumppenbergs Tod in der Wochenschrift *Jugend* erschien, die tragische Komponente in seiner eigensinnigen Selbstauffassung:

> Dieser großgewachsene stattliche Mensch, der so ernst und aufrecht durch die Straßen Münchens schritt, war in der Gesellschaft von einer unbändigen Ausgelassenheit im besten Sinne und sprudelte über von grotesken und tollen Späßen und Einfällen. – Aber er, der so viel des Schalkhaften in seinem Wesen hatte, war doch seiner tiefsten Veranlagung nach eine t r a g i s c h e   N a t u r. Und gerade dieses Tragische ließ ihn menschlich über sich hinauswachsen. Er war von solcher Unerbittlichkeit gegen sich selbst, von einer so eisernen Konsequenz, daß er aus innerem Zwang stets die Wege gehen mußte, die er ging. Seine absolute Unfähigkeit, sich anzupassen oder umzustellen, seine souveräne Mißachtung aller literarischer Mode-Strömungen und -Richtungen hinderten ihn, äußere Erfolge zu erreichen. [...] Er mußte auf Grund seines Charakters auch die wohlmeinendsten Vorschläge seiner Freunde verwerfen. Man kann diese Unbeirrbarkeit bedauern, aber man wird deshalb den Menschen in ihm doppelt bewundern.[64]

Hanns von Gumppenbergs Leben war bis zuletzt durch schwere Schicksalsschläge gekennzeichnet. Seine widerspenstige und bedingungslose Natur erlaubte es ihm zudem nur selten, das großartige Talent für Komik und Humor außerhalb der abgesteckten Felder der Parodie und des Kabaretts auszuleben. Es wäre ihm vielleicht einiges leichter gefallen, hätte er die eigenen Späße doch selbst etwas ernster genommen.

---

62 Vgl. Max Halbe, S. 343 ff.
63 Im Nachlass. Münchner Stadtbibliothek/Monacensia [HvG M 7]
64 Beda Hafen: Nachruf auf Hanns von Gumppenberg. In: Jugend. Münchner illustrierte Wochenschrift für Kunst und Leben. 33. Jhrg., Nr. 16. München 1928.

Anhang

Literaturverzeichnis

Primärliteratur

Bahr, Hermann: „Die Moderne" (1890). In: Die literarische Moderne. Dokumente zum Selbstverständnis der Literatur um die Jahrhundertwende. Ausgewählt und mit einem Nachwort hg. v. Gotthart Wunberg. Frankfurt a.M. 1971, S. 52–55, [Ursprünglich in: Moderne Dichtung. Monatsschrift für Literatur und Kritik. Bd. 1, Nr. 1, Heft 1, 1.1.1890, S. 13–15].

Baumbach, Rudolf: Lieder eines fahrenden Gesellen. Leipzig: A. G. Liebeskind 1878. Stuttgart/Berlin 1902.

Bierbaum, Otto Julius: Prinz Kuckuck. Leben, Taten, Meinungen und Höllenfahrt eines Wollüstlings. In einem Zeitroman von O. J. Bierbaum. 2. Bd. München 1909.

– : Stilpe. Roman aus der Froschperspektive. München 1963.

Brandenburg, Hans: Hanns von Gumppenberg muss entfernt werden. München-Schwabing 1907.

–: München leuchtete. Jugenderinnerungen. München 1953.

Carossa, Hans: Reise zu den elf Scharfrichtern. Vorabdruck aus: Der Tag des jungen Arztes. Frankfurt a. M. 1953.

Conrad, Michael Georg: Eröffnungsrede des ersten öffentlichen Abends der Gesellschaft für modernes Leben in der *Isarlust* auf der Münchner Praterinsel am 29.1.1891. Zit. nach: Hanstein, Adalbert von: Das jüngste Deutschland. Zwei Jahrzehnte miterlebter Literaturgeschichte. Leipzig 1900. S. 196–206.

– : Vorrede zu ‚Die Gesellschaft'. Abgedr. in: Walther Killy (Hg.): Die deutsche Literatur. Bd. VII. 20. Jahrhundert 1880–1933. 1988, S. 63–65.

– : Vorwort, in: HvG, *Deutsche Lyrik von Gestern*, Vortrag, gehalten am ersten öffentlichen Abend der Gesellschaft für modernes Leben, München 1891 (= Münchener Flugschriften III, hg. v. Michael Georg Conrad), S. 3.

Ellissen, Adolf: „Der Pinsel Ming's". In: Ders. (Hg.): Thee- und Asphodelosblüten. Chinesische und neugriechische Gedichte. Metrisch bearbeitet von Adolf Ellissen. Göttingen 1840, S. 50–54.

Falkenberg, Otto: Das Buch von der Lex Heinze. Ein Kulturdokument aus dem Anfange des zwanzigsten Jahrhunderts. Leipzig 1900.

Fels, Friedrich Michael: „Die Moderne." (1891 in seinem Vortrag zur Eröffnung der *Freien Bühne*), In: Brunner, Otto; Conze, Werner; Koselleck, Reinhart (Hgg.): Geschichtliche Grundbegriffe. Historisches Lexikon zur politisch-sozialen Sprache. 9 Bde. Stuttgart 1972 ff., Bd. 4, S. 121.

Flaischlen, Cäsar (Hg.): Neuland. Ein Sammelbuch moderner Prosadichtung. Berlin 1894.

George, Stefan an Melchior Lechter, April 1905. In: Melchior Lechter und Stefan George: Briefe. Hg. von Günter Heintz. Stuttgart 1991, S. 240.

Gluth, Oskar: Sonne über München. Ein Roman um die Jahrhundertwende. Bamberg 1951.

Gumppenberg, Hanns v.: Apollo. Eine Komödie in 2 Aufzügen. München 1890.

– : *Bakteriologisches*. Abgedruckt in.: Walter Schmitz (Hg.): Die Münchner Moderne. Die literarische Szene in der ‚Kunststadt' um die Jahrhundertwende. Stuttgart 1990, S. 210–215. [Ursprünglich erschienen in: Moderne Blätter, Nr. 1. (Probeblatt), 25.3.1891, S. 1–3].

– : Brief an die Eltern. München 24.11.1883. Manuskript im Nachlass, Münchner Stadtbibliothek/Monacensia [HvG B 50].

– : Das dritte Testament, Eine Offenbarung Gottes. Seiner Zeit mitgeteilt von Hanns von Gumppenberg. München 1891.

– : Das teutsche Dichterroß, in allen Gangarten vorgeritten. München 1901.

– : Das teutsche Dichterroß, in allen Gangarten vorgeritten. München 1906.

– : Das teutsche Dichterroß, in allen Gangarten vorgeritten. München 1966.

– : Das teutsche Dichterroß. In allen Gangarten vorgeritten. Hg. u. mit einem Nachw. vers. v. Robert Seidel. Heidelberg 1999 [Nachdr. d. 13./14. Auflage, München 1929. Erstauflage: München 1901].

– : Der Drache. Komödie in vier Aufzügen. 1894. Manuskript im Nachlass, Münchner Stadtbibliothek/Monacensia. [L 2024].

– : Der erste Hofnarr. Großenhain 1899; im Nachlass, Münchner Stadtbibliothek/Monacensia [L 2002].

– : Der fünfte Prophet. Psychologischer Roman. Berlin 1895.

– : Der Grundirrtum der Philosophie in ihrer Geschichte. 1893. Manuskript im Nachlass, Münchner Stadtbibliothek/Monacensia [L 1995].

– : Der Messias. Trauerspiel in fünf Aufzügen. München 1891.

– : Der Nachbar. Monodrama in einem Satz. In: Die Elf Scharfrichter. Münchner Künstlerbrettl. 1. Bd. Dramatisches (Ohne Hrsg.). Berlin 1901, S. 113–128.

– : Der Pinsel Ying's. Komödie in drei Aufzügen. Unter teilweiser Benützung eines Scherzgedichtes von Adolf Ellissen († 1872). München 1914.

– : Der Prophet Jesus Christus, die neue Religion und andere Erläuterungen zum dritten Testamente Gottes. [im hinteren Teil v. Ders.: Das dritte Testament] München 1891.

– [hier unter d. Pseudonym „Jodok"]: „Der Veterinärarzt. Mystodrama in einem Aufzug von Jodok". In: Die Elf Scharfrichter. Münchner Künstlerbrettl. Erster Band: Dramatisches. Berlin 1901, S. 79.

– : Deutsche Lyrik von Gestern. Vortrag, gehalten am ersten öffentlichen Abend der Gesellschaft für modernes Leben. München: Druck und Verlag der Münchner Handelsdruckerei & Verlagsanstalt M. Poeßl 1891 (= Münchener Flugschriften, III), S. 4–16.

– : Die Einzige. Tragikomödie in drei Aufzügen. München 1905.
– mit Rath, Willy (Hgg.): Die Elf Scharfrichter. Münchner Künstlerbrettl. Erster Band: Dramatisches. Berlin 1901.
– : Die Könige. Trauerspiel in sieben Aufzügen. Manuskript im Nachlass, Münchner Stadtbibliothek/Monacensia [L 2011].
– : Die Minnekönigin. Komödie in einem Aufzug. Leipzig 1894.
– : Die Nachbarin. Soziales Fragedrama in 555 Fragen. Manuskript im Nachlass, Münchner Stadtbibliothek/Monacensia [L 2000].
– : Die Spiritisten. Schauspiel in drei Aufzügen. Manuskript im Nachlass, Münchner Stadtbibliothek/Monacensia [L 2014].
– : Eine Synthese von Animismus und Spiritismus auf philosophischer Basis 1922. Manuskript im Nachlass, Münchner Stadtbibliothek/Monacensia [L 1995].
– : Gedanken über das moderne Drama. 1886? Manuskript im Nachlass, Münchner Stadtbibliothek/Monacensia. [HvG M5].
– : Gedichte von Hanns Freiherr von Gumppenberg. Erste Auswahl 1885. Manuskript im Nachlass, Münchner Stadtbibliothek/Monacensia. [L 2025].
– : Gesammelte Dichtungen von Hanns von Gumppenberg. Zweiter Band. 1889. Manuskript im Nachlass, Münchner Stadtbibliothek/Monacensia. [L 2026].
– : Grundlagen der wissenschaftlichen Philosophie. München 1903.
– : „Ichkunst und Menschheitskunst". Manuskript im Nachlass, Münchner Stadtbibliothek / Monacensia [L 2033].
– : Kaiser Otto III. In: Gesammelte Dichtungen von Hanns von Gumppenberg. Zweiter Band. 1889. Manuskript im Nachlass, Münchner Stadtbibliothek/Monacensia. [L 2026].
– : König Konrad der Erste. Geschichtliches Schauspiel in einem Vorspiel und fünf Akten. München 1904.
– : Kritik des Wirklich Seienden. Grundlagen zu einer Philosophie des Wirklich-Seienden. Berlin 1892 (sh. auch im Nachlass: [L 1995], stark korrigierte und ergänzte Fassung für Gesammelte Werke).
– : Lebenserinnerungen. Aus dem Nachlass des Dichters (Hrsg. unbek.). Zürich 1929.
– : Lebenserinnerungen Manuskript [MS], Im Nachlass, Münchner Stadtbibliothek/ Monacensia. [L 5193].
– : Lebenserinnerungen, Typoskript [TS]. Im Nachlass, Münchner Stadtbibliothek/ Monacensia [L 5222].
– : Philosophie und Okkultismus. München 1921.
– : Prolog zur fünften Auflage. Abgedr. in: Ders.: Das Teutsche Dichterroß, in allen Gangarten vorgeritten. Hg. v. Robert Seidel. Heidelberg 1999 [1901], S. 11.
– : Schauen und Sinnen. Gedichte. München 1913.
– : Schaurige Schicksale, Fälschende Fama und Leere Lorbeeren. Dokumentarisches über meine Bühnenwerke. München 1914.
– : Stellungnahme zur Umfrage „Die Zukunft der deutschen Bühne" in: Die Zukunft

der deutschen Bühne, Fünf Vorträge und eine Umfrage, hg. v. Schutzverband deutscher Schriftsteller, Berlin 1917, S. 94–95.

Halbe, Max: Jahrhundertwende. Erinnerungen an eine Epoche. München 1976 [1935].

Hanstein, Adalbert von: Das jüngste Deutschland. Zwei Jahrzehnte miterlebter Literaturgeschichte. Leipzig 1900.

Hart, Heinrich: „Die Moderne" (1890). In: Wunberg 1971, S. 69–72.

Henckell, Karl: „An die deutsche Nation." In: Gesammelte Werke. Band 2: Buch des Kampfes, München 1921, S. 116–121.

Hofmiller, Josef: Revolutionstagebuch 1918/19. Aus den Tagen der Münchner Revolution. Hrsg. von Hulda Hofmiller. Leipzig 1938.

Hopfen, Hans von: Der Pinsel Mings. Eine sehr ergötzliche chinesische Geschichte in Versen. Stuttgart 1868.

Kothe, Robert: Saitenspiel des Lebens. München 1944.

Mann, Thomas: Betrachtungen eines Unpolitischen. Frankfurt a. M. 1974.

– : „Der kleine Herr Friedemann.". In: Frühe Erzählungen. Gesammelte Werke in Einzelbänden. Frankfurter Ausgabe. Hrsg. v. Peter de Mendelssohn. Frankfurt a. M. 1980 ff.

– : Gesammelte Werke. Bd. 9. Berlin/Weimar 1965.

– : Kampf um München als Kulturzentrum. Sechs Vorträge. München 1926.

Mühsam, Erich: Unpolitische Erinnerungen. In: Ausgewählte Werke, Bd. 2. Hrsg. v. Christlieb Hirte. Berlin 1978, S. 476–670.

Murger, Henri: Die Bohème. Pariser Künstlerroman. München 1982.

Neumann, Ernst: Die Elf Scharfrichter. Ein Musenalmanach. München 1902.

Orlich, Leopold von: Reise in Ostindien. In Briefen an Alexander von Humboldt u. Carl Ritter. Leipzig 1845.

Prévot, René: Kleiner Schwarm für Schwabylon. Liebeserklärung an die Schwabinger Bohème. München 2008.

Reventlow, Franziska zu: Herrn Dames Aufzeichnungen oder Begebenheiten aus einem merkwürdigen Stadtteil. München 2008.

Ruederer, Josef: München. München 1907.

Scheerbart, Paul: Brief an Hanns von Gumppenberg vom 14.9.1894. In: Ders.: 70 Trillionen Weltgrüße. Eine Biographie in Briefen 1889–1915. Hrsg. v. Mechthild Rausch. Berlin 1990, S. 20.

Sprengel, Peter (Hg.): Schall und Rauch. Erlaubtes und Verbotenes. Spieltexte des ersten Max-Reinhardt-Kabaretts (Berlin 1901/1902). Berlin 1991.

Wedekind, Frank: Das neue Vater Unser. Eine Offenbarung Gottes. Seiner Zeit mitgeteilt von Hugo Frh. von Trenck. (Als Manuskript gedruckt). München 1892 [Abgedruckt in: Pytlik, S. 348–365].

– : Gesammelte Briefe. Hg. v. Fritz Stich. 2. Bd. München 1924.

– : Schauspielkunst. Ein Glossarium München 1910.

Zeitungen und Zeitschriften

[O. A.]: Allg. Z. Nr. 64 v. 5.3.1901.
[O. A.]: Bayerischer Kurier. 31.1.1891. Abgedr. in: Hanstein, Adalbert von: Das jüngste Deutschland. Zwei Jahrzehnte miterlebter Literaturgeschichte. Leipzig 1900, S. 196–206.
[O. A.]: Jugend. 1.1.1900 Nr 1, V. Jahrgang.
[O. A.]: Licht und Schatten. Monatsschrift für Schwarz-Weiß-Kunst und Dichtung. München/Berlin 1910–1916.
[O. A.]: Münchener Fremdenblatt, Nr. 99, 2.3.1891.
[O. A.]: Programmhefte der Elf Scharfrichter. München 1901–1904.
[O. A.]: Selbstdarstellung der Scharfrichter. In: Bühne und Brettl. Jg. III/1903, H. 4, S. 3.
[O. A.]: Zeitungsausschnitt (Münchner Neueste Nachrichten, ohne weitere Angaben, wahrscheinlich Juni 1901). Im Nachlass, Münchner Stadtbibliothek/Monacensia [„Kritiken über HvG"].
Bierbaum, Otto Julius: „Eine kleine Herbstreise im Automobil". In: Ders.: Die Yankeedoodlefahrt und andre Reisegeschichten. Neue Beiträge zur Kunst des Reisens. München 1910, S. 449–461.
– : Die Bestrebungen der Moderne in München. In: Das Magazin für Litteratur. 60. Jg., Berlin, 7. März 1891, Nr. 10, S. 153–154.
– : Die Gesellschaft für modernes Leben. In: Das Magazin für Litteratur. 60. Jg., Berlin, 3. Januar 1891, Nr. 1, S. 12–13.
– : Die Moderne in München. In: Monatsblätter. Organ des Vereins „Breslauer Dichterschule". 17. Jg., Breslau, Februar 1891, Nr. 2, S. 31–32.
– : Die „Modernen" in München. In: Das Magazin für Litteratur. 60. Jg., Berlin, 4. Juli 1891, Nr. 27, S. 431–432.
Brand, Julius: „Wohin mit dem Drama? / Julius Brand contra Hanns v. Gumppenberg". In: *Münchner Kunst*, Jg 2, 1890, Nr. 41, S. 385–387. [Abgedruckt in: Ruprecht, Erich; Bänsch, Dieter (Hgg.): Literarische Manifeste der Jahrhundertwende 1890–1910. Stuttgart 1970, S. 95–99].
Christaller, Erdmann Gottreich: „Natürliche und vernünftige Zuchtwahl in der Menschheit." In: Die Gesellschaft, Jg. 1, 1885, Nr. 5, S. 81. (Zusammenfassung zu: Ders.: Die Aristokratie des Geistes als Lösung der sozialen Frage. Leipzig 1885).
Gumppenberg, Hanns von: „Aufraffung oder Niedergang". In: Münchner Neueste Nachrichten, 57. Jg., Nr. 39, München 25.1.1904 [bzw. 26.1. – Vorabendblatt], S. 1.
– : „Der spiritistische Identitätsbeweis in logischer Beleuchtung". In: Übersinnliche Welt. Halb-Monatsschrift für okkultistische Forschung. Berlin 1.3.–15.4.1901, S. 95–148.
– : „Der Spiritismus und die Kunst". In: Amsler & Ruthardt's Wochenberichte, III. Jg., Nr. 7 vom 10.11.1894, S. 61–64. Abgedr. in: Pytlik, Priska (Hg.): Spiritismus und äs-

thetische Moderne – Berlin und München um 1900. Dokumente und Kommentare. Tübingen 2006, S. 104–111.
– : „Der spiritistische Identitätsbeweis in logischer Beleuchtung". In: Übersinnliche Welt. Halb-Monatsschrift für okkultistische Forschung. Berlin 1.3.–15.4.1901, S. 95–148.
– : „Die Überraschung im Drama." In: Bühne und Welt ; 1(1898/99)II, S. 933–935. Hamburg 1899.
– : „Einiges über den Spiritismus." In: Neue deutsche Rundschau V, 1. und 2. Quartal, 1894, S. 414–417.
– : „Ichkunst und Menschheitskunst". In: Die Zeit, Jg 9, 1902/03, Nr. 425, S. 91–92. [Abgedruckt in: Ruprecht, Erich; Bänsch, Dieter (Hgg.): Literarische Manifeste der Jahrhundertwende 1890–1910. Stuttgart 1970, S. 436–439].
– : „Im Spiegel. Autobiographische Skizzen." In: Das litterarische Echo. Halbmonatsschrift für Litteraturfreunde. 6. Jg.. Hrsg. v. Josef Ettlinger (Deutsch-Österreichische Literatur-Gesellschaft). Berlin: (Fleischel & Co.,) 1903/04, Sp. 11–14. (Heft 1, 1.10.1903).
– : „Wohin mit dem Drama?" In: Münchner Kunst, Jg 2, 1890, Nr 39, S. 359–360. [Abgedruckt in: Ruprecht, Erich; Bänsch, Dieter (Hgg.): Literarische Manifeste der Jahrhundertwende 1890–1910. Stuttgart 1970, S. 92–94].
Lautensack, Heinrich: ohne Titel. In: Bühne und Brettl 3. Illustrirte Zeitschrift für Theater und Kunst. Heft 4. Berlin 1903, S. 2.
Panizza, Oskar: „Das dritte Testament. Eine Offenbarung Gottes. Seiner Zeit mitgeteilt von Hanns von Gumppenberg." [Rezension] In: Moderne Blätter 1 (1891). Nr. 6. (2. Mai) S. 6–8. Abgedruckt in: Pytlik, S. 338–342.
Rath, Willy: „Die 11 Scharfrichter." In: Die Woche. Heft 24. Berlin 12.06.1926 S. 582 f.
Rosenhagen, Hans: Münchens Niedergang als Kunststadt. Teil II. In: Der Tag. 14.4.1901. Nr. 145.
Wittko, Paul: „Hanns von Gumppenberg". In: Der Türmer. Monatsschrift für Gemüt und Geist. 30. Jahrgang. Juni 1928. Heft 9. Berlin 1928, S. 217.

Sekundärliteratur

Zu Gumppenberg

Eichholz, Armin: Vorwort zur 15. und 16. Auflage. In: Hanns von Gumppenberg: Das teutsche Dichterroß. In allen Gangarten vorgeritten. München 1966, S. 5–6
Herele, Karl: „Hanns von Gumppenberg". In: Deutsche Volksbildung. Zweimonatsschrift, herausgegeben vom Bayerischen Volksbildungsverband.
Hofmiller, Josef: Vorwort zur 13. und 14. Auflage (München 1929). In: Hanns von

Gumppenberg: Das Teutsche Dichterroß. In allen Gangarten vorgeritten. Hrsg. v. Robert Seidel. Heidelberg 1999, S. 5–10.
– : Hanns von Gumppenberg. Einleitung zur 15. Auflage. In: Hanns von Gumppenberg: Das teutsche Dichterroß. In allen Gangarten vorgeritten. München 1966, S. 7–12.
Krausen, Edgar: Eintrag zu „Gumppenberg, Freiherren v." und „Gumppenberg, Hanns Theodor Karl Wilhelm". In: Neue deutsche Biographie. Herausgegeben von der historischen Kommission bei der bayerischen Akademie der Wissenschaften. 7. Bd. Berlin 1966.
Kussmaul-Borowski, Sabine: Ein „Riesenchamäleon der Persiflage". Die Überdramen des Hanns von Gumppenberg. Manuskript. München 1995.
Lau, Martin: „Hanns von Gumppenberg (1866–1928) – Bohémien, Schriftsteller, Okkultist und Mitglied bei den *Elf Scharfrichtern*." In: Waldemar Fromm; Wolfram Göbel; Kristina Kargl (Hgg.): Freunde der Monacensia e.V. Jahrbuch 2013. München 2013, S. 206–225.
Reichert, Carl-Ludwig: Der fünfte Prophet. Hanns von Gumppenberg und der Münchner Okkultismus. Ms. ed. München 1993.
Rose, Ernst: „Das Schicksal einer angeblich Chinesischen Ballade". In: The Journal of English and Germanic Philology. Vol. 32, No. 3. Urbana 1933, S. 392–396.
Seidel, Robert: Nachwort. In: Hanns von Gumppenberg: Das Teutsche Dichterroß. In allen Gangarten vorgeritten. Hrsg. v. Robert Seidel. Heidelberg 1999, S. 174–200.
Soergel, Albert: Dichtung und Dichter der Zeit. Eine Schilderung der deutschen Literatur der letzten Jahrzehnte. Bd. 1. Leipzig 1928.
Wintzingerode-Knorr, Karl-Wilhelm von: Hanns v. Gumppenbergs künstlerisches Werk. Ein Beitrag zur Geschichte der deutschen Literatur der Wende vom 19. zum 20. Jahrhundert. Bamberg 1958.

Jahrhundertwende/Moderne

Ajouri, Philip: Literatur um 1900. Naturalismus – Fin de Siècle – Expressionismus. Berlin 2009.
Baßler, Moritz; Christoph Brecht; Dirk Niefanger; Gotthart Wunberg (Hgg.): Historismus und literarische Moderne. Tübingen 1996.
Baudelaire, Charles: „Der Maler des modernen Lebens" (1863). In: Ders.: Der Künstler und das moderne Leben. Essays, ‚Salons', intime Tagebücher. Hg. v. Henry Schumann. Leipzig 1990, S. 300–303.
Brauneck, Manfred; Müller Christine (Hgg.): Naturalismus. Manifeste und Dokumente zur deutschen Literatur 1880–1900. Stuttgart 1987.
Bürger, Peter: Theorie der Avantgarde. Frankfurt a. M. 1974.
–: Theorie der Avantgarde. Frankfurt a. M. 1982.
Burkhard, Max: „Modern". In: Gotthart Wunberg (Hg.): Die Literarische Moderne. Dokumente zum Selbstverständnis der Literatur um die Jahrhundertwende. Frankfurt a. M. 1971, S. 132.

Feuerbach, Ludwig: Das Wesen des Christentums (1841). Hrsg. v. d. Berlin-Brandenburgischen Akademie der Wissenschaften durch Werner Schuffenhauer (= Gesammelte Werke Bd. 5). Berlin 2006.

Fischer, Jens Malte: Fin de Siècle. Kommentar zu einer Epoche. München 1978.

– : Jahrhundertdämmerung. Ansichten eines anderen Fin de siècle. Wien 2000.

Habermas, Jürgen: Die Moderne – ein unvollendetes Projekt. In: Ders.: Kleine Politische Schriften I-IV. Frankfurt a. M. 1981, S. 444–464.

Hartl, Rainer: Aufbruch zur Moderne. Naturalistisches Theater in München. 2 Bde. München 1976.

Heißerer, Dirk: Wo die Geister wandern. Literarische Spaziergänge durch Schwabing. München 2008.

Hofmannsthal, Hugo von: „Gabriele D'Annunzio". In: Ders.: Gesammelte Werke in zehn Einzelbänden. Reden und Aufsätze 1–3. Band 1. Hg. v. Bernd Schoeller, Frankfurt a. M. 1979, S. 174–185.

Jaspers, Karl: Die geistige Situation der Zeit. Sammlung Göschen Bd. 1000. Berlin 1965.

Jelavich, Peter: „The Censorship of Literary Naturalism, 1890-1895: Bavaria". In: Central European History, Vol. 18, No. 3/4 (Sep.–Dec., 1985), S. 344–359.

Kandinsky, Wassily: Über das Geistige in der Kunst (1910). Bern-Bümpliz 1956.

Martini, Fritz: „Modern, die Moderne". In: Reallexikon der deutschen Literaturgeschichte Bd. 2. Hrsg. v. Werner Kohlschmidt und Wolfgang Mohr. Berlin 1965, S. 409.

Marx, Karl; Engels, Friedrich: Marx-Engels-Werke. Berlin 1958 ff.

Marx, Karl: „Die entfremdete Arbeit." In: Marx, Karl; Engels, Friedrich: Marx-Engels-Werke. Ergänzungsband I. Berlin 1958 ff., S. 511.

– : Zur Kritik der Hegelschen Rechtsphilosophie. Deutsch-französische Jahrbücher. In: Karl Marx; Friedrich Engels: Werke. Bd. 1. Berlin/DDR 1976 [1844]; Sowie Ders.: „Thesen über Feuerbach". In: Karl Marx; Friedrich Engels: Werke. Bd. 3. Berlin 1969 [Vollendet: 1845; erstmals veröffentl. 1888], S. 533 ff.

Meyer, Theo: Theorie des Naturalismus. Stuttgart 1973.

Mühsam, Erich: Ausgewählte Werke, Bd. 2: Publizistik. Unpolitische Erinnerungen. Berlin 1978.

Nipperdey, Thomas: Wie das Bürgertum die Moderne fand. Berlin 1988.

Ruprecht, Erich; Bänsch, Dieter (Hgg.): Literarische Manifeste der Jahrhundertwende 1890–1910. Stuttgart 1970.

Schmitz, Walter: „Die erste Münchner Moderne: Repräsentation und Nebenregierung." In: Ders. (Hg.): Die Münchner Moderne. S. 131–133.

– (Hg.): Die Münchner Moderne. Die literarische Szene in der ‚Kunststadt' um die Jahrhundertwende. Stuttgart 1990.

– : „München in der Moderne. Zur Literatur in der Kunststadt." In: Ders. (Hg.): Die Münchner Moderne. S. 15–24.

Schuster, Peter-Klaus: „Luftschlösser. München und die Moderne." In: Jürgen Kolbe et al. (Hgg.): München Focus '88. Katalog Kunsthalle der Hypo-Kulturstiftung. München 1988. S. 13–22.

Strieder, Agnes: ‚Die Gesellschaft'. Eine kritische Auseinandersetzung mit der Zeitschrift der frühen Naturalisten. Frankfurt a. M. 1985.

Stumpf, Gerhard: Michael Georg Conrad. Ideenwelt, Kunstprogrammatik, Literarisches Werk. Frankfurt a. M. 1986 (= Europäische Hochschulschriften; Reihe 1, 914).

Weber, Max: „Wissenschaft als Beruf". In: Ders.: Schriften zur theoretischen Soziologie, zur Soziologie der Politik und Verfassung. Eingeleitet und mit Anmerkungen versehen von Max Graf zu Solms. Frankfurt a.M. 1947, S. 1–32, [Vortrag „Wissenschaft als Beruf" 7.11.1917 in München, erstveröffentlicht München 1919].

Wehler, Hans-Ulrich: Deutsche Gesellschaftsgeschichte, Bd. III. München 1995.

Welsch, Wolfgang: Unsere Postmoderne Moderne. Berlin 2008.

Wittgenstein, Ludwig: Tractatus logico-philosophicus. London 1922.

Wunberg, Gotthart: „Historismus, Lexemautonomie und Fin de siècle. Zum Décadence-Begriff in der Literatur der Jahrhundertwende." In: Arcadia 30/1995, S. 31–61.

Wunberg, Gotthart (Hg.): Die Literarische Moderne. Dokumente zum Selbstverständnis der Literatur um die Jahrhundertwende. Frankfurt a. M. 1971.

Žmegač, Viktor (Hrsg.): Deutsche Literatur der Jahrhundertwende. Königstein/Ts. 1981.

Theater

Balme, Christopher: „Regionalität, Modernität und Theatralität. Zur Theaterkultur in München um 1900." In: Zagreber Germanistische Beiträge 3. Zagreb 1994, S. 13–23.

– : „Modernität und Theatralität: Zur Theaterkultur in München um 1900." In: Merlio, Gilbert; Nicole Pelletier (Hgg.): Munich 1900 site de la modernité. München 1900 als Ort der Moderne. Jahrbuch für Internationale Germanistik Reihe A. Band 47. Bern 1998. S. 99–115.

Bayerdörfer, Hans-Peter; Conrady, Karl Otto; Schanze, Helmut (Hgg.): Literatur und Theater im Wilhelminischen Kontext. Tübingen 1978.

Hess, Helmut: Richard Stury. Erster Held und Liebhaber. Zwischen Bühnenpracht und Börsencrash. Leipzig 2006.

Jelavich, Peter: Munich and Theatrical Modernism. Politics, Playwriting, and Performance 1890–1914. Cambridge 1996.

– : „Popular Dimensions of Modernist Elite Culture: The Case of Theater in Fin-de-Siècle Munich." In: LaCapra, Dominick; Kaplan, Steven L. (Hgg.): Modern European Intellectual History. Reappraisals and new perspectives. Ithaca 1987, S. 220–250.

– : Theater in Munich, 1890–1914. A study in the social origins of modernist culture. Princeton 1982.

Kienzl, Hermann (Hg.): Die Zukunft der deutschen Bühne. Fünf Vorträge und eine Umfrage. Berlin 1917.

Körner, Hans-Michael; Schläder, Jürgen (Hgg.): Münchner Theatergeschichtliches Symposium 2000. Studien zur Münchner Theatergeschichte Bd. 1. München 2000.
Meyer, Michael: Theaterzensur in München. 1900–1918. Geschichte und Entwicklung der polizeilichen Zensur und des Theaterzensurbeirates unter besonderer Berücksichtigung Frank Wedekinds (Diss.). München 1982.

Okkultismus

Adorno, Theodor W.: Minima Moralia. Reflexionen aus dem beschädigten Leben. (Nachdruck der Originalausgabe 1951). Frankfurt a. M. 2001.
Althaus, Karin; Friedel, Helmut (Hgg.): Gabriel von Max. Malerstar, Darwinist, Spiritist. (Ausstellungskatalog). München 2010.
Baßler, Moritz; Hildegard Châtellier (Hgg.): Mystique, mysticisme et modernité en Allemagne autour de 1900. Strasbourg 1998.
Châtellier, Hildegard: Entre religion et philosophie: approches du spiritisme chez Hanns von Gumppenberg. In: Mystique, mysticisme et modernité en Allemagne autour de 1900. Hrsg. von Moritz Baßler u.a. Straßburg 1998, S. 115–131.
Doering-Manteuffel, Sabine: Das Okkulte. Eine Erfolgsgeschichte im Schatten der Aufklärung. Von Gutenberg bis zum World Wide Web. München 2008.
– : Okkultismus. Geheimlehren, Geisterglaube, magische Praktiken. München 2011.
Lampe, Angela (Hg.): Spuren des Geistigen. (Anlässlich der Ausstellung „Spuren des Geistigen/Traces du sacré", Haus der Kunst, München; 19.9.2008 bis 11.1.2009). München 2008.
Loers, Veit (Hg.): Okkultismus und Avantgarde. Von Munch bis Mondrian 1900–1915. Ausstellungskatalog. Schirn-Kunsthalle Frankfurt [3. Juni bis 20. August 1995].
du Prel, Carl: Das dritte Testament [Rezension]. Separatabdruck aus den *Münchner Neuesten Nachrichten*. München 1891. Im Bestand der Monacensia, Literaturarchiv der Stadtbibliothek München. Abgedruckt in: Pytlik: Spiritismus und ästhetische Moderne. S. 342–348.
Pytlik, Priska: Okkultismus und Moderne. Ein kulturhistorisches Phänomen und seine Bedeutung für die Literatur um 1900. Paderborn 2005.
– (Hg.): Spiritismus und ästhetische Moderne – Berlin und München um 1900. Dokumente und Kommentare. Tübingen 2006.
Reichert, Carl-Ludwig: Der fünfte Prophet. Hanns von Gumppenberg und der Münchner Okkultismus. Ms. ed. München 1993.
Schopenhauer, Arthur: „Versuch über das Geistersehen und was damit zusammenhängt." In: Ders.: Parerga und Paralipomena. 1. Bd. Berlin 1851, S. 213–296.
Schulz, Ortrun: Wille und Intellekt bei Schopenhauer und Spinoza. Frankfurt a. M. 1993.
Treitel, Corinna: A Science for the Soul. Occultism and the Genesis of the German Modern. Baltimore 2004.

Kabarett

Appignanesi, Lisa: Cabaret. The First Hundred Years. London 1984.
Bauschinger, Sigrid (Hrsg.): Die freche Muse. The Impudent Muse. Literarisches und politisches Kabarett von 1901 bis 1999. Tübingen 2000.
Bayerdörfer, Hans-Peter: „Überbrettl und Überdrama. Zum Verhältnis von literarischem Kabarett und Experimentierbühne." In: Ders.; Conrady, Karl Otto; Schanze, Helmut (Hgg.): Literatur und Theater im Wilhelminischen Kontext. Tübingen 1978.
Budzinski, Klaus: Vom Cabaret zum Kabarett. München 1961.
– : So weit die scharfe Zunge reicht. Die Anthologie des deutschsprachigen Cabarets. Mit einem Essay von Werner Finck. München 1964.
Chisholm, David: „Die Anfänge des literarischen Kabaretts in Berlin". In: Bauschinger, Sigrid (Hg.): Die freche Muse. The Impudent Muse. Literarisches und politisches Kabarett von 1901 bis 1999. Tübingen 2000, S. 21–38.
Deißner-Jenssen, Frauke (Hg.): Die zehnte Muse. Kabarettisten erzählen. Berlin 1982.
Einsporn, Petra-Maria: Juvenals Irrtum. Über die Antinomie der Satire und des politischen Kabaretts. Frankfurt a. M. 1985.
Ewers, Hanns Heinz: Das Cabaret. Berlin 1904.
Forcht, Georg W.: Frank Wedekind und die Anfänge des deutschsprachigen Kabaretts. Freiburg 2009.
Gluth, Oskar: Sonne über München. Ein Roman um die Jahrhundertwende. Bamberg 1951.
Greul, Heinz: Bretter, die die Zeit bedeuten. Die Kulturgeschichte des Kabaretts. Köln 1967.
Greul, Heinz: Die elf Scharfrichter. Mit Texten von Frank Wedekind, Hanns von Gumppenberg, Leo Greiner, Heinrich Lautensack, Richard Dehmel, Ludwig Thoma u.a. Zürich 1962.
Ham, Jennifer: „Galgenlieder und Tantenmörder: Criminal Acts as Entertainment in Early Munich Cabaret". In: Bauschinger, Sigrid (Hg.): Die freche Muse. The Impudent Muse. Literarisches und politisches Kabarett von 1901 bis 1999. Tübingen 2000, S. 39–58.
Hösch, Rudolf: Kabarett von Gestern. Nach zeitgenössischen Berichten, Kritiken und Erinnerungen. Bd. 1. 1900–1933. Berlin 1967.
Jelavich, Peter: „‚Die Elf Scharfrichter'. The political and sociocultural dimensions of cabaret in Wilhelmine Germany". In: the turn of the century. German literature and art, 1890–1915. Hg. v. Gerald Chapple und Hans H. Schulte. Bonn 1981, S. 507–525.
– : „Die ‚Elf Scharfrichter': Ein Münchener Vorbild für das Kabarett Fledermaus". In: Buhrs, Michael; Amort, Andrea (Hgg.): Kabarett Fledermaus. 1907 bis 1913. Ein Gesamtkunstwerk der Wiener Werkstätte. Literatur, Musik, Tanz. Wien 2007, S. 17–29.
Kemp, Judith: ‚Ein winzig Bild vom großen Leben': zur Kulturgeschichte von Münchens erstem Kabarett ‚Die Elf Scharfrichter' (1901–1904). München 2017.

Kühn, Volker: Das Kabarett der frühen Jahre. Ein freches Musenkind macht erste Schritte. Berlin 1984.

–: Die zehnte Muse. 111 Jahre Kabarett. Köln 1993.

Kühn, Volker (Hg.): Donnerwetter – tadellos. Kabarett zur Kaiserzeit 1900–1918. Weinheim 1987.

Kutscher, Arthur: Frank Wedekind. Sein Leben und seine Werke. 2 Bde. München 1927.

Lareau, Alan: Nummernprogramm, Ensemblekabarett, Kabarettrevue. Zur Dramaturgie der ‚Bunten Platte'. In: Joanne McNally; Peter Sprengel (Hgg.): Hundert Jahre Kabarett. Zur Inszenierung gesellschaftlicher Identität zwischen Protest und Propaganda. Würzburg 2003, S. 12–28.

Mahlau, Kristina: Unterhaltungskunst zwischen Zensur und Protest: Die Entstehung des literarischen Kabaretts (1880–1905) am Beispiel Frank Wedekinds. Norderstedt 2008.

Mast, Peter: Um Freiheit für Kunst und Wissenschaft, der Streit im Deutschen Reich 1890–1901, Rheinfelden 1994.

McNally, Joanne; Sprengel, Peter (Hgg.): Hundert Jahre Kabarett. Zur Inszenierung gesellschaftlicher Identität zwischen Protest und Propaganda. Würzburg 2003.

Meyer, Michael: Theaterzensur in München 1900-1918. Geschichte und Entwicklung der polizeilichen Zensur und des Theaterzensurbeirates unter besonderer Berücksichtigung Frank Wedekinds. München 1982.

Otto, Heinrich: Die Elf Scharfrichter. Das Münchner Künstlerbrettl 1901-1904. Geschichte, Repertoire, Who's Who. München 2004.

Pelzer, Jürgen: „Satire oder Unterhaltung? Wirkungskonzepte im deutschen Kabarett zwischen Bohèmerevolte und antifaschistischer Opposition." In: German Studies Review, Vol. 9, No. 1 (Feb., 1986), S. 45–65.

Piper, Reinhard: Mein Leben als Verleger. Vormittag, Nachmittag. München 1991.

Richard, Lionel: Cabaret – Kabarett. Von Paris nach Europa. Leipzig 1993.

Rösch, Gertrud Maria: Satirische Publizistik, Cabaret und Ueberbrettl zur Zeit der Jahrhundertwende. In: York-Gothart Mix (Hg.): Naturalismus. Fin de siècle. Expressionismus 1890–1918. (= Hansers Sozialgeschichte der deutschen Literatur vom 16. Jahrhundert bis zur Gegenwart 7) München 2000, S. 272–286.

Rühlemann, Martin W.: Varietés und Singspielhallen – urbane Räume des Vergnügens. Aspekte der kommerziellen populären Kultur in München Ende des 19. Jahrhunderts. München 2012.

Schaefer, Oda (Hg.): Schwabing. Spinnete und erotische enorme und neurotische Moritaten und Verse von Scharfrichtern und Schlawinern aus dem Münchner Künstlerviertel Wahnmoching. München 1964.

Schmitz, Walter: „Die Elf Scharfrichter. Ein Kabarett in der Kunststadt München." In: Friedrich Prinz; Marita Krauss (Hgg.): München – Musenstadt mit Hinterhöfen. Die Prinzregentenzeit 1886–1912. München 1988.

Schuster, Barbara: „Wir wollen lachen und weinen, wie wir müssen – lieben und hassen, wie es kommt!" (Heinrich Lautensack, Die Elf Scharfrichter). Das Aufkeimen einer sozialkritischen Kleinkunstszene in Schwabing um die Jahrhundertwende. (Mag. Arb.). München 2002.

Segel, Harold B.: Turn-of-the-century cabaret. Paris, Barcelona, Berlin, Munich, Vienna, Cracow, Moscow, St. Petersburg, Zurich. New York 1987.

Weck, Bernhard: „Wir richten scharf und herzlich". Die literarische Bohème in München (1890–1914) und ihr Verhältnis zu Gesellschaft, Staat und Justiz. In: Michael Kilian (Hg.): Jenseits von Bologna – Jurisprudentia literarisch. Von Woyzeck bis Weimar, von Hoffmann bis Luhmann. Berlin 2006.

Wolzogen, Ernst von: „Das Überbrettl". In: Ernst Ruprecht; Dieter Bänsch (Hgg.): Jahrhundertwende. Manifeste und Dokumente zur deutschen Literatur. Stuttgart 1981.

Parodie

Aristoteles: Poetik. Übers. u. hrsg. v. Manfred Fuhrmann. Stuttgart 2002.

Berger, Peter L.: Erlösendes Lachen. Das Komische in der menschlichen Erfahrung. Berlin 1998.

Cramer, Thomas: Mittelalter in der Lyrik der Wilhelminischen Zeit. In: Literatur und Theater im Wilhelminischen Zeitalter. Hrsg. von Hans-Peter Bayerdörfer. Tübingen 1978, S. 35–61.

Eco, Umberto: Der Name der Rose. München 1996.

Goll, Iwan: Überdrama (1920). In: Manfred Brauneck (Hg.): Theater im 20. Jahrhundert. Programmschriften, Stilperioden, Reformmodelle. Reinbek bei Hamburg 1982, S. 116 f.

Haider-Pregler, Hilde (auch Hg.): Komik. Ästhetik; Theorien; Strategien. In: Maske und Kothurn 51,4. Wien 2006.

Höllerer, Walter (Hrsg.): Theorie der modernen Lyrik. Neu herausgegeben von Norbert Miller und Harald Hartung. 2 Bde. Darmstadt 2003.

Jauß, Hans Robert: „Zum Problem der Grenzziehung zwischen dem Lächerlichen und dem Komischen." In: Wolfgang Preisendanz; Rainer Warning (Hgg.): Das Komische. München 1976, S: 361–372.

Kierkegaard, Søren: Philosophische Brosamen und Unwissenschaftliche Nachschrift. Unter Mitwirkung von Niels Thulstrup und der Kopenhagener Kierkegaard-Gesellschaft. Hrsg. Hermann Diem und Walter Rest. Köln 1959.

Kühne, Lena: Ibsen im Spiegelkabinett. Verfremdung der Gesellschaftsdramen Henrik Ibsens in Parodien und verwandten Rezeptionsformen im deutschen und skandinavischen Sprachraum. Wien 2004.

Lamping, Dieter: Moderne Lyrik. Göttingen 2008.

Lau, Martin: Wirklich komisch! Die Beziehung zwischen Wirklichkeit und Komik in den Filmen *To Be or Not to Be* und *That Uncertain Feeling* von Ernst Lubitsch. [Mag. Arb., nicht veröffentlicht].

Lemke, Victor J.: A Negative Approach to an Appreciation of Poetry. In: Monatshefte, Vol. 43, No. 7 (Nov., 1951), S. 335–340.
Mahal, Günther (Hg.): Lyrik der Gründerzeit. Tübingen 1973 (= Deutsche Texte, 26).
Preisendanz, Wolfgang; Warning, Rainer (Hgg.): Das Komische. München 1976.
Roßbach, Nikola: Theater über Theater. Parodie und Moderne 1870–1914. Bielefeld 2006.
Roßbach, Nikola: Ibsen-Parodien in der frühen Moderne. München 2005.
Ruprecht, Erich u.a. (Hg.): Literarische Manifeste der Jahrhundertwende 1890–1910. Stuttgart 1970.
Rotermund, Erwin: Deutsche Dramenparodien der Jahrhundertwende. In: Winfried Herget; Brigitte Schultze (Hgg.): Kurzformen des Dramas. Gattungspoetische, epochenspezifische und funktionale Horizonte. Tübingen 1996, S. 145–158.
– : Die Parodie in der modernen deutschen Lyrik. München 1963.
– (Hg.): Gegengesänge. Lyrische Parodien vom Mittelalter bis zur Gegenwart. München 1964.
Schuhmann, Klaus: Lyrik des 20. Jahrhunderts. Materialien zu einer Poetik. Reinbek bei Hamburg 1995.
Sprengel, Peter: Literatur im Kaiserreich. Studien zur Moderne. Berlin 1993.
Sprengel, Peter: „Zwischen Nachfolge und Parodie. Zur Klassik-Rezeption im Drama der Jahrhundertwende." In: Jörg Schönert; Harro Segeberg (Hgg.): Polyperspektivik in der literarischen Moderne. Studien zur Theorie, Geschichte und Wirkung der Literatur. Frankfurt a. M. 1988, S. 381–409.
Stierle, Karlheinz: „Komik der Handlung, Komik der Sprachhandlung, Komik der Komödie." In: Wolfgang Preisendanz; Rainer Warning (Hgg.): Das Komische. München 1976, S. 237–268.
Verweyen, Theodor u.a. (Hrsg.): Deutsche Lyrik-Parodien aus drei Jahrhunderten. Stuttgart 1984.
Verweyen, Theodor/Witting, Gunther: Die Parodie in der neueren deutschen Literatur. Eine systematische Einführung. Darmstadt 1979.
Warning, Rainer: „Elemente einer Pragmasemiotik der Komödie." In: Wolfgang Preisendanz; Rainer Warning (Hgg.): Das Komische. München 1976, S. 279–334.

München

Balme, Christopher: „Regionalität, Modernität und Theatralität. Zur Theaterkultur in München um 1900." In: Zagreber Germanistische Beiträge 3. Zagreb 1994, S. 13–23.
Barros, Sophie: „La „modernité munichoise": une alternative vitaliste?" In: Gilbert Merlio; Nicole Pelletier (Hgg.): Munich 1900 site de la modernité. München 1900 als Ort der Moderne. Jahrbuch für Internationale Germanistik Reihe A. Band 47. Bern 1998. S. 277–281.

Bauer, Helmut; Tworek, Elisabeth (Hgg.): Schwabing. Kunst und Leben um 1900. München 1998.

Bauer, Reinhard; Gerstenberg, Günther; Peschel, Wolfgang (Hgg.): Im Dunst aus Bier, Rauch und Volk. Arbeit und Leben in München von 1840 bis 1945. Ein Lesebuch. München 1989.

Bauer, Richard: Prinzregentenzeit. München und die Münchner in Fotografien. München 1988.

Brauer, Gernot: München-Schwabing. Ein Zustand. München 2010.

Châtellier, Hildegard: „Vorabend und Morgendämmerung des 20. Jahrhunderts'. Kulturelle und gesellschaftliche Modernisierung im Spiegel von Münchner Autobiographien". In: Merlio, Gilbert; Nicole Pelletier (Hgg.): Munich 1900 site de la modernité. München 1900 als Ort der Moderne. Jahrbuch für Internationale Germanistik Reihe A. Band 47. Bern 1998, S. 73–92.

Engels, Eduard: Münchens Niedergang als Kunststadt. Eine Rundfrage von Eduard Engels. Beantwortet von H. Bahr u.a. München 1902.

Fromm, Waldemar; Göbel, Wolfram; Kargl, Kristina (Hgg.): Freunde der Monacensia e.V. Jahrbuch 2013. München 2013.

Huber, Gerdi: Das klassische Schwabing. München als Zentrum der intellektuellen Zeit- und Gesellschaftskritik an der Wende des 19. zum 20. Jahrhundert. Diss. München 1973.

Krauss, Marita: Geld und Bohème. Geschichte einer Hassliebe. München 2006.

– : Schwabingmythos und Bohemealltag. Eine Skizze. In: Prinz, Friedrich; Krauss, Marita (Hgg.): München – Musenstadt mit Hinterhöfen. Die Prinzregentenzeit 1886 bis 1912. München 1988 S. 292–294.

Kreuzer, Helmut: Die Boheme. Beiträge zu ihrer Beschreibung. Stuttgart 1968.

Lenman, Robin: Politics and culture. The state and the Avant-Garde in Munich 1886–1914. In: Society and Politics in Wilhelmine Germany. Hg. von Richard Evans. London 1978, S. 90–111.

Löffler, Bernhard: Dünner Boden, süßer Guß – Überlegungen zum Mythos Prinzregentenzeit. In: Katharina Weigand (Hg.): Die Prinzregentenzeit. Abenddämmerung der bayerischen Monarchie? Regensburg 2013. S. 177–198.

Merlio, Gilbert; Nicole Pelletier (Hgg.): Munich 1900 site de la modernité. München 1900 als Ort der Moderne. Jahrbuch für Internationale Germanistik Reihe A. Band 47. Bern 1998.

Metzger, Rainer: München. Die große Zeit um 1900. Kunst, Leben und Kultur 1890–1920. Architektur, Malerei, Design, Theater, Musik, Cabaret, Literatur, Buchkunst, Verlagswesen. München 2010.

Michels, Robert: Masse, Führer, Intellektuelle. politisch-soziologische Aufsätze 1906–1933. Frankfurt 1987.

Möller, Horst: „München um die Jahrhundertwende." In: Merlio, Gilbert; Nicole Pelletier (Hgg.): Munich 1900 site de la modernité. München 1900 als Ort der Moderne. Jahrbuch für Internationale Germanistik Reihe A. Band 47. Bern 1998. S. 33–50.

Müller-Seidel, Walter: „Literatur im wissenschaftsgeschichtlichen Kontext. Zur geistigen Situation im München der Jahrhundertwende." In: Gilbert Merlio; Nicole Pelletier (Hgg.): Munich 1900 site de la modernité. München 1900 als Ort der Moderne. Jahrbuch für Internationale Germanistik Reihe A. Band 47. Bern 1998. S. 51–72.

Nöhbauer, Hans F.: München. Eine Geschichte der Stadt und ihrer Bürger. Bd. 2. Von 1854 bis zur Gegenwart. München 1992.

Prinz, Friedrich; Krauss, Marita (Hgg.): München – Musenstadt mit Hinterhöfen. Die Prinzregentenzeit 1886 bis 1912. München 1988.

Schaefer, Oda (Hg.): Schwabing. Spinnete und erotische, enorme und neurotische Moritaten und Verse, von Scharfrichtern und Schlawinern aus dem Münchner Künstlerviertel Wahnmoching. München 1958.

Schaefer, Oda (Hg.): Schwabing. Ein Lesebuch. München 1985.

Schmitz, Walter: „Die Stadt im Wandel. Im ‚demokratischen Süden'" In: Ders. (Hg.): Die Münchner Moderne. S. 53–57.

Schrick, Kirsten Gabriele: München als Kunststadt. Dokumentation einer kulturhistorischen Debatte 1781–1945. Wien 1994.

Schuster, Peter-Klaus: „Luftschlösser. München und die Moderne." In: Jürgen Kolbe et al. (Hgg.): München Focus '88. Katalog Kunsthalle der Hypo-Kulturstiftung. München 1988, S. 13–22.

– : „München – die Kunststadt." In: Friedrich Prinz; Marita Krauss (Hgg.): München – Musenstadt mit Hinterhöfen. Die Prinzregentenzeit 1886 bis 1912. München 1988, S. 226–235.

Wilhelm, Hermann: Die Münchner Bohème. Von der Jahrhundertwende bis zum Ersten Weltkrieg. München 1993.

Artikel in Zeitungen und Zeitschriften

[o. A.]: Abschrift einer Kritik (Handschrift HvGs). Frankfurter Zeitung, Nr. 156, II. Morgenbl. v. 7. Juni 1901, im Nachlass, Münchner Stadtbibliothek/Monacensia.

[o. A.]: Gesellschaft für modernes Leben. In: Handbuch literarisch-kultureller Vereine, Gruppen und Bünde 1825–1933. Hrsg. von Wulf Wülfing u.a. Stuttgart u.a. 1998 (= Repertorien zur Deutschen Literaturgeschichte, 18)

Engel, Eduard: „Hanns v. Gumppenberg". In: Über Land und Meer. Deutsche illustrierte Zeitung. Nr. 21. 109. Bd.. 55. Jg. Stuttgart 1913, S. 577.

Görl, Wolfgang: „Prinzregent Luitpold – und eine Epoche endete." In: Süddeutsche Zeitung Nr. 284. 8.12.2012, S. 45.

Häntzschel, Günter: „In zarte Frauenhand. Aus Schätzen der Dichtkunst". Zur Trivialisierung der Lyrik in der zweiten Hälfte des 19. Jahrhunderts. In: Zeitschrift für deutsche Philologie 99 (1980), S. 199–226.

Hafen, Beda: „Hanns von Gumppenberg." (Nachruf) In: Jugend. Münchner illustrierte Wochenschrift für Kunst und Leben. 33. Jhrg., Nr. 16. München 1928.

Has-Ellison, J. Trygve: „Fin-de-siècle Artistic Modernism and the Nobility: The Case of Nicholas Count Seebach". In: German Studies Review. Vol. 31, No. 1. Baltimore 2008, S. 22–42.

– : Nobles, Modernism, and the Culture of fin-de-siècle Munich. In: German History Vol. 26, No. 1. Oxford 01.01.2008, S. 1–23.

Hauser, Otto: „Schwedische Lyrik". In: Das litterarische Echo. Halbmonatsschrift für Litteraturfreunde. 6. Jg.. Hrsg. v. Josef Ettlinger (Deutsch-Österreichische Literatur-Gesellschaft). Berlin: (Fleischel & Co.,) 1903/04, Sp. 69–71. (Heft 1, 1. 10. 1903).

Lothar, Rudolf: „Hanns von Gumppenberg". In: Das litterarische Echo. Halbmonatsschrift für Litteraturfreunde. 6. Jg. Hrsg. v. Josef Ettlinger (Deutsch-Österreichische Literatur-Gesellschaft). Berlin: 1903/04, Sp. 8–11 (Heft 1, 1. 10. 1903).

Mauke, Wilhelm: „Die Elf Scharfrichter. Ein Münchener Künstlerbrettl." In: Das neue Jahrhundert. Illustrierte deutsche Wochenschrift. III. Jahrg. Köln, 26.06.1901. S. 969–973.

Ostermaier, Thomas. (Zu Ibsen) In: Süddeutsche Zeitung, 22.1.13, S. 13.

Paddock, Mary M.: *So ist das Leben*. Frank Wedekind's Scharfrichter Diary." In: Monatshefte. Vol. 91 Issue 3. Madison 1999, S. 342–358.

Literaturgeschichtsbücher/Lexika/Verzeichnisse

Alker, Ernst: Geschichte der deutschen Literatur von Goethes Tod bis zur Gegenwart. 2. Bd. Stuttgart 1950.

Bayerisches Hauptstaatsarchiv: Pol/Dir. 520; Pol/Dir. 2057.

Brunner, Otto; Conze, Werner; Koselleck, Reinhart (Hgg.): Geschichtliche Grundbegriffe. Historisches Lexikon zur politisch-sozialen Sprache. 9 Bde. Stuttgart 1972 ff.

Kosch, Wilhelm: Deutsches Literatur-Lexikon. 3. Aufl. Bd. 6. Bern u.a. 1978.

Sprengel, Peter: Geschichte der deutschsprachigen Literatur 1870–1900. Von der Reichsgründung bis zur Jahrhundertwende. [= Geschichte der deutschen Literatur von den Anfängen bis zur Gegenwart. Begründet v. Helmut de Boor u. Richard Newald. Bd. IX,1]. München 1998.

–: Geschichte der deutschsprachigen Literatur 1900-1918. Von der Jahrhundertwende bis zum Ende des Ersten Weltkriegs. [= Geschichte der deutschen Literatur von den Anfängen bis zur Gegenwart. Begründet v. Helmut de Boor u. Richard Newald. Bd. IX,2]. München 2004.

Stadtarchiv München: Eintrag der Münchener Stadtchronik vom 22.3.1891. [Ch 1891 I 600]; Eintrag der Münchener Stadtchronik zum 19.2.1903, [Ch 1903 I 419 f.];

Internetquellen

https://gutenberg.spiegel.de/buch/gedichte-9097/31

http://www.muenchen.de/rathaus/Stadtverwaltung/Direktorium/Ehrungen/Muenchen-leuchtet.html

Abbildungsverzeichnis

Trotz intensiver Bemühungen ist es in vereinzelten Fällen nicht gelungen, Inhaber von Bildrechten ausfindig zu machen. Sollte sich jemand in seinen Rechten verletzt sehen, bitten wir, sich mit dem Verlag in Verbindung zu setzen.

Titel: Hanns v. Gumppenberg: Lebenserinnerungen. Aus dem Nachlass des Dichters. Zürich 1929; Titelbild.
1: Münchner Stadtbibliothek/Monacensia [Box 01 Umschlag: HvG. Kritiken über sein Werk]
2: Münchner Stadtbibliothek/Monacensia [L 2001]
3: Münchner Stadtbibliothek/Monacensia [L 2001]
4: Münchner Stadtbibliothek/Monacensia [L 5193, S. 572]
5: Bayerisches Landesamt für Denkmalpflege, Foto: Franz Paul Burgholzer.
6: Villa und Ateliertrakt um 1900 © Lenbachhaus
7: Münchner Stadtbibliothek/Monacensia [HvG B 50]
8: Münchner Stadtbibliothek/Monacensia [P/a 704]
9: Das litterarische Echo. Halbmonatsschrift für Litteraturfreunde. 6. Jg. Hrsg. v. Josef Ettlinger (Deutsch-Österreichische Literatur-Gesellschaft). Berlin: 1903/04, Sp. 8–11 (Heft 1, 1.10.1903)
10: Münchner Stadtbibliothek/Monacensia [HvG Box 1]
11: https://commons.wikimedia.org/wiki/File:Cafe_Stefanie_1905.jpg
12: Hanns v. Gumppenberg: Der fünfte Prophet. Psychologischer Roman. Berlin 1895.
13: https://de.wikipedia.org/wiki/Séance#/media/Datei:Psychicmedium.jpg
14: Universität der Künste Berlin, Universitätsbibliothek, Signatur 2 B 7309 -3.1984/85.
15: Hanns v. Gumppenberg: Das dritte Testament, Eine Offenbarung Gottes. Seiner Zeit mitgeteilt von Hanns von Gumppenberg. München 1891, S. 39 f.
16: Hanns v. Gumppenberg: Der Pinsel Ying's. Komödie in drei Aufzügen. Unter teilweiser Benützung eines Scherzgedichtes von Adolf Ellissen († 1872). München 1914, S. 7.
17: Hanns v. Gumppenberg: Das teutsche Dichterroß, in allen Gangarten vorgeritten. München 1906.
18: Münchner Stadtmuseum, Sammlung Graphik/Gemälde.
19: Münchner Stadtmuseum, Sammlung Graphik/Gemälde.
20: Staatsarchiv München, Polizeidirektion München 2057/2, S. 66.
21: Münchner Stadtmuseum, Sammlung Graphik/Gemälde.
22: Sammlung Karl Stehle; Auktionshaus Christoph Gärtner GmbH & Co. KG
23: Historische Sammlung, Museum Aargau.
24: Münchner Stadtmuseum, Sammlung Graphik/Gemälde.
25: Münchner Stadtmuseum, Sammlung Graphik/Gemälde.
26: Akademie der Künste Berlin, Autographen und unselbständige Sammlungen zur Literatur, Nr. 52/01

27: Hanns v. Gumppenberg: Der Nachbar. Monodrama in einem Satz. In: Die Elf Scharfrichter. Münchner Künstlerbrettl. 1. Bd. Dramatisches. Berlin 1901, S. 113–128, hier: S. 114.
28: Hanns v. Gumppenberg: Der Nachbar. Monodrama in einem Satz. In: Die Elf Scharfrichter. Münchner Künstlerbrettl. 1. Bd. Dramatisches. Berlin 1901, S. 113–128, hier: S. 124 f.
29: Hanns v. Gumppenberg: Der Nachbar. Monodrama in einem Satz. In: Die Elf Scharfrichter. Münchner Künstlerbrettl. 1. Bd. Dramatisches. Berlin 1901, S. 113–128, hier: S. 115.
30: Sammlung Karl Stehle; Auktionshaus Christoph Gärtner GmbH & Co. KG
31: Münchner Stadtmuseum, Sammlung Graphik/Gemälde.
32: Münchner Stadtmuseum, Sammlung Graphik/Gemälde.
33: Albert Soergel: Dichtung und Dichter der Zeit. Eine Schilderung der deutschen Literatur der letzten Jahrzehnte. Bd. 1. Leipzig 1928, S. 997.
34: Münchner Stadtmuseum, Sammlung Graphik/Gemälde.

Tabelle: Abgleich der verschiedenen Fassungen der Lebenserinnerungen

Gumppenbergs Lebenserinnerungen liegen in drei Versionen vor: Ein 1929 erschienenes, posthum von einem Freund Gumppenbergs herausgegebenes, gekürztes Exemplar, ein viel umfangreicheres Manuskript und ein Typoskript, das die fehlenden Stellen im Buch ergänzen soll, aber vieles unterschlägt, was im Manuskript erhalten ist (im Folgenden abgekürzt als TS). Erstaunlicherweise finden sich jedoch im Typoskript Passagen, die auch im Manuskript nicht enthalten sind, sodass sich die drei Versionen jeweils zu einem subjektiven, relativ unvollständigen Bild ergänzen und in weiten Teilen unterscheiden.

Folgende tabellarische Aufstellung dient nicht der Vollständigkeit sondern lediglich dem Überblick und einem leichteren Auffinden und Zuordnen der einander entsprechenden Stellen.

Tabelle: Abgleich der verschiedenen Fassungen der Lebenserinnerungen

Jahr	Lebenserinnerungen Manuskript	Lebenserinnerungen Buch	Lebenserinnerungen Typoskript	Historische/Private Ereignisse	Erwähnte Werke HvGs
1865		9 Kapitel: Voraussetzungen		Geburt der Schwester Hedwig	
	24 Kapitel: Kinderzeiten	37 Kapitel: Kinderzeiten	1 Kapitel: Kinderzeiten		
1866			1 Nicht markierte Auslassung in MS und Buch (1. Absatz): Fieber der Mutter, plebejische Amme.	4.12.: Geburt HvGs in Landshut	
1869		37 Umzug nach München in die Blumenstr.		Blumenstr.	
1870		37 Umzug in die Neuhauserstr. (düsteres Haus).		Neuhauserstr.	
Herbst 1871		39 Umzug in die Rumfordstr.		Rumfordstr.	
1872		41 Marionettenspiel 42 Atelierbesuch bei Maler Adolf Stademann 43 Klavierspiel der Mutter 46 Besuch bei den Großeltern Gumppenberg in Schloss Wallenburg. 47 ... Angelerfahrung			
Frühling 1873			37 Umzug Rumfordstr. Zweistockwohnung Landwehrstr. 15 (Nähe zu protestantischer Volksschule–Herzogspitalstr.)	Landwehrstr.	
			38 Volksschuleintritt	Volksschule	

Jahr	Lebenserinnerungen Manuskript	Lebenserinnerungen Buch	Lebenserinnerungen Typoskript	Historische/ Private Ereignisse	Erwähnte Werke HvGs
1873 1874			51 Tod der Wallenburger Großmutter, schwere Erkrankung des Vaters		
			52 f. Geistergeschichte über spukende Großmutter, von HvG spöttisch-realistisch erzählt.		
1875		47 Wallenburger Vermögensteilung – Vater baut östlich von Miesbach ein kleines Landhaus.	55 f.		
		48 Erste Liebe beim patriotischen Maispaziergang der Volksschüler.	40		
			43 Emma Schweizer, Freundin der Schwester, die HvG später zu „heftiger Schwärmerei entflammt".		
			44 ‚Die Rache'		*Die Rache*. Lakonisch kurzes Indianerdrama
			45 „körperlich fast nie gezüchtigt"		
			48 Künstlerische Ader des Vaters (Parodien)		
			49 Letzter ernsthafter literarischer Versuch des Vaters scheitert: *Die letzten Tage von Pompeji* (Oper im Stil Wagners)		
Herbst 1876			60 HvG tritt in Sexta des Wilhelmsgymnasiums ein (noch in der Herzogspitalstr.).	Wilhelmsgymnasium	*Der Überfall*. Indianisches Schauspiel in 5 Akten. 13 S. Hs. [L 5216]
1877			62 HvG wechselt ins Ludwigsgymnasium.	Wechsel ins Ludwigsgymnasium	

Tabelle: Abgleich der verschiedenen Fassungen der Lebenserinnerungen 239

1879 1880	50 Vater „bei aller Wertschätzung des […] Bäurischen […] Aristokrat geblieben" schickt HvG zum Pagencorps. 51 … Konfirmation		6	
	55 Kapitel: Pagenjahre	71 Kapitel: Pagenjahre „Vorbemerkung: Im Gegensatz zu ‚Kinderzeiten', die vollständig abgeschrieben wurden, ergänze die folgenden Ausschnitte dieses Kapitel im Buch. Die Buchseiten sind angegeben. Kürzungen im Buchtext und kleinere Auslassungen wurden nicht berücksichtigt. Irene von Gumppenberg […] Buch Seite 55 bis 76"	Pagencorps	
1881		71 Erstes Pagenjahr		
		73 Jugendliebe Emma Schweitzer		
		77 f. Frühes Berg- und Waldgedicht stößt auf Anerkennung der Familie („Schicksalsmahnung"). 80 Glaube an Dichterberuf bleibt.		
1882 1883		81 HvG schreibt fünfaktige Verstragödie mit der bösartigen Mutter des Tiberius als Heldin, „komponierte Verschiedenes" darunter eine „kleine parodistische Raubritter-Operette".		*Livia.* Fünfaktige Verstragödie mit der bösartigen Mutter des Tiberius als Heldin. Kleine parodistische Raubritter-Operette
	82 Vorahnungen der Großmutter Sommer beeinflussen HvG später zum Okkultismus.	83 f. „zweite kleine Ulk-Operette"; Tod der Großmutter Sommer.		Zweite kleine Ulk-Operette

240 Anhang

Jahr	Lebenserinnerungen Manuskript	Lebenserinnerungen Buch	Lebenserinnerungen Typoskript	Historische/Private Ereignisse	Erwähnte Werke HvGs
Weihn. 1883			84 Anmerkung „Buch Seite 80 bis 89"		
			85 Vater lässt erste Dichtungen binden, „Verbesserungen" erzürnen HvG; *Antigone*; Plan zu großem Christus-Epos, unvollendet; Niederschrift Parzival-Epos in Terzinen.		*Antigone*, „die den sophokleischen Vorgang mit deutschem Verspathos weiter ausbaute und namentlich die Gestalt des Königssohns stärker in den Vordergrund rückte."; Plan zu großem Christus-Epos, „das seinen Gegenstand weniger überschwänglich [...], dafür plastischer, dramatischer und reinmenschlich ergreifender als Klopstocks berüchtigte ‚Messiade' gestalten sollte." – unvollendet; Niederschrift Parzival-Epos in Terzinen (Kraillinger Waldeindrücke, „allgemein-menschlich die Irrfahrten nach dem ‚höchsten Gut'" dargestellt) – unvollendet.
1884			86		
			88 Schwärmerischer lyrischer Zyklus für Kusine Thusnelda Steinbrecht in Thüringen, „hing dem Gedanken nach, sie zu meiner Braut heranwachsen zu sehen".		Schwärmerischer lyrischer Zyklus für Kusine Thusnelda Steinbrecht.

Tabelle: Abgleich der verschiedenen Fassungen der Lebenserinnerungen 241

		Liebeslieder		
		Luisenstr.		
	90 „Noch immer im Bann meiner Schwärmerei […] hielt ich mich allen Ernstes für ‚gebunden' und gestattete mir aus Gewissensgründen keine nähere Betrachtung anderer Mädchen."; sittliche Empörung HvGs über Liebe der Schwester zum Vetter.			
	91 f. „traumhafte Neigung [zur Kusine] jäh abgetötet", „in der Weltschmerzlichkeit meines verwaisten Herzens suchte ich Trost in einsamem Phantasieren auf unserem Klavier." Base Paula zur „Herzenskönigin" erhoben; zahlreiche Liebeslieder entstehen.			
	92 Eltern beziehen geräumigere Wohnung im ersten Stock an der Luisenstr.			
	93 Korrespondenz mit Paula – „Damals wie auch noch lange später galt mir eben ein Mädchen, dem ich in rascher und mehr oder minder kritikloser Aufwallung mein Herz geschenkt, ohne weiteres als die Krone ihres Geschlechts, und ich stellte dann ungerechterweise an sie in jedem Betracht die allerhöchsten Anforderungen." Schlecht bewerteter Schulaufsatz. – „Wie wenig derjenige auf Anerkennung zu rechnen hat, der seinem eigenen Stern vertrauend von Norm und Gepflogenheit abweicht, sollte ich im reifen Leben noch weit bitterer erfahren."		Herbst 1884	
	94 *Kaiser Otto III.*			*Kaiser Otto III.* „umfangreiche Verstragödie deutschgeschichtlichen Gegenstands"

Jahr	Lebenserinnerungen Manuskript	Lebenserinnerungen Buch	Lebenserinnerungen Typoskript	Historische/ Private Ereignisse	Erwähnte Werke HvGs
		89–92	96 Entfremdung von Base Paula. Anmerkung: „Buch: Seite 89 bis 92"		
			97 „[…] und das Militär an jenem Abend der bösen Sozialisten halber Bereitschaft hatte"; Ex-Pagen-Feier: „[…] suchten sie sich durch den Spaß schadlos zu halten, mich als den Unbeliebtesten baldigst betrunken zu machen[…]"		
			98 Anmerkung: „Fortsetzung: Abschrift 1 – 3 - 1885 –" Ende TS 1. Teil		
1885		93 **Kapitel: Hochschüler, Dramatiker, Spiritist und Revolutionär**	TS 2. Teil		
		93–6 Eindrücke Universität, 96 … Unmöglichkeit einer akademischen Laufbahn; 96 ff. wendet sich von Adelsgenossen und Kommilitonen ab; 100 *Die Könige*		M.G. Conrads Zeitschrift „Die Gesellschaft" erscheint.	*Die Könige.* „siebenaktiges, doch im Ausmass nicht abnormes Trauerspiel"
1885 1886		105 *Das Ende*			*Simson.* Eine Tragödie in zwei Teilen. 33 S. Hs. Darin Gedanken über das moderne Drama. [HvG M 5]

Tabelle: Abgleich der verschiedenen Fassungen der Lebenserinnerungen

				Das Ende. Phantastisches Mysterienspiel in Prosa
				Jutta. Verstrauerspiel
				Tannhäuser. Zweiakter in Versen
	106 *Triologie*			*Triologie des Todes.* Tithon, Ein Abendlied, Frühlingsmärchen. „Cyklus dreier Einakter, der das Todesproblem im Lichte verschiedener Weltanschauungen – des religiösen Jenseitsglaubens, des sehnsuchtsvollen künstlerischen Idealismus und der heidnisch-resignierten Weltfreude – gestalten wollte."
	107 *Velleda*			*Velleda.* Versdrama. „Tragik einer germanischen überragenden Intelligenz, die den Anschauungen ihrer Zeit vorauseilt." Bernay gewidmet.

Jahr	Lebenserinnerungen Manuskript	Lebenserinnerungen Buch	Lebenserinnerungen Typoskript	Historische/ Private Ereignisse	Erwähnte Werke HvGs
1886		108 Mode des Mediumismus etc. 109 Erste Begegnung mit Glaubensspiritisten. 109 ... Geisterspuk, Medium Tante. *Die Spiritisten*			*Die Spiritisten*. „Schauspiel [...], dessen antispiritistischer Held meine damaligen Anschauungen vertrat." *Das Heilige*. „umfangreichere[s] Drama [...], das mit aller Schärfe und Entschiedenheit meine neugewonnenen Anschauungen über das Religionsproblem dramatisch zu gestalten suchte." *Ein Mann*. „moderner, realistischer Zweiakter" „der die Gesinnungsstrenge eines straffen Charakters gegenüber kompromisselnder Familienweichlichkeit zu den äussersten Konsequenzen führte." *Ogir*. „Skizzenhafte altnordische Operndichtung in freien Rhythmen." *Die Pestjungfer*. Fünfaktiges romantisches Volksdrama. „teils

1888		111 f. Odysseus wird von Hofbühne positiv aufgenommen. 113 „schien glückliche Zukunft sicher"; 114 Annäherungsversuch an Paul Heyse; 118 Züricher Direktor wird nach Münchner Absage stutzig. 122 Slevogt trieb Muskelübungen. Tod Ludwigs II „ergriff auch mich aufs Tiefste."	naturalistisch, teils legendär-phantastisch" *Odysseus auf Ithaka.* Huldigung Homers. „zugleich aber auch ein menschliches Drama in meinem eigensten Sinn." [L 2005] *Jacopo.* Vieraktiges Trauerspiel in Prosa. „zu dem mir eine damalige Zeitungsnotiz die Anregung gab." *Auf Plessis-les-Tours.* Dreiaktiges Trauerspiel. Menschenverachtung Ludwigs II.	
1889		123, 126 Thorwald-Proben am Residenztheater.		
1889	179 Liliencron in München „immer reges Liebesbedürfnis".		*Die Hugenotten.* „bestand vor meiner Selbstkritik" [L 2006]	
1890		129 ff. M. G. Conrad, *Die Gesellschaft* 136 Max Halbe 137 naturalistische Sehsüchte 137 Liliencron 156 Bestrebungen der Münchner Moderne		

Jahr	Lebenserinnerungen Manuskript	Lebenserinnerungen Buch	Lebenserinnerungen Typoskript	Historische/ Private Ereignisse	Erwähnte Werke HvG
1891 ff.			14 „… nach den zwei für mich so ereignisreichen Jahren" 16 f. Luises Schutzgeist „Urth" 18 f. Rest des Sommers in Bamberg	29. Januar 1891: Vortragsabend der Gesellschaft für modernes Leben. HvG-Vortrag: *Deutsche Lyrik von Gestern*	*Die Frau von der Isar.* *Die verrenkte und wieder eingerenkte Ehe.* Drama in einem Aufzug. Frei nach Ibsen. [L 2001]
				27. Februar 1891: Vortrag über „die künstlerische Behandlung religiöser Stoffe".	
				20. März 1891: Vortrag „An die deutsche Nation" (Henckell).	
				28. August 1891: unter Ausschluss der Öffentlichkeit wegen „fahrlässiger Majestätsbeleidigung" verurteilt.	
		197 Kapitel: Im schwäbischen und preussischen Exil			
1892	252 Berlin	205 Berlin	22 ff. Berlin, Sommer 1892		
	260 „Über die Wasser"		24 „Über die Wasser" Verlobung mit Lotte Donnerstag	Verlobung mit Lotte Donnerstag	Gedicht „Über die Wasser"
			30 Ansichten über Wagner		
			31 Umzug nach Erlangen	Erlangen	
			33 Promotions-Versuch in Erlangen („Grundirrtum der früheren Philosophen in der Geschichte der Philosophie") scheitert, Rückkehr nach Berlin. 34 Zugleich Weiterarbeit an der Dichtung „Alles und Nichts"	Promotionsversuch	

Tabelle: Abgleich der verschiedenen Fassungen der Lebenserinnerungen   247

		58 f. Erkrankung des Vaters	Tod des Vaters	Tod des Vaters	
1893					*Der Drache* Knittelvers-Stück [L 2024]
1893 bis 1895	247 „Am 27. März starb Gumppenbergs erste Gattin nach einjähriger Ehe bei der Geburt eines Mädchens. Seine Mutter nahm sich des Kindes an. Das kaum gegründete Friedenauer Heim musste abgebrochen werden. Anmerkung des Herausgebers."	40 ff. Berlin 1893–Spätsommer 1895 Kgl. Schauspielhaus. Erfolg der „Minnekönigin". Hochzeit mit Lotte Donnerstag Urlaub bei Fa. Pataky Hochzeitsreise abgebrochen wg. Erkrankung Lottes. 44 „Der Drache" 44 Ende März 1895: Lottes Niederkunft und Tod	Hochzeit mit Lotte Donnerstag Ende März 1895: Lottes Niederkunft und Tod („durch Stickfluß" = Lungenödem)		
		49 Helene Bondy wieder erwähnt, 1893 war H. B. in St. Louis bei Onkel. 50 Rückkehr H. B. 1894 wegen Tod ihres Vaters, Sommer wieder in Egern.			
		53 herablassende Bemerkungen über Jean Paul; Verlobung der Schwester Hedwig	Verlobung der Schwester Hedwig		
					Alles und Nichts – Dichtung (Drama) in 3 Abtheilungen und 12 Bildern, veröffentlicht [L 2003]
1896		56			
	255 Kapitel: Rundreise Bamberg–Belgrad–Hannover–Bamberg				

248   Anhang

Jahr	Lebenserinnerungen Manuskript	Lebenserinnerungen Buch	Lebenserinnerungen Typoskript	Historische/ Private Ereignisse	Erwähnte Werke HvGs
			55 Rückkehr aus Bamberg nach Berlin Artikel für „Die Kritik" und Buchbespr. für die „Tägliche Rundschau" Mutter von HvG holt das kleine Lottchen nach Bamberg.	Mutter von HvG holt das kleine Lottchen nach Bamberg.	
1896			59 Ungarnreise zur Schwester „…, wobei mir Lenaus seit früher Kindheit vertraute Heide-Schilderung wieder auftauchte"	Ungarnreise zur Schwester	
		260 Die Verlobung mit Helene Bondy fehlt in der gedruckten Fassung (bzw. beschränkt sich auf eine Anmerkung des Hg.)	63 Aussprache mit Helene Bondy und Verlobung 66 Mutter von Helene Bondy (Wien) übernimmt Schulden von HvG an Meier-Gräfe. Posten am „Hannoverschen Courier" in Aussicht	Verlobung mit Helene Bondy	
			Hannover		
1897			67 Jahresanfang: Hochzeit in Wien mit Helene Bondy, Hochzeitsreise auf den Semmering, liest ihr den 1. Akt des *König Konrad* vor, wird von ihr ermutigt.	Jahresanfang: Hochzeit in Wien mit Helene Bondy	
			68 Mutter von HvG bringt die kleine Lotte (aus erster Ehe) nach Hannover.		
			Helene Bondy überfordert. Helene Bondy schwanger.		
		264	Kündigung in Hannover		
			72 HvG überlegt, nach München zurückzugehen, weil „mittlerweile die lit. Revolution verraust und damit auch mein Konflikt mit den Ultramontanen vergessen wäre"		

Tabelle: Abgleich der verschiedenen Fassungen der Lebenserinnerungen

Jahr							
							Der erste Hofnarr. (Schauspiel von 1897); aufgeführt im Münchner k. Hoftheater; [L 2002]
		Helene bringt in Bamberg Tochter Hertha zur Welt.	nach Bamberg. 74 Helene bringt in Bamberg Tochter Hertha zur Welt.				
	265 Kapitel: Jahrhundert-Ende in München, Theaterkatzenjammer, Ueberdramatiker der Elf Scharfrichter, Lyriker und Schwedenprophet, Kritikermartyrium und Trost der Berge		75 Versschauspiel „Der erste Hofnarr"				
	265	München, Kellerstr. in Haidhausen	76 München, Kellerstraße in Haidhausen				
			77 Generalintendant Possart: „Ich habe es angenommen" (Hofnarr) – „das Stück ist wirksam und interessant – wir werden es geben".				
1898			79 Schwester und Schwager zurück aus Ungarn nach München, völlig verarmt.				
1899	276 Frühling, Treffen der „historischen Gruppe" auf dem Nockherberg".	Geburt der zweiten Tochter: Irmgard.	80 März: Geburt der zweiten Tochter: Irmgard. Urlaub in Tirol, Bergabenteuer				
1900			81 Silvester 1900 mehrwöchige Italien-Reise, enttäuscht von Venedig, Rückreise.				
			88 Gardasee: Max Halbe, „auch Hartleben dort"				

Jahr	Lebenserinnerungen Manuskript	Lebenserinnerungen Buch	Lebenserinnerungen Typoskript	Historische/ Private Ereignisse	Erwähnte Werke HvGs
1901			89 August: Geburt des Sohnes Otto („nach dem großen Sachsenkaiser" genannt); Frühjahr: Umzug von Haidhausen in die Kaulbachstraße.	Geburt des Sohnes Otto Kaulbachstr. 13.4.1901: Eröffnungsabend der Elf Scharfrichter im Gasthaus „Zum Goldenen Hirschen", Türkenstr. 28	
	377	280			
	379 *Die Verdammten*; Überwindung des Naturalismus				*Die Verdammten*
1902			92 (abfällige) Äußerungen über die adelige Verwandtschaft in München. Zwei ledige gumppenbergsche Basen – Anhängerinnen von Rudolf Steiner (HvG: „...Scharlatane") – Kontakt von Basen abgebrochen.		*Monna Nirwana*. Parodie auf Maeterlincks Drama *Monna Vanna*. In drei Aufzügen. [L 5212; L 1997]
1902/ 1903	417 HvG Schauspielreferent der *Münchener Neuesten Nachrichten*. „Konflikt mit meinem alten Gönner und Förderer Wilhelm Schneider, dem Heldenvater und Regisseur der Hofbühnen"				
1903/ 1904	418 „Die gegnerische Stimmung des Halbekreises verstärkte sich dann noch in der Spielzeit 1903 auf 1904."				

Tabelle: Abgleich der verschiedenen Fassungen der Lebenserinnerungen   251

1909				Pottmeser Gumppenberger (Hans Georg) im Hochsommer auf ihrem Landsitz besucht.	93 Geburt der Tochter Anna Elisabeth.	Geburt der jüngsten Tochter Anna Elisabeth im Sommer.
Ab 1909	473 Kapitel: In der Torggelstube. – „Licht und Schatten".	365 Kapitel: In der Torggelstube. – „Licht und Schatten".	Materielle Sorgen, erfolglose Bemühungen um eine neue feste Stellung.		
	506 f.	393 „materielle Lebenslage gesichert […] allerlei kleine Behaglichkeiten"			
1913	510	396 Verleger Georg Müller wendet sich von HvG ab, üble Nachrede der Feinde			Übersetzung zus. mit Niels Hoyer: *Legenden* von Björnstjerne Björnson. München 1913. 133 S.
1914	517 Kapitel: Chinesische Hoffnungen und mathematische Fatamorgana. Weltkrieg, Revolution und Todesernte. Ausblick.	401 Kapitel: Chinesische Hoffnungen, Weltkrieg, Todesernte, Ausblick.			
			99 ff. Werdegang der Kinder		

Jahr	Lebenserinnerungen Manuskript	Lebenserinnerungen Buch	Lebenserinnerungen Typoskript	Historische/Private Ereignisse	Erwähnte Werke HvGs
1917 ff.		410 Anm. d. Herausgebers: „Gegen Ende der Kriegszeit lasteten schwere familiäre Sorgen auf dem Dichter [...]"	100 Selbstmordversuch der ältesten Tochter Charlotte (Juni 1917). Einlieferung in geschlossene Anstalt.	Selbstmordversuch der ältesten Tochter Charlotte (Juni 1917). Einlieferung in geschlossene Anstalt	
			105 HvG stellt Betrachtungen seiner „Extravaganzen" (jugendlicher Spiritistenzeit) an und stellt fest: 106 f. „Quellen ererbter Disposition vielmehr in der Familie von Charlottens Mutter" „...in meiner Qual ziel- und ruhelos" → „Torggelstube". Frank Wedekind lädt ihn dort zu Wein ein. 108 „ungewöhnlich vertrautes Gespräch": bis 109 genau geschildert.		
März 1918		412 Tod Wedekinds; letztes Gespräch	108		
		412 Anm. d. Herausgebers: „Die Folgezeit gab den düsteren Sorgen jenes Abends recht: durch einige Jahre hielt der Tod reiche Ernte im engsten Familienkreise des Dichters. [...] vorallem [...] rechnen die letzten Erinnerungsblätter mit den erwähnten traurigen Erlebnissen ab; erst das Schlussblatt wendet sich wieder an die Allgemeinheit."	115 Charlottes Tod	Charlottes Tod	

Tabelle: Abgleich der verschiedenen Fassungen der Lebenserinnerungen   253

Datum				Ereignisse	Übersetzungen/Werke
			116 f. Gedichte aus Charlottes Tagebuch		
			120 Freundschaft mit Rechtsanwalt Butterfaß, der HvG zur Herausgabe der gesammelten Werke ermutigt 121 Wanderung im Bayrischen Wald mit Butterfaß.		
				Tod der Mutter von HvG	
			122 Tod der Mutter von HvG, Bestattung in der Familiengruft		
			124 Familiäres aus Pöttmes		
1919					Übersetzung: *Meine Spitäler*, von Paul Verlaine. Leipzig 1919. 62 S.
1919				125 Besichtigung des Familienarchivs im EG des Schlosses	
1920				127 Tod von Helenes Mutter (= Schwiegermutter von HvG) Bericht über den Werdegang der verbliebenen 4 Kinder	
Frühjahr 1922				129 Frühjahr 1922, kurz nach Silberhochzeits-Fest (Januar) Selbstmord Irmgards im Ammersee (Liebeskummer)	Selbstmord Irmgards im Ammersee (Liebeskummer)
1925					Übersetzung: *Das Kartenhaus*, Roman von Arthur Stuart Menteth Hutchinson. München 1925. 497 S.
1927					Übersetzung: *Das wachsende Reich*, Roman von Arthur Stuart Menteth Hutchinson. München 1927. 559 S.
29.3.1928				Tod HvGs	

Personenregister

Adorno, Theodor W. 114 f.
Ajouri, Philip 34
Altenberg, Peter 89
Aristoteles 136-138, 140 f.

Bahr, Hermann 113, 117
Balme, Christopher 77 f., 86
Baßler, Moritz 34
Baudelaire, Charles 93 f.
Baum, Vicki 210
Beck, Friedrich 70
Becker, August 70
Beckett, Samuel 24, 26 f.
Bernays, Michael 59
Bierbaum, Otto Julius 64 f., 68, 129 f.,
 135, 152–154, 156, 160, 173 f.
Bjørnson, Bjørnstjerne 204
Bleibtreu, Karl 67
Bölsche, Wilhelm 63
Bondy, Helene sh. Helene von Gumppenberg
Brandenburg, Hans 206–208
Buddha 10, 101
Bürger, Peter 37, 93, 195 f.,

Carossa, Hans 159
Châtellier, Hildegard 34, 79
Conrad, Michael Georg 18, 59, 64 f.,
 67–69, 89 f., 173 f., 184

Dahn, Felix 70
Darwin, Charles 112, 127, 129
Diefenbach, Karl Wilhelm 135
Donnerstag, Lotte sh. Lotte von Gumppenberg
Droste-Hülshoff, Annette von 152
Dürrenmatt, Friedrich 20

Eichendorff, Joseph von 152
Ellissen, Adolf 144–146

Falckenberg, Otto 157

Feininger, Lyonel 210
Fels, Friedrich Michael 40
Feuerbach, Ludwig 18
Fischer, Jens Malte 34
Fontane, Theodor 152

Geibel, Emanuel 70
George, Stefan 62, 87, 89, 93, 135, 154
Goethe, Johann Wolfgang von 17, 44,
 112, 120, 205
Greif, Martin 70
Grillparzer, Franz 205
Grimm, Emil 207
Gumppenberg, Irmgard von (Tochter)
 211
Gumppenberg, Karl von (Vater) 53 f., 58
 f., 70, 79, 102, 118, 123
Gumppenberg, Lotte von (Tochter) 211
Gumppenberg, Lotte von (Ehefrau) 134,
 156
Gumppenberg, Ludwig Albert von 80
Guys, Constantin 93

Hafen, Beda 216
Halbe, Max 12, 52, 89 f., 173, 208 f., 216
Hanstein, Adalbert von 66, 68 f.
Hart, Heinrich 39, 67
Hart, Julius 67
Has-Ellison, Trygve 81 f.
Hauptmann, Gerhart 67
Hebbel, Friedrich 205
Heine, Heinrich 68, 70, 142, 152,
Heine, Thomas Theodor 181
Henckell, Karl 71
Henry, Marc 152, 157, 160
Hesse, Hermann 210
Heyse, Paul 64, 70, 193
Hirth, Georg 207
Hofmannsthal, Hugo von 42, 152
Hofmiller, Josef 11, 49, 152
Holz, Arno 67
Hopfen, Hans von 144, 146

Humboldt, Alexander von 54
Hutchinson, Arthur Stuart Menteth 211

Ibsen, Henrik 20 f., 27, 163 f., 205
Ionesco, Eugène 24, 26 f.
Iser, Wolfgang 37, 200

Jack the Ripper 165 f.
Jarry, Alfred 26
Jaspers, Karl 40
Jauß, Hans Robert 138
Jelavich, Peter 67
Jesus Christus 10, 13, 57, 70, 101, 106, 110, 123 f., 135
Jordan, Wilhelm 70

Kafka, Franz 186
Kandinsky, Wassily 46, 112, 132
Kaulbach, Friedrich August von 48
Keller, Gottfried 152
Keyserling, Eduard von 89
Kierkegaard, Søren 141
Kirchner, Ernst Ludwig 46
Klabund 150
Klages, Ludwig 89
Klee, Paul 46
Kleist, Heinrich von 205
Klopstock, Friedrich Gottlieb 57
Kobus, Kathi 85, 89, 208
Kollwitz, Käthe 210
Kubin, Alfred 210

Lasker-Schüler, Else 152
Lechter, Melchior 62
Leibniz, Gottfried Wilhelm 127
Lenbach, Franz von 48, 52, 172
Lessing, Gotthold Ephraim 205
Liebermann, Max 210
Liliencron, Detlev von 174
Lingg, Hermann 64, 70
Löffler, Bernhard 34, 51
Ludwig I. 46 f.
Ludwig II. 55, 79
Ludwig, Otto 205
Luitpold (Prinzregent) 47 f.

Maeterlinck, Maurice 20 f., 27, 163
Mann, Heinrich 210
Mann, Thomas 50, 52, 75, 85, 210
Marx, Karl 18, 40 195
Merlio, Gilbert 34
Metzger, Rainer 85
Meyer, Conrad Ferdinand 152
Meyrink, Gustav 89
Möller, Horst 34, 61
Molling, Josef 209 f.
Morgenstern, Christian 24, 29, 132, 155
Mörike, Eduard 152
Moses 10, 101
Mühsam, Erich 84, 88–90, 92

Nietzsche, Friedrich 40, 67, 80–83
Nolde, Emil 46

Orlich, Leopold von 54
Otto, Heinrich 36

Panizza, Oskar 90, 103, 131 f.
Pelletier, Nicole 34
Plessner, Helmuth 198
Pocci, Franz von 53
Possart, Ernst von 203, 206
du Prel, Carl 108 f., 117, 131
Pytlik, Priska 129

Rath, Willy 202
Redwitz, Oskar von 70
Reinhardt, Max 20, 157
Reventlow, Fanny zu 52, 92
Rilke, Rainer Maria 115, 132, 152
Roda Roda, Alexander 89
Roquette, Otto 70
Rose, Ernst 35
Rosenhagen, Hans 203
Roßbach, Nikola 26, 29, 35
Rößler, Carl 208
Rotermund, Erwin 26, 35

Sachs, Hans 143
Schaumberg, Georg 12, 59, 65, 173 f.
Schaumberger, Julius 59, 65, 68, 173 f.
Scheerbart, Paul 118 f., 155

Schiller, Friedrich 17, 44, 142, 205
Schlaf, Johannes 67
Schopenhauer, Arthur 116, 128
Schrenck-Notzing, Albert von 108, 117
Schuler, Alfred 89
Suske, Ferdinand 206
Schwab, Gustav 152
Segel, Harold B. 20, 28
Sennett, Richard 86
Shakespeare, William 9 f., 205
Slevogt, Max 59
Souriau, Étienne 138 f.
Spinoza, Baruch de 128
Steiger, Edgar 12
Stierle, Karlheinz 35, 138–140
Storm, Theodor 68, 70
Strindberg, August 27, 132, 163
Stuck, Franz von 48, 52

Taine, Hippolyte 68

Verlaine, Paul 211
Verne, Jules 55

Wagner, Richard 67, 143,
Warning, Rainer 37, 197–200
Weber, Leopold 208
Weber, Max 41

Wedekind, Frank 27, 89–92, 103, 106 f., 110, 157 f., 160, 166, 207–209, 216
Weinhöppel, Richard 12
Welsch, Wolfgang 215
Wilhelm I. 16
Wilhelm II. 71
Wilke, Erich 191
Wille, Bruno 63
Wintzingerode-Knorr, Karl-Wilhelm von 20 f., 26 f., 30, 152, 154
Wittgenstein, Ludwig 133
Wittko, Paul 150
Wolff, Eugen 67, 70
Wolfskehl, Karl 89
Wolzogen, Ernst von 20, 82, 158, 165

Zeiß, Karl 19
Zola, Émile 67